Gilbert Sternhoff

W0039292

DIE ZUKUNFT
HAT LÄNGST
BEGONNEN

Die Dritte Macht von 1945
bis zur Übernahme der Welt

JOCHEN KOPP VERLAG

INHALT

KAPITEL 1

DAS PROBLEM

Eine Dritte Macht, gibt es die? Und wer oder was verbirgt sich dann hinter der Ersten und Zweiten Macht?

Die Bezeichnungen haben ihren Ursprung noch in der Zeit des Kalten Krieges, als sich die mit Atomwaffen hochgerüsteten politischen Blöcke gegenüberstanden. Die Führungsmacht des Kapitalismus, die USA, auf der einen Seite und die Sowjetunion als dominierende Kraft des kommunistischen Gegenpols.

Die politischen Zeiten haben sich seit 1989 geändert. Die kommunistische Front ist zerfallen, und die ehemalige Sowjetunion hat sich aufgelöst. Auf dieser Seite übrig blieb das militärisch immer noch mächtige Rußland.

Ein militärischer Konflikt zwischen den USA und Rußland, ausgetragen mit Atomwaffen, würde heute wie damals den Untergang der Welt bedeuten.

Da die anderen Atommächte, wie z. B. China, wegen ihres quantitativ nur geringen atomaren Abschreckungspotentials eine eher marginale Rolle spielen, scheint die Bezeichnung Erste und Zweite (Welt-)Macht hier weiterhin gerechtfertigt.

Und die Dritte Macht? Wo und wann ist sie entstanden?

Ihre Geburtswehen fallen zusammen mit dem Ende des Zweiten Weltkrieges. Ihr Entstehen resultiert unmittelbar aus dem scheinbar vollständigen militärischen und politischen Zusammenbruch des Dritten Reiches.

Nur war dieser Zusammenbruch eben tatsächlich ein scheinbarer.

Was – das Dritte Reich lebt weiter? Nicht das Dritte Reich als völkerrechtliches Subjekt, aber als politische und militärische Organisation. Namen und Bezeichnungen sind hier zweitrangig. Verwenden wir für diese Nachfolgeorganisation deshalb von jetzt an den Begriff: Die Dritte Macht.

Als solche ist sie freilich nur dann zu bezeichnen, wenn sie militärisch ein zumindest gleichwertiges Äquivalent den beiden anderen genannten Mächten gegenüber darstellt und außerdem gewichtigen politischen Einfluß auszuüben in der Lage ist.

Daß dem tatsächlich so ist, dafür soll in diesem Buch der Beweis angetreten werden.

Hat dieses Buch einen politischen Hintergrund? Nimmt es Partei, egal wofür oder wogegen?

Nein, ganz gewiß nicht. Dieses Buch berichtet einfach nur. In diesem Sinn ist es eine Reportage über das Woher und auch über das Wohin jener Dritten Macht.

Über Teilaspekte der Entstehung und Entwicklung dieser Organisation am Ende des Zweiten Weltkrieges wurde schon von anderen Autoren geschrieben. In einem ersten Schritt sollen deren wesentliche Aussagen zusammengestellt werden. Die Plausibilitätsprüfung bleibt einem späteren Kapitel vorbehalten.

Im deutschen Sprachraum hat die weiteste Verbreitung das Buch von Wilhelm Landig (1909–1997) *Wolfszeit um Thule* gefunden. Erschienen 1980 im Wiener Volkstum-Verlag als zweiter Teil einer Trilogie, verarbeitet dieser Band nach Aussage seines Autors in romanhafter Form geschichtliche Tatsachen. (1) Ergänzt wurden die in diesem Buch aufgestellten Behauptungen später im dritten Teil der Trilogie sowie in diversen Interviews, publiziert in Büchern, auf Videokassetten und im Internet.

Die wichtigsten Behauptungen Landigs sind folgende:

1. Die reichsdeutsche Antarktisexpedition unter Kapitän Alfred Ritscher 1938/1939 kartographierte und vermaß nicht nur einen bedeutenden Teil Antarktikas, des so bezeichneten Gebietes von Neu-Schwabenland, sondern schuf gleichzeitig die Voraussetzung für die dauernde Inbesitznahme dieses Gebietes. Während des Krieges wurde der antarktische Stützpunkt dann weiter ausgebaut und diente nach dem Ende der Kämpfe als Refugium für die in den letzten Tagen des Dritten Reiches transferierte Hochtechnologie.

2. Der Transport dieser Technologie und der zur Bedienung erforderlichen Mannschaft erfolgte durch eine Flotte hochmoderner U-Boote mit zum Teil revolutionären Eigenschaften. Die U-Boote verließen Anfang Mai 1945 den norwegischen Hafen Kristiansund und nahmen Kurs Richtung Nordatlantik.

3. Bei Island fand die letzte Seeschlacht des Krieges statt, die zur vollständigen Vernichtung eines alliierten Kriegsschiffverbandes führte. Die Nachrichten darüber wurden in Europa totgeschwie-

gen, fanden aber in der südamerikanischen Presse ihren Niederschlag, so z. B. in der chilenischen Tageszeitung *El Mercurio*.

4. Nach dieser erfolgreichen Schlacht kam es zur Evakuierung des in
   der Arktis gelegenen reichsdeutschen Stützpunktes mit der Bezeichnung *Punkt 103*, über den Landig schon im ersten Teil seiner
   Trilogie (2) berichtet hatte.

5. Danach steuerte die U-Boot-Flotte Richtung Süden mit Ziel
   Neu-Schwabenland. Zwei der Boote aus dem Konvoi liefen, verursacht durch technische Mängel, Häfen in Argentinien an, wo
   sie später von den Amerikanern beschlagnahmt wurden. Die
   verbleibenden Boote löschten im antarktischen Stützpunkt einen
   Teil ihrer Ladung. Den anderen Teil verbrachten sie insgeheim
   auf das südamerikanische Festland.

6. Koordiniert wurden sämtliche genannten Aktivitäten durch eine
   geheime Entwicklung der letzten Kriegstage, die Flugscheiben
   mit der Bezeichnung V-7. Entwickelt worden sei die V-7 in Wien,
   Breslau und Prag durch den Wiener Techniker Schauberger sowie
   den Ingenieur Schriever.

7. Der auf das südamerikanische Festland verbrachte Teil an Menschen und Material fand seinen Unterschlupf in riesigen Kavernen, Höhlensystemen unter den Anden, die von einer vorzeitli-
   chen Kultur vor Jahrtausenden angelegt worden waren und die
   der deutsche Forscher Edmund Kiss bei seinen Expeditionen
   Ende der 1920er Jahre wiederentdeckt hatte.

8. Da der Transfer von deutscher Hochtechnologie zum Kriegsende
   natürlich den Alliierten nicht unbekannt geblieben sein konnte,
   unternahmen diese im Januar 1947 den Versuch, den deutschen
   Antarktisstützpunkt zu eliminieren. Lösen sollte diese Aufgabe
   ein amerikanischer Flottenverband unter Führung des Admirals
   Byrd. Nach dem Verlust eines Pulks von vier Aufklärungsflugzeu-
   gen wurde die Aktion ergebnislos abgebrochen.

9. Die personelle Stärke des antarktischen Stützpunktes wurde von
   Landig an einer Stelle mit 2000 Mann beziffert. (3) Aus Gesund-
   heitsgründen, d. h. durch die Anfälligkeit des menschlichen Or-
   ganismus, verursacht durch das sterile antarktische Klima, sei ein
   Austausch des Personals notwendig geworden (3), und mit der
   Zeit habe man den Großteil der Männer nach Südamerika ausgeflogen (4). Letztendlich mußte der Stützpunkt später ganz aufge-

geben werden. (5) Die endgültige Schließung erfolgte im Jahre 1961. (6)

10. Drei Flugscheiben befinden sich noch heute in den Höhlensystemen unter den Anden und rosten vor sich hin, da der Nachschub an Material und Ersatzteilen nicht mehr sichergestellt werden konnte (5).

Hatte Wilhelm Landig überhaupt die Legitimation, wahrheitsgetreu über diese Dinge berichten zu können? Was ist über ihn bekannt, wie verlief sein Lebensweg?

Landig war frühzeitig im Sinne des Nationalsozialismus politisch aktiv. Er beteiligte sich am 1934 in Wien niedergeschlagenen NS-Putsch, floh daraufhin nach Deutschland und wurde Mitglied der SS. Bis 1938 arbeitete er am Arbeitswissenschaftlichen Institut der Deutschen Arbeitsfront. Nach dem Anschluß Österreichs kehrte er mit einer Sondergenehmigung des Reichsführers-SS als Sachbearbeiter des Sicherheitsdienstes nach Wien zurück. Von 1942 bis 1944 kämpfte er bei der Waffen-SS auf dem Balkan und erhielt mehrere Auszeichnungen für seine Aktivitäten im Partisanenkrieg.

Im Jahr 1944 wurde er erneut nach Wien beordert, wo er für Spezialaufgaben zuständig war. In dieser Funktion will er auch an der Entwicklung von Flugscheiben beteiligt gewesen sein.

Im September 1945 kam er in britische Kriegsgefangenschaft und wurde bis 1947 interniert. Über seinen konkreten Beitrag an der Entwicklung der Flugscheiben schweigt sich Landig aus. Aus Geheimhaltungsgründen könne er hierüber keine Auskunft erteilen. (3, 7)

Interessant zu erfahren wäre in diesem Zusammenhang, womit er zwischen Mai und September 1945 beschäftigt gewesen ist.

In den Jahrzehnten nach dem Krieg will er weiterhin den Kontakt zu den Kräften der Dritten Macht aufrechterhalten haben. Erst Mitte der 1980er Jahre sei die Verbindung abgebrochen. (3, 5)

Da der Inhalt seiner Aussagen, gerade was seine Beteiligung an der Entwicklung der Flugscheiben angeht, nicht direkt nachprüfbar ist, kann eine indirekte Bestätigung nur über eine Plausibilitätsprüfung seiner Behauptungen gewonnen werden. Dazu, wie gesagt, später.

Wilhelm Landig war nicht der erste Autor, der zu unserem »Problem« einen Beitrag geliefert hat. Schon Ladislao Szabo behauptete 1947 in seinem Buch *Hitler esta vivo*, daß zum Kriegsende mit U-Booten eine

Absetzbewegung hoher NS-Funktionäre, unter ihnen auch Hitler, zum Südpol stattgefunden habe. (8)

Zwischen 1950 und 1957 erschienen in deutschen Presseveröffentlichungen mehrfach Berichte, die man unter der Überschrift: »Fliegende Untertassen – eine deutsche Erfindung« zusammenfassen kann. (Eine Übersicht dazu findet sich in Kapitel 2.) Der Extrakt jener Informationen war dann nachzulesen in Rudolf Lusars Buch *Die deutschen Geheimwaffen des 2. Weltkrieges und ihre Weiterentwicklung.* (10)

Auf diese Publikationen wird später noch genauer einzugehen sein.

Danach wurde es für lange Zeit ruhig zum Thema der reichsdeutschen Flugscheiben. Erst 1971 lüftete Landig im ersten Teil seiner Trilogie mit dem Titel *Götzen gegen Thule* den Mantel des Schweigens ein kleines Stück, indem er über die Existenz der V-7 und des arktischen Stützpunktes 103 berichtete. Von einer Absetzbewegung nach der Antarktis bzw. nach Südamerika schrieb er jedoch noch nicht. (2)

Im Jahr 1974 ging es in die nächste Runde mit der Veröffentlichung eines kleinen Büchleins bei Samisdat Publishers in Toronto. Der Titel: *UFO – Nazi secret weapon?*, dem später auch eine deutsche Ausgabe nachfolgte. (11) In ihm berichtete der chilenische Autor W. Mattern erstmals über den im Zusammenhang mit der Erkundung der Antarktis durch die Ritscher-Expedition stehenden Technologietransfer in das südliche Polargebiet durch eine Flotte deutscher U-Boote in den letzten Kriegstagen. Auch die für die Deutschen erfolgreiche letzte Seeschlacht wurde von ihm thematisiert. Detailliert ging er auf das Einlaufen der zwei »verlorenen« U-Boote in argentinische Häfen ein.

Im Unterschied zu Wilhelm Landig traf er die erstaunliche Aussage, daß das gesamte, seit spätestens 1947 weltweit beobachtete UFO-Phänomen auf die in Deutschland entwickelten Flugscheiben zurückzuführen sei. Zudem war Mattern der Meinung, daß sich Hitler selbst in die Antarktis retten konnte, was von Landig später vehement bestritten wurde. (1)

Im gleichen Verlag kam 1979 unter dem Autorenpseudonym »Christof Friedrich« eine Broschüre auf den Markt, überschrieben mit: *Secret Nazi Polar Expeditions*, die sich ausführlich der Ritscher-Expedition widmet, die Aktionen des Admirals Byrd erwähnt und ansonsten mehr unterschwellig auf mögliche Konsequenzen bezüglich deutscher Nachkriegsaktivitäten in der Antarktis eingeht. (12) Hinter dem Pseudonym verbirgt sich der Inhaber des Verlages *Samisdat Publishers*, Ernst Zündel, der auch durch die gegen ihn geführten Prozesse wegen Bestreitens des Holocaust bekannt geworden ist.

In einem anderen, 1994 erschienenen Buch berichtet der Verfasser des Vorwortes, W. A. Harbinson, über ein 1978 auf der Hannover Messe übergebenes und aus zwei Teilen bestehendes Papier mit dem Titel *Brisant*. (9) In diesem wird wieder Bezug genommen auf die Ritscher-Expedition, den Transfer von Know-how über die deutschen Flugscheiben, diesmal allerdings durch die zwei später in Argentinien angelandeten U-Boote, die zuvor einen Zwischenstopp zum Löschen ihrer Fracht in Neu-Schwabenland eingelegt haben sollen.

Auch die Expedition unter dem Namen *High-jump* von Admiral Byrd findet Erwähnung.

Nach 1994 erschien kein neues Buch mehr, das den von Landig in seiner Trilogie gesteckten Rahmen um weitere Details zu erweitern vermochte.

Trotzdem nahm die Geschichte ihren Fortgang, jedoch auf eine Weise, die eben jenen, von allen genannten Autoren bisher eingehaltenen, Rahmen deutlich sprengen sollte.

Diese, am besten als Sekundärliteratur zu bezeichnenden, Veröffentlichungen bauten auf dem in der Hauptsache von Landig gelegten Fundament auf, in dem sie mit blühendem Einfallsreichtum Stockwerk für Stockwerk errichteten und der Handlung damit eine Dimension verliehen, die am Ende wahrhaftig bis zu den Sternen reichte.

Es kann nicht Angelegenheit dieses Buches sein, alle Details dieser erweiterten Rahmenhandlung wiederzugeben. Ein roter Faden muß genügen:

Immer wieder ist die Rede von scheibenförmigen Flugmaschinen mit den Namen *Vril*, *Haunebu* sowie dem Mutterschiff *Andromeda*, die, entweder mit einem Tachyonenantrieb versehen, überlichtschnelle Reisen im Weltraum ermöglichten, oder aber, die Antigravitation ausnutzend, noch vor Kriegsende Reisen zum Mond oder zum Mars unternahmen.

Dabei sollten sie, um die militärische Niederlage in letzter Minute abzuwenden, Hilfe aus dem Sternensystem Aldebaran holen, deren Bewohner, »helle weiße Gottmenschen«, vor Jahrtausenden die Stützpunkte Thule und Atlantis gegründet hätten. Auch Zeitreisen seien möglich gewesen, so z. B. ins alte Griechenland.

Neben den gezeigten »echten« Fotos von diesen Flugscheiben sollen auch Teile der Informationen von Mitarbeitern des britischen Geheimdienstes stammen. Weitere Belege, um die genannten »Fakten« zu untermauern, fehlen gänzlich. (13, 14)

Landig distanzierte sich ausdrücklich von dieser Art Neuschreibung der Geschichte mit Bemerkungen wie: »Kinder, bleibt's doch mit beiden Füßen auf der Erde!« Für ihn sei die Passage über das Weltraumvolk der Aldebaraner zu weit hergeholt. (3)

Nach einer anderen Theorie sind die nach dem Zweiten Weltkrieg gesichteten scheibenförmigen Flugkörper (UFOs) einfach Weiterentwicklungen der deutschen Flugscheiben, die, analog zur Entwicklung der modernen Fernraketen aus der deutschen V-2, von den Siegermächten mit Beginn des Kalten Krieges forciert worden sind.

So glaubte der Autor Karl-Heinz Zunneck anfangs, das neuzeitliche UFO-Phänomen allein auf die US-amerikanische Geheimwaffenentwicklung zurückführen zu können, kam später jedoch zu der Einsicht, daß parallel dazu deutsche Wissenschaftler ihre eigenen Projekte verfolgten. Und das – hier liegt die Betonung – *unabhängig* von den bekannten Großmächten!

In diesem Zusammenhang verwendete er erstmals auch den Begriff »Dritte Macht«. (15)

Andere Autoren erweiterten die schon 1972 von Renato Vesco (16) entwickelte Theorie, wonach ab Mitte 1947 eine *Upper Atmosphere and Space Company* mit geheimen Weltraumunternehmen begonnen habe. Die Operation *Full Moon*, basierend wiederum auf deutschen Entwicklungen der Kriegszeit und betrieben vom britischen Geheimdienst, dem kanadischen Verteidigungsministerium sowie privaten Investoren, hätte demnach in den folgenden Jahrzehnten in einem gigantischen Parallelprogramm zur offiziellen Raumfahrt die Erschließung des erdnahen Raumes vorangetrieben. Selbst der Planet Mars wäre später in dieses Programm einbezogen und zur »zweiten Erde« umgewandelt worden. Die Propaganda mit den UFOs hätte nur den einen Zweck verfolgt: die Operation *Full Moon* zu vertuschen.

Der geheime Weltraumbahnhof, der Start- und Landeplatz der »Fliegenden Untertassen«, befindet sich demnach in Kanada, in dem großen Dreieck zwischen Vancouver im Süden, Quesnel im Osten und Bella Coola im Westen. (17)

Was ist davon zu halten?

Laut den Aussagen von Renato Vesco dienten für *Full Moon* die deutschen Geheimprojekte *Feuerball* und *Kugelblitz* als Prototypen. Augenzeugen und Passagen in den britischen BIOS- sowie den amerikanischen CIOS-Berichten, die sich speziell mit deutschen Technologieentwicklungen befaßten, würden das bestätigen.

Nun hat der britische Journalist und Herausgeber des Luftfahrtteils des bekannten Militärjournals *Jane's Defence Weekly*, Nick Cook, in seinem Buch *The Hunt For Zero Point* auf zwei Umstände aufmerksam gemacht:

Daß nämlich zum einen gerade die Briten bei ihren Versuchen, deutsche Luftfahrttechnologien zu bergen, ausgesprochen schlechte Karten gehabt hätten, da sich in der von ihnen besetzten Zone kaum entsprechende Produktions- bzw. Forschungsstandorte befanden, besonders nicht die von Vesco behaupteten für *Feuerball* und *Kugelblitz*.

Zum anderen hätten alle nach Erscheinen von Vescos Buch durchgeführten Recherchen in den BIOS- und CIOS-Berichten keine Hinweise auf die Existenz dieser beiden Projekte ergeben. (18)

Dem kann hinzugefügt werden, daß irdische Geheimentwicklungen dieses Ausmaßes mit Sicherheit während des Kalten Krieges von der anderen Seite aufgeklärt und nach dem Fallen des »Eisernen Vorhanges« auch öffentlich gemacht worden wären. Ein Geheimhaltungsgrund hätte dann nicht mehr bestanden. Die Situation ist natürlich eine andere, wenn es darum geht, die Aktionen des gemeinsamen Feindes – der Dritten Macht – auch heute noch vor den Augen der Weltöffentlichkeit zu verschleiern.

Wenn somit nach kritischer Prüfung aller Szenarien, die sich mit der Absetzbewegung reichsdeutscher Kräfte zum Ende des Krieges sowie der Entstehung und Entwicklung der deutschen Flugscheiben befassen, einzig die von Landig und Mattern einer gewissen Wahrscheinlichkeit nicht entbehren, ist damit diesem Buch auch die konkrete Aufgabe zugewiesen.

Es gilt, in einem ersten Schritt im einzelne die Plausibilität der oben genannten zehn Punkte detailliert zu prüfen. Im weiteren wird das Thema kontinuierlich erweitert.

Ich behaupte, damit Mattern Recht gebend, daß es eine technische Evolution dieses irdischen UFO-Phänomens gegeben hat und daß es darüber hinaus kein außerirdisches Phänomen gibt!

Ich behaupte auch, daß ein wesentlicher Teilaspekt des UFO-Phänomens – die sogenannten Abductions (Entführungen) – eine signifikante evolutionäre Veränderung erfahren hat und daß gerade diese uns zu den letzten Zielen der Dritte Macht hinführt!

Die sich in den Aktivitäten der UFOs vermeintlich widerspiegelnde Einflußnahme außerirdischer Intelligenzen auf das Leben unseres Planeten ist noch weniger glaubhaft, wenn mit hoher Wahrscheinlichkeit ausgeschlossen werden kann, daß es auch in der Vergangenheit solche Eingriffe gegeben hat. Aus diesem Grund wird ein gleichsam historisches Intermezzo notwendig.

Die seit beinahe 40 Jahren zusammengetragenen Indizien der Prä-Astronautik (Paläo-SETI), deren bekanntester Vertreter Erich von Däniken ist, bedürfen einer neuen Deutung!

Die von den Protagonisten dieser Theorie vorgetragenen Argumente für bestimmte, bislang unerklärliche technologische Entwicklungssprünge in unserer Geschichte sowie die aufgezeigten Berichte über fliegende Wesen schon vor Jahrtausenden verlieren deshalb nicht an Bedeutung, im Gegenteil. Nur ihre Urheber waren andere!

Zurück zur Dritten Macht. Existiert eine solche, so benötigt sie unzweifelhaft eine Art Operationszentrum oder besser gesagt, ein Hauptquartier. Ich glaube, dieses mit hinreichender Sicherheit identifiziert zu haben!

Ich habe über die angebliche Einbeziehung des Planeten Mars in die Operation *Full Moon* geschrieben. Wenn auch nichts für deren Existenz spricht, so könnte es trotzdem eine Verbindung zwischen dem Thema dieses Buches und dem Planeten Mars geben!

Und letztendlich steht dieser Welt durch die Dritte Macht tatsächlich eine tiefgreifende Veränderung bevor! Daß die ersten Schritte auf diesem Weg schon vollzogen sind, bleibt aufzuzeigen.

KAPITEL 2

DIE ABSETZBEWEGUNG

In diesem Abschnitt des Buches sollen die einzelnen Behauptungen Wilhelm Landigs Punkt für Punkt einer genauen Überprüfung unterzogen werden. Gab es diese Absetzbewegung reichsdeutscher Kräfte zum Ende des Krieges also tatsächlich, und nahm dieses große Völkerringen damit einen anderen Verlauf, als von der offiziellen Geschichtsschreibung heute behauptet wird?

Angeblich begann alles schon am 17. Dezember 1938.

1. Die deutsche Antarktisexpedition nach Neu-Schwabenland und der Aufbau des antarktischen Stützpunktes im Verlauf des Krieges

An diesem 17. Dezember 1938 begann mit dem Auslaufen des Motorschiffes *Schwabenland* ein Kapitel in der Erforschung des antarktischen Kontinents, das bis heute – gemessen an den erreichten Erfolgen – eine viel zu geringe Beachtung findet.

Das mag nicht zuletzt daran liegen, daß nach dem Krieg die erstaunlichen Leistungen der beteiligten Männer mit dem Makel belegt waren, unter Hitler erbracht worden zu sein.

Die Initiative zu dieser Expedition ging von der Vierjahresplanbehörde aus. Der von Hitler als Beauftragter für den Vierjahresplan eingesetzte Hermann Göring hatte die Aufgaben für die Expedition klar definiert. Danach war es das Ziel, durch einen Erkundungsvorstoß in die antarktischen Gewässer und in das Innere des antarktischen Kontinents Deutschland ein Mitbestimmungsrecht und seinen gebührenden Anteil bei der kommenden Aufteilung der Antarktis unter den Großmächten zu sichern und damit die Voraussetzungen für das ungeschmälerte Recht des Deutschen Reiches auf ungestörte Ausübung eines für seine 80 Millionen Menschen lebenswichtigen Walfangs zu schaffen (wegen der Fettversorgung; der Autor). (19)

Am 19. Januar 1939 erreichte das Forschungsschiff *Schwabenland* die antarktische Packeisgrenze. Das Schiff war mit Dampfkatapulten ausgerüstet, mit deren Hilfe zwei Flugboote vom Typ *Dornier-Wal* zu Aufklärungsflügen über der Antarktis starten konnten. Ein Novum zu jener Zeit. Am 3. Februar 1939 gelang auf diese Weise eine der spektakulärsten Entdeckungen. An diesem Tag startete das Flugboot *Boreas* zu einem Erkundungsflug. Die Aufzeichnungen des Expeditionsleiters Alfred Ritscher über diesen Flug enthalten ein interessantes Detail: Die Entdeckung von für die Antarktis völlig ungewöhnlichen eisfreien Geländeabschnitten sowie von eisfreien Seen, »Teiche bis auf Grund durchsichtig, anscheinend mehrere Meter tief ohne Eisbildung, obwohl Außenthermometer -5 Grad Celsius zeigt, eingebettet zwischen knollenartigen, rundlichen Kuppen aus rotbraunem Schichtgestein; Stützpunkt für spätere Landexpeditionen?« (19) Diese Bemerkung sowie die Existenz der nach dem Flugkapitän Schirrmacher benannten eisfreien Seen sollten später die Grundlage für die Spekulationen um einen reichsdeutschen Stützpunkt in der Antarktis abgeben. Die Forschungsarbeiten dauerten bis zum 6. Februar an. Bis dahin gelang mit mehr als 11 000 Aufnahmen die fotografische Erfassung eines ca. 350 000 Quadratkilometer großen Gebietes, das den Namen Neu-Schwabenland erhielt. Längs aller Flugwege wurden metallene Pfeile mit eingepreßtem Hakenkreuz abgeworfen; an den Umkehrpunkten der Flugzeuge trugen diese Pfeile die deutsche Reichsflagge. Damit hatte Deutschland den völkerrechtlich ersten Schritt zur Besitzergreifung dieses Gebietes getan. Neu-Schwabenland ist auch heute noch die offizielle geographische Bezeichnung. Nach Erfüllung ihrer Aufgaben trat die *Schwabenland* die Heimfahrt an. Am 11. April ging die Reise des Forschungsschiffes in Cuxhaven zu Ende.

Entgegen anderen Behauptungen kehrte die *Schwabenland* während des Krieges nicht mehr in die Antarktis zurück. Das Schiff diente den Fernaufklärungsgruppen der Marineflieger der Luftwaffe als Schleuderschiff an der Westfront und im Kampfraum Norwegen. Hier wurde es 1944 von einem britischen U-Boot torpediert. Das nicht mehr reparable Schiff wurde danach bis Kriegsende im Oslofjord als Wohnschiff eingesetzt und im Dezember 1946, bis in den letzten Winkel beladen mit Gasmunition, versenkt. (19)

Gab es andere reichsdeutsche Aktivitäten während des Krieges in der Antarktis? Ohne diese würde den Behauptungen über den Ausbau eines antarktischen Stützpunktes die Grundlage entzogen sein. Daß während der deutschen Antarktisexpedition von 1938/39 ein solches Vorhaben nicht zur Diskussion stand, dürfte schon deutlich geworden sein. Befragt über die generellen Möglichkeiten der Einrichtung eines solchen militärischen Stützpunktes, antwortete der letzte überlebende Teilnehmer der Expedition, der Luftfotograf Siegfried Sauter, in einem Interview wie folgt:

Frage: »Dann halten Sie es wohl auch für unmöglich, daß kurz vor Kriegsbeginn und während des Krieges Baumaterial nach Neu-Schwabenland transportiert wurde, um dort Bunker im Eis zu bauen, Bunker für Unterkünfte und U-Boot-Bunker?«

Antwort: »Alle Gerüchte und Spekulationen darüber, die nach dem Krieg in Umlauf gebracht wurden, sind barer Unsinn. Schiffe konnten nicht landen wegen des Packeisgürtels, der Neu-Schwabenland umgibt. Nur Eisbrechern wäre dies möglich gewesen oder besonders gepanzerten Schiffen. Die Schiffe stoßen zunächst auf Schelfeis, dann auf Randeis, das bis zu 100 Meter hoch ist, oft noch höher. Das Eis schiebt sich im antarktischen Winter nach außen und bricht dann nach einiger Zeit ab. Einen Bunker in das Eis oder unter das Eis zu bauen ist technisch unmöglich, denn das Eis bewegt sich und treibt nach außen. … Jede Station, in der Forscher überwintern, muß für ein Jahr mit Lebensmitteln versorgt werden. Das reicht nur für eine geringe Anzahl von Menschen. Daß für Hitler in Neu-Schwabenland ein Bunker gebaut wurde, ist völliger Unsinn … Wer solche Gerüchte in die Welt setzt, hat keine Ahnung, wie es in der Antarktis aussieht, sie ist der wüsteste Kontinent, den es gibt. Über ihn rasen Stürme mit 200 und mehr Kilometern Geschwindigkeit dahin, und ein halbes Jahr lang ist Nacht, völlige Nacht.«

Angesprochen auf die Möglichkeiten der »Schirrmacher-Oase« antwortete Siegfried Sauter:

»Unter dem Begriff Oase stellt man sich normalerweise einen Ort mit Palmen vor. In der Antarktis gibt es keine Vegetation. Die Schirrmacher-Oase ist eine eisfreie Zone mit einem blauen See mittendrin. … sie liegt etwa eine Flugstunde von der Schelfeisgrenze entfernt und ist im antarktischen Sommer, der im Januar beginnt, eisfrei. Nur diese Zeit kann genutzt werden für den Bau und die Einrichtung von Forschungsstationen.« (19)

Es sieht nicht gut aus für den reichsdeutschen Stützpunkt in der Antarktis!

Aufgrund des Packeises besteht keine Möglichkeit, Güter anzulanden. Bunker in das küstennahe Eis zu bauen ist wegen dessen permanenter Bewegung technisch nicht realisierbar. Verpflegung muß für ein Jahr im Voraus herangebracht werden. Ein halbes Jahr ist es stockdunkel, vom sonstigen Klima einmal ganz abgesehen. Die vermeintlich eisfreien Seen sind das auch nur für die Hälfte des Jahres.

Und aller scheinbar zwingenden Logik zum Trotz, gab es nicht doch von deutscher Seite noch andere Unternehmungen während des Krieges im Gebiet der Antarktis? Jawohl, es hat sie gegeben.

Bekannt geworden sind hier vor allem die Operationen der deutschen Hilfskreuzer, deren spektakulärste die Kaperung von Teilen der norwegischen Walfangflotte im Januar 1941 unweit der Küsten von Neu-Schwabenland darstellt. In 24 Stunden wurden durch den Hilfskreuzer *Pinguin* ohne einen Schuß 35 000 Bruttoregistertonnen und 22 000 Tonnen Walöl als Prise aufgebracht (Abbildung 1).

Hilfskreuzer sind umgebaute Handelsschiffe, die mit ihrer Bewaffnung den blitzschnellen Zugriff auf feindliche Schiffe ermöglichen sollen. Dazu fahren sie unter der Tarnung eines Handelsschiffes zumeist anderer Nationalität und offenbaren sich ihrem Gegenüber erst im letzten Moment durch Hissen der Kriegsflagge ihres Landes. Aufgrund ihrer im Vergleich zu echten Kriegsschiffen schwachen Armierung gehen sie der Begegnung mit solchen des Gegners im Regelfall aus dem Wege. Im Grunde genommen sind sie die Kaperschiffe und die Männer auf ihnen die Korsaren der Neuzeit.

Ein Jahr nach der Kaperung der norwegischen Walfänger durch die *Pinguin* soll auf Anweisung der deutschen Seekriegsleitung der Hilfskreuzer *Thor* diese erfolgreiche Aktion wiederholen, was diesmal jedoch nicht gelingt. Auch die *Thor* operiert wieder einige Tage in der Nähe von Neu-Schwabenland (Abbildung 2). (20)

Folgendes Szenario wäre im Zusammenhang mit den Operationen dieser beiden Hilfskreuzer durchaus denkbar:

Im Abstand von einem Jahr, immer in der Zeit des antarktischen Sommers (siehe Aussage Sauter), versorgen die Hilfskreuzer einen Stützpunkt an den Küsten von Neu-Schwabenland. Nach dem Löschen ihrer Ladung gehen sie in der Folgezeit ihrer eigentlichen Aufgabe nach, die im Aufbringen feindlicher Handelsschiffe besteht.

Nur gibt es für dieses Szenario eben keinen Beweis. Es existieren keine entsprechenden Aussagen der beteiligten Männer, und die offizielle Fahrtroute der Schiffe führte in immer noch beträchtlichem Abstand an den Küsten Neu-Schwabenlands vorbei. Da es sich bei den Hilfskreu-

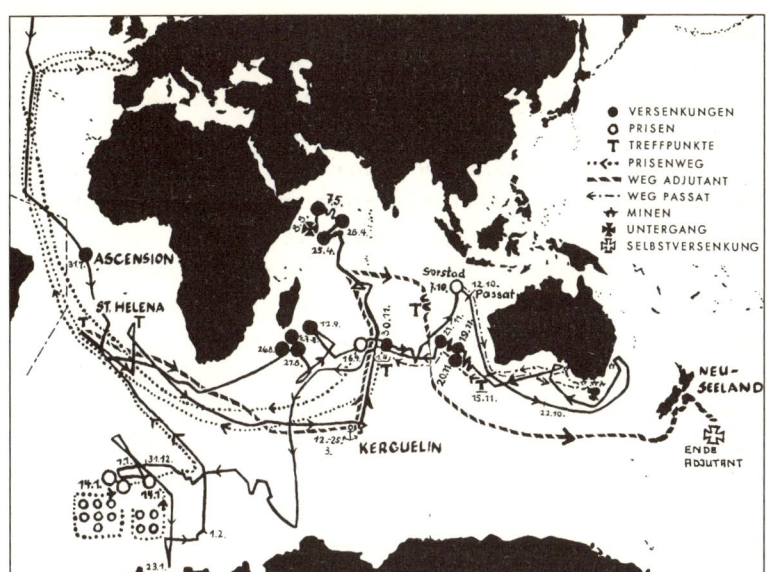

Abb. 1: Der Kurs der Pinguin *führte das Schiff bis nahe an die antarktische Küste.*

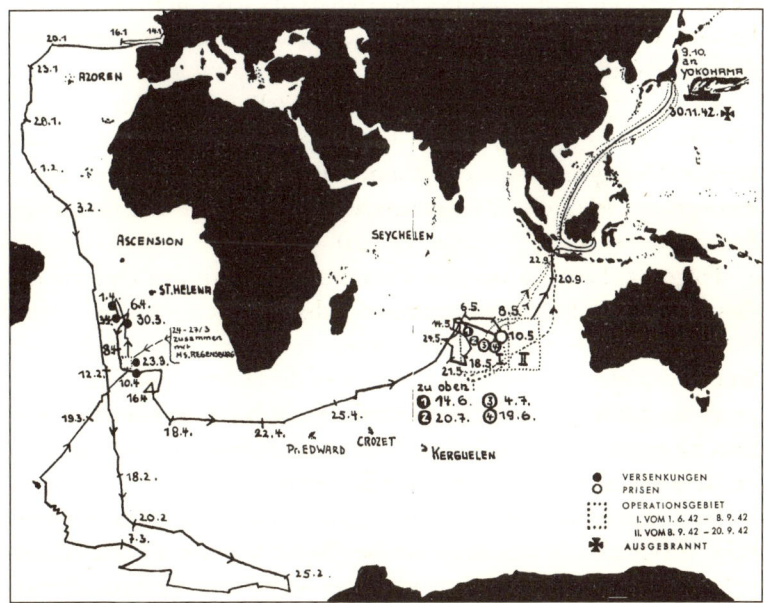

Abb. 2: Auch die Thor *gelangte in die Nähe der Antarktis.*

zern auch weder um Eisbrecher noch um gepanzerte Schiffe handelte, sind damit auch nicht die Einwände des Zeitzeugen Sauter aus der Welt, der aufgrund seiner Erfahrungen eine Anlandung normaler Schiffe wegen des Packeisgürtels kategorisch ausschloß.

Die Vorbehalte Siegfried Sauters treffen natürlich genauso auf die Situation nach Kriegsende zu, da sich an den natürlichen Bedingungen in der Antarktis bis dahin nichts geändert hatte.

Der Einrichtung eines reichsdeutschen Stützpunktes nach dem Ende der Kampfhandlungen im Jahr 1945 standen auch noch andere Fakten im Wege.

Schon in den ersten Nachkriegsjahren hatten die Russen in Neu-Schwabenland ihre große Forschungsstation *Nowolasarewskaja* eingerichtet, die in den Folgejahren ständig erweitert wurde. Während der norwegischen Antarktisexpedition von 1956 bis 1960 wurde das ganze Gebiet dann topographisch neu aufgenommen, so daß es spätestens bei dieser Operation zu Verwicklungen mit den Deutschen hätte kommen müssen. (19)

Fazit: Während die deutsche Antarktisexpedition von 1938/39 gut dokumentiert ist, existieren für die Errichtung und den Ausbau eines reichsdeutschen Stützpunktes während des Krieges bzw. unmittelbar nach dem Ende des Völkerringens keine Anhaltspunkte. Hat Landig hier gelogen, oder steht »Antarktis« als Synonym für etwas anderes?

2. Das Auslaufen deutscher U-Boote in den letzten Kriegstagen mit der Aufgabe, Spezialisten und technisches Know-how dem alliierten Zugriff zu entziehen

Um dieser Behauptung eine gewisse Wahrscheinlichkeit zubilligen zu können, müssen mindestens vier Grundvoraussetzungen erfüllt gewesen sein:

- die Existenz von U-Boot-Typen, die in der Lage waren, langanhaltende Unterwasserfahrten durchzuführen, um der militärischen Überlegenheit des Gegners zu Wasser und in der Luft zu entgehen;
- U-Boote, die neben der für den Betrieb unentbehrlichen Besatzung zusätzlich eine beträchtliche Anzahl von Personen an Bord nehmen konnten;

– »verschwundene« U-Boote, deren Schicksal in den Nachkriegs-
statistiken zu verifizieren nicht möglich war;
– hochmotiviertes Personal unter den U-Boot-Besatzungen sowie
unter den evakuierten technischen Spezialisten, das bereit war,
vielleicht auf Jahre hinaus jede Verbindung zur Heimat abreißen
zu lassen, um trotz einer unsicheren Zukunft für ihr politisches
Ideal wirken zu können.

In den ersten Jahren des Zweiten Weltkrieges waren die deutschen
U-Boote für lange Tauchfahrten noch nicht gerüstet. Die Dieselmotoren
der Unterseeboote benötigten für den Verbrennungsvorgang Sauerstoff,
ohne den eine Verbrennung nicht stattfinden konnte. Dieser Sauerstoff
wird bei den üblichen Dieselmotoren aus der Luft, in der er sich zu etwa
21 Prozent befindet, angesaugt. Wurde nun ein U-Boot durch feindliche
Schiffe oder Flugzeuge zum Tauchen gezwungen, so konnte es die
Dieselmotoren nicht mehr einsetzen. In diesem Fall wurde die Unterwasserfahrt mit Elektromotoren fortgesetzt. Diese wiederum waren für
ihren Betrieb aber auf funktionierende Akkumulatorenbatterien angewiesen. Waren diese leer gelaufen, mußte das U-Boot auftauchen.

Anfang 1944 ging man auf deutscher Seite dazu über, die Boote mit
»Schnorcheln« auszurüsten, mittels derer es möglich wurde, dicht unter
der Wasseroberfläche fahrend, den Dieselmotoren wieder atmosphäri-
sche Luft zuzuführen. Eine Verbesserung gegen die bis dahin immer
noch mögliche Ortung durch feindliche Radarflugzeuge brachte die
Ausstattung mit gummiartigen gewaffelten Überzügen mit sich, die die
Radarstrahlen zum Teil absorbierten, zum Teil in andere Richtungen
abstrahlten.

Nach dem Krieg haben alle Seemächte den deutschen »Schnorchel«
in ihre U-Boot-Flotten eingeführt und als hervorragend geeignet und
brauchbar gefunden. (10)

Den Kriegsverlauf im Atlantik zu ändern hätte eine andere Entwicklung vermocht, wäre eine Serienproduktion und Erprobung dieser Typ
»XXI« genannten U-Boote früher möglich gewesen. Als Überwasseran-
triebsmaschinen dieser Boote wurden zwei normale Dieselmotoren von
je 2000 PS verwandt. Für den Unterwasserbetrieb erhielten sie dagegen
zwei Elektromotoren von je 2510 PS. Mit diesen konnten die U-Boote
80 bis 100 Stunden fahren, ohne wieder auftauchen zu müssen. Sie
wurden auch als Elektroboote bezeichnet, weil ihre elektrische Maschinen-

leistung höher war als die Leistung der Dieselmotoren. Erreichten die alten U-Boote bei einer Unterwasserfahrt im Schnitt eine Geschwindigkeit von nur acht Seemeilen in der Stunde, so konnten die neuen Typen »XXI« mit Geschwindigkeiten von 17,5 Seemeilen in der Stunde unter Wasser fahren, was einer technischen Revolution gleichkam.

Bis Kriegsende wurden von den deutschen Werften 120 dieser Boote abgeliefert. Da sich aber die Probefahrten sowie die Ausbildung der Besatzungen in die Länge zogen, kam angeblich nur noch ein Boot (U 2511) kurz vor Kriegsende zum Einsatz, jedoch nicht mehr zum Schuß.

Bis Kriegsende fertiggestellt werden konnten auch einige der sogenannten *Walther*-Unterseeboote. Diese funktionierten während der Unterwasserfahrt auf der Grundlage der von Prof. Walther entwickelten Flüssigkeitstriebwerke. Um vom Sauerstoff der Luft gänzlich unabhängig zu sein, führten die Boote den Sauerstoff in einem flüssigen Sauerstoffträger, zum Beispiel Wasserstoffsuperoxyd, mit sich. Bedingt durch einen technischen Kreislaufprozeß konnten die *Walther*-U-Boote damit noch länger unter Wasser bleiben. Mit den projektierten zwei *Walther*-Turbinen von je 7500 PS erhöhte sich die Geschwindigkeit auf bis zu 25 Seemeilen in der Stunde! Alle im Betrieb und im Bau befindlichen Boote wurden – wiederum angeblich – rechtzeitig zerstört. Erst neun Jahre nach Beendigung des Krieges gelang es den Briten, ein *Walther*-U-Boot nachzubauen, was den unerhörten Fortschritt aufzeigt, den die deutschen Entwickler gegenüber ihren Konkurrenten erreicht hatten. (10)

War es deutschen U-Booten möglich, über ihre Besatzung hinaus noch in einer beträchtlichen Anzahl weitere Personen an Bord über eine größere Entfernung zu befördern?

Am 22. November 1941 wurde der deutsche Hilfskreuzer *Atlantis* im südlichen Atlantik von dem britischen schweren Kreuzer *Devonshire* gestellt. Nach kurzem ungleichen Gefecht versenkte die Mannschaft der *Atlantis* ihr Schiff, damit es nicht dem Feind in die Hände fiel. Im gleichen Zeitraum ereilte dieses Schicksal auch den Versorger *Python*. Von den Überlebenden wurden jeweils 100 (!) von den U-Booten U 68, U 124, U 129 und U A übernommen. Nach eineinhalb Wochen Fahrt in tropischer Hitze unter beinahe unzumutbaren Bedingungen konnten von jedem Boot 60 bis 70 Mann an zu Hilfe geeilte, größere italienische U-Boote übergeben werden. U 68 und U A hatten mit dieser Überbelegung von zuerst 100, dann 30 bis 40 Mann insgesamt 5000 Seemeilen zurückgelegt, was nahezu 10 000 Kilometern, also einem Viertel des Erdumfangs, entspricht! (20)

Gibt es »verschwundene« deutsche U-Boote, deren Schicksal auch nach dem Krieg nicht geklärt werden konnte?

Offiziell waren die beiden Boote U 530 und U 977, die sich am 10. Juli bzw. am 17. August 1945 den argentinischen Behörden ergaben, die letzten noch vermißten deutschen U-Boote.

Über diese Boote wird noch zu sprechen sein.

Von den insgesamt 1174 deutschen U-Booten, die in Dienst gestellt wurden, kamen 863 Boote zum Fronteinsatz. Dabei sind 630 Boote verlorengegangen, 42 gingen in der Heimat durch Unfall verloren, 81 Boote wurden im Heimatgebiet durch Feindeinwirkung, wie Minen und Bomben, zerstört, 215 haben sich bei Kriegsende selbst versenkt, 153 Boote wurden nach der Kapitulation in ausländische Häfen überführt, 38 Boote wurden wegen Überalterung oder infolge unreparierbarer Schäden außer Dienst gestellt, und elf Boote wurden interniert oder an andere Marinen abgegeben. (10) Doch es existieren auch andere, von dieser Statistik abweichende Angaben. Diese Abweichungen können nicht überraschen, befinden sich doch fast alle Unterlagen sämtlicher Kommandobehörden, Stäbe, Flottillen und U-Boote noch immer in der Hand der Alliierten. (19) Davon abgesehen, daß aufgrund der Widersprüche zwischen den Statistiken das eine oder andere deutsche U-Boot vielleicht in einer falschen Rubrik oder gar nicht erfaßt wurde, könnte sich eine nicht unbeträchtliche Dunkelziffer »überlebter« U-Boote unter den 215 sich angeblich bei Kriegsende selbst versenkten Booten befinden.

Die Vorstellung, daß vor der Absetzbewegung die Übernahme einer bedeutenden Anzahl technischer Spezialisten auf manches U-Boot nur möglich war, wenn dieses einen Teil seiner Besatzung zurückließ, scheint nicht zu weit hergeholt. Dieser an Land gesetzte Teil hätte dann die Mär von der Selbstversenkung verbreitet.

Waren deutsche Männer in der Zeit des absehbaren Kriegsendes und vor allem nach dem 8. Mai 1945, als für die deutsche Seite alles verloren schien, noch bereit, ihr persönliches Schicksal zu verknüpfen mit dem vagen Schicksal eines zukünftigen Vierten Reiches? War der Wille zur Selbstaufopferung unter diesen Umständen wirklich so groß?

Aus der Zeit des Krieges existieren genügend Beispiele für einen Opfermut, der im vollen Bewußtsein unbedenklich das eigene Leben für das Überleben Deutschlands eingesetzt hat. Insofern hätten es die Männer, die an einer Absetzbewegung beteiligt gewesen wären, einfacher gehabt. Nicht Hingabe ihres Lebens, dafür aber trotzdem jahrelange Trennung von allem, was ihnen lieb geworden war, und zudem ein Leben in andauernder Anonymität.

Einige wenige Beispiele für freiwillige Selbstopferer aus der Zeit des Krieges sollen genügen, um unserer heutigen Generation zu verdeutlichen, daß sich mit den Zeiten anscheinend auch die Menschen geändert haben. Und wenn nicht die Menschen, so doch zumindest deren Werte.

Den einen Bericht überlieferte die Fliegerin Hanna Reitsch, die unter anderem auch die bemannte V-1 geflogen hat. Im August 1943 kam sie mit einigen Gleichgesinnten zu der Ansicht, daß eine günstige Verhandlungsbasis für ein schnelles Kriegsende nur dann zu erreichen sei, wenn es gelingen würde, die wichtigsten Schlüsselpositionen des Gegners und die Zentren seiner Widerstandskraft in schnell aufeinander folgenden Schlägen unter Schonung der feindlichen Zivilbevölkerung zu zerstören. Dazu hätten sich Menschen finden müssen, die bereit waren, sich mit einem technisch geeigneten Mittel auf das Punktziel zu stürzen, um es in seinem Zentrum zu treffen und damit jede Ausbesserung und Wiederinstandsetzung unmöglich zu machen. Bei einem solchen Einsatz würde es keinerlei Chance für das eigene Leben geben, und es war die völlige Überwindung des eigenen Ichs gefordert. Hervorzuheben ist, daß zu jenem Zeitpunkt noch nichts über die japanischen Kamikaze-Flieger bekannt geworden war.

Als Gerät sollte eine bemannte Gleitbombe Verwendung finden. Auch die Möglichkeit eines Einsatzes der bemannten V-1 wurde erwogen. Laut Hanna Reitsch meldeten sich Tausende für diesen freiwilligen Selbstopfereinsatz. Vorerst eingezogen wurde dafür nur eine kleine Gruppe von 70 Mann. (21)

Ein weiteres geplantes Selbstopferunternehmen fand am 7. April 1945 westlich von Hannover über dem Steinhuder Meer statt. Dafür wurden 180 Flugzeuge Me 109 zur Verfügung gestellt. 184 Flugzeugführer hatten sich freiwillig gemeldet. Die Piloten bekamen die Aufgabe, die einfliegenden amerikanischen Bomber nach Verschießen der Munition zu rammen und auf diese Weise zum Absturz zu bringen. Von ihnen und den Begleit-Düsenjägern wurden an diesem Tag 51 schwere amerikanische Bomber zerstört. Von den deutschen Flugzeugführern fanden 77 dabei den Tod. (22)

Auch bei der Aufstellung der Kleinkampfverbände der Marine meldeten sich wiederum Tausende Freiwillige, darunter allein 3000 Offiziere. In Ein- und Zweimann-Booten, »Seehunde« genannt, und als Kampfschwimmer wollten die Freiwilligen gegen die alliierte Flotte und die Geleitzüge antreten, Brücken vernichten und Nachschublager in die Luft sprengen. Ihnen war bewußt, daß bei jedem Einsatz die Chancen fast zu 100 Prozent für den Gegner standen. (23)

Fazit: Die vier Grundvoraussetzungen dafür, daß zum Kriegsende die behauptete Absetzbewegung mit U-Booten stattfinden konnte, waren damals allesamt gegeben.

3. Die letzte, von den Alliierten in Europa geheim gehaltene Seeschlacht bei Island

Hat diese Seeschlacht zwischen den an der Absetzbewegung beteiligten deutschen U-Booten und den alliierten Kriegsschiffen tatsächlich stattgefunden? Und wenn ja, endete sie wirklich mit einem totalen deutschen Sieg?

Angeblich wurde in südamerikanischen Zeitungen ausführlich über diese Auseinandersetzung berichtet. Beispielhaft aufgeführt wurde von Landig der chilenische *El Mercurio*.

Erstmalig thematisierte der chilenische Autor W. Mattern diese Seeschlacht in seinem 1974 Buch erschienenen Buch *UFO – Nazi secret weapon?*. Landig folgte ihm darin dann in *Wolfszeit um Thule* im Jahr 1980.

Grund zur Verwunderung gab die Tatsache, daß Mattern, um die Thesen seines Buches zu belegen, sich zwar die Kopien von Ausschnitten aus teilweise bis 1945 zurückliegenden Pressepublikationen besorgt hatte, darunter auch eine Kopie aus dem besagten *El Mercurio* vom 5. März 1947 über die Antarktisexpedition des Admirals Byrd. Eine Kopie des Beitrages über die fragliche Seeschlacht suchte man jedoch vergeblich.

Um über diesen Aspekt endgültige Klarheit zu gewinnen, veranlaßte der Autor dieses Buches eine Recherche in der Universitätsbibliothek von Santiago de Chile. Dort können auch ältere Ausgaben chilenischer Tageszeitungen eingesehen werden. Bezüglich des betreffenden Beitrages im *El Mercurio* war das Ergebnis der Nachforschungen negativ.

Fazit: Die behauptete Seeschlacht ist eine Legende. Landig übernahm sie anscheinend von Mattern. Da seine Trilogie nach eigener Aussage eine Mischung aus Wahrheit und Fiktion darstellt, ist die Beschreibung dieser Seeschlacht der letzteren zuzurechnen.

4. Die Evakuierung des in der Arktis gelegenen reichsdeutschen Stützpunktes

Kurz vor Kriegsende soll, laut Landig, ein in der Arktis befindlicher Stützpunkt von U-Booten evakuiert worden sein. Daß deutsche U-Boote zu einer solchen Aktion in den letzten Tagen des Krieges durchaus noch in der Lage waren, wurde weiter oben ausführlich dargestellt.

Die Frage hier stellt sich jedoch anders: Gab es in der Arktis überhaupt etwas zu evakuieren, das in seiner Bedeutung höher einzuschätzen war als die bekannten Wetterstationen zum Beispiel auf Labrador und Spitzbergen?

Allem Anschein nach – ja. So ist in den *Erinnerungen* von Rüstungsminister Albert Speer folgendes nachzulesen:

»… lehnte ich seinen Vorschlag ebenso ab wie den Plan einer vorübergehenden Flucht, den mir unser erfolgreichster Kampfflieger, Werner Baumbach, schon früher gemacht hatte. Ein weitreichendes viermotoriges Wasserflugzeug, das während des Krieges, von Nord-Norwegen aus, eine deutsche Wetterstation in Grönland ausgesetzt und mit Lebensmitteln versorgt hatte, sollte Baumbach, mich und einige Freunde für die ersten Monate einer Besetzung Deutschlands in eine der vielen stillen Buchten Grönlands bringen.« (24)

Wie so oft in seinen Memoiren scheint Speer es auch bei der Beschreibung seiner geplanten Flucht mit der Wahrheit nicht allzu genau genommen zu haben und stellt diese als ein Unternehmen unter Freunden ohne jeden offiziellen Charakter dar, das zudem noch durch seine Ablehnung an der Ausführung gescheitert sei. Wenn Werner Baumbach sich auch zum Freundeskreis von Speer zählen konnte, so war seine eigentliche Funktion zum Kriegsende doch die des letzten Kommandeurs des »Geheim«-Geschwaders KG 200.

»Was die Flieger des KG 200 auszeichnete, war ihre Eigenschaft als Spezialisten. In der Hauptsache handelte es sich um fliegendes Personal, das in der Lage war, Sonderaufgaben zu übernehmen, die ein durchschnittliches Frontgeschwader überfordert hätten: Kampfaufträge und

Transportaufträge von besonders schwierigem Charakter unter außergewöhnlichen Begleitumständen. Und fast immer unter einem hohen Geheimhaltungsgrad. Dazu stand ihnen ein Arsenal verschiedenster Flugzeugtypen zur Verfügung – manche davon gab es überhaupt nur in wenigen Exemplaren.« (25)

Unter dem Kommando Baumbachs sollte von Flensburg aus in den ersten Maitagen des Jahres 1945 die letzte große Aktion des KG 200 gestartet werden. Die Riesenflugboote des Typs BV 222 waren vorbereitet worden, um eine größere Personengruppe – gedacht war an die politische Führung des Reiches – an einen versteckten Platz an der Küste von Grönland zu bringen. Dort, in sicherer Abgeschlossenheit – so stellte man sich vor –, hätte man für einen langen Zeitraum überleben können, um dann erst den Versuch zu machen, unbehelligt irgendwie wieder »in das Leben zurückzukehren«. (25) Am Ende kam es jedoch nicht dazu.

Zwei erhaltene Dokumente belegen die Konzentrierung nicht nur von Flugbooten, sondern auch von anderen Transportflugzeugen des KG 200 am 1. Mai 1945 im Raum Flensburg, wo sich bekanntlich der Sitz der Regierung Dönitz befand (Abbildungen 3 und 4). Der Auftrag an Baumbach erging vom neuen Reichspräsidenten Dönitz persönlich und trug damit im Gegensatz zur Äußerung Speers offiziellen Charakter.

Da die führenden Köpfe der Reichsregierung mit Sicherheit nicht ohne ihre wichtigsten Mitarbeiter und auch nicht ohne ein Mindestmaß an technischer Ausstattung evakuiert werden sollten, ist am grönländischen Stützpunkt von einer Infrastruktur auszugehen, die jene einer kleinen Wetterstation deutlich übertroffen haben dürfte.

Dazu paßt auch eine Meldung der alliierten Nachrichtenagentur *Reuters*, veröffentlicht von einer schwedischen Zeitung am 15. Dezember 1944, wonach sich US-Militärs in den vergangenen Wochen auf Grönland häufig deutscher Kommandounternehmen hätten erwehren müssen. Bei diesen sei es auch zu einem Angriff von deutschen zweimotorigen Bombern gekommen. (26) Da diese den weiten Weg von Norwegen nach Grönland und zurück nonstop nicht hätten schaffen können, müssen demnach auf Grönland auch entsprechende Landebahnen existiert haben.

Gerüchte, wonach darüber hinaus an Grönlands Küste auch ein U-Boot-Bunker mit der Bezeichnung *Biber-Damm* errichtet worden wäre, konnten nicht näher verifiziert werden und sollen deshalb außerhalb dieser Betrachtung bleiben.

+KR 𝘢𝘶.𝘻 𝘯𝘪𝘉𝘨𝘓 𝘫38 𝘪15 24-10.

𝘯𝘉𝘢3'

1. Mai 1945

KR Fernschreiben
Blitz

Oberstleutnant L e n s c h o w
Kdr. K-Stelle T r a v e m ü n d e

Fliegerhorst

Auf Befehl des Grossadmirals D ö n i t z ist
Flugboot BV 222 unter höchster Dringlichkeit
fertigzustellen und in den Flensburger Raum
zu verlegen. Kommandant ist für getarnte Ab-
stellung verantwortlich. Weiterhin ist Ju 290
(Hauptmann M e y e r) in den Nordraum zu überführen. Geeigneter Platz ist durch Hauptmann
Meyer festzulegen. Oberstleutnant Baumbach ist
für Durchführung dieser Sonderaufgaben befohlen.

                           Baumbach

Abb. 3

+ KR Blitz MGGL 834 .115 2100=

MBB5   1.Mai 1945   **6**

1) KR-Blitz Fernschreiben

Generalleutnant H o l l e
Kommandierender General der deutschen Luftwaffe
Dänemark

S k a n d e r b o r g
----

nachr. IV. KG 200 Fliegerhorst Veyle, Dänemark

        Auf Befehl Grossadmiral D ö n i t z ist
Oberstleutnant Baumbach mit einer Sonderaufgabe
beauftragt. Zur Durchführung ist die sofortige
Verlegung von 3 - 5 Ju 88, einer Siebel notwendig.
Es wird gebeten, eine Verlegung der entsprechenden
Teile der IV. KG 200 unter Führung eines Staffel-
kapitäns zum Fliegerhorst Flensburg zu befehlen.
Fliegerhorst Flensburg ist benachrichtigt.

er IV.KG 200   Weiterhin wird gebeten, die restlichen Ju 88
        für einen evtl. Sondereinsatz in Veyle bereitzu-
stellen.

                        gez. Baumbach
                        Oberst

MBB5   1/4 2157 115

Abb. 4

Daß von deutscher Seite auf Grönland während des Krieges militärische Aktivitäten stattfanden, die ihrem Umfang nach doch einigermaßen überraschen, beweisen nicht zuletzt auch Presseveröffentlichungen aus der Zeit nach dem Krieg.

Im einen Fall wurden schon 1942 durch Unterseeboote 120 Mann angelandet, die im Herbst 1944 um weitere 30 Männer verstärkt werden konnten und sich erst 1947 den Amerikanern ergaben (Abbildung 5). Eine andere deutsche Gruppe, die Fernfunkstation unter dem Kommando eines Feldwebels Kulik, wurde gar erst 1949 von den Russen aufgespürt. (Abbildung 6) Das zeigt: Das Vorhaben, in einem grönländischen Stützpunkt längere Zeit zu überleben und unentdeckt zu bleiben, war so aussichtslos nicht.

Fazit: Die Existenz eines bedeutenden reichsdeutschen Stützpunktes in der Arktis (auf Grönland) kann mit hoher Wahrscheinlichkeit als gegeben vorausgesetzt werden. Seiner Evakuierung zum Ende des Krieges durch deutsche U-Boote stand von der praktischen Umsetzbarkeit her nichts im Wege.

5. Die Absetzbewegung deutscher U-Boote hatte Argentinien als Ziel

Warum ausgerechnet Argentinien? Weil die politischen und ökonomischen Bedingungen in diesem Land 1945 für die Deutschen als beinahe ideal zu bezeichnen sind. Aber dazu später.

Daß die Unterseeboote ihre Ladung, die aus technischem Know-how sowie den für dessen praktische Nutzung unumgänglichen Spezialisten bestand, unmöglich an den »Küsten« Neu-Schwabenlands angelandet sein können, wurde schon ausführlich dargestellt.

Wie verhält es sich aber mit Argentinien?

Am 30. Mai 1945 zirkulierte zwischen dem amerikanischen Außen- und dem Kriegsministerium ein als »secret« eingestuftes Memorandum, wonach die britische Botschaft in Buenos Aires schon am 18. Mai vom argentinischen Außenministerium darüber informiert worden sei, daß vor den Küsten Argentiniens anscheinend mehrere deutsche U-Boote darauf warteten, sich den argentinischen Behörden ergeben zu können (Abbildung 7).

Es dauerte dann noch einmal fast zwei Monate – über die Gründe für diese Verzögerung kann nur spekuliert werden –, bis sich das erste

Deutsche Kampfgruppe noch auf Grönland?

Von U-Booten an Land gesetzt -- Seit fast sechs Jahren in der Schneewüste

Wien, 28. Dezember. In mehreren ausländischen Blättern erschienen in den letzten Tagen Berichte, die so phantastisch anmuten, daß man sie mit Vorsicht aufnehmen muß. Jedenfalls wird man ergänzende Meldungen abwarten müssen, um Klarheit darüber zu gewinnen, ob die Meldungen in allem und jedem stichhaltig sind. Eskimos haben, so heißt es, dem Kommandanten einer amerikanischen militärischen Station gemeldet, daß sich auf Grönland noch eine etwa 150 Mann starke deutsche Kampfgruppe befindet.

Die „weiße Todesrotte"

Im Frühjahr 1942, also vor nahezu sechs Jahren, hatten Unterseeboote deutsche Soldaten in Grönland an Land gesetzt. Anführer der Gruppe war ein Hauptmann namens Hammerlein, der vor dem Krieg mehrmals an Polarexpeditionen teilgenommen hatte. Die deutschen Soldaten, die sich die „weiße Todesrotte" nannten, waren aufs beste ausgerüstet und mit den modernsten Behelfen versehen. Etwa 80 Kilometer von dem Hafen Angmagsalik entfernt, wurde eine Station errichtet, von der aus die Truppe Hammerlein nach Deutschland funkte. Mit Unterseebooten kamen später Lebensmittel, Arzneien und auch zwei Geologen, so daß man mutmaßte, die Deutschen wollen nach Uran suchen.

Den Berichten der Eskimos zufolge brachte ein deutsches Schiff später auch ein zerlegbares Flugzeug. Im Herbst 1943 erschienen in einer Eskimosiedlung 50 deutsche Soldaten, unter denen eine schwere Schlägerei entstand. Zwei der Soldaten, die durch den jahrelangen Aufenthalt in der Schnee- und Eiswüste Grönlands offenbar schon völlig zermürbt waren, verübten Selbstmord. In den folgenden Jahren wurden noch mehrmals Lebensmittel, Arzneien und anderes Material von U-Booten an Land gebracht. Im Herbst 1944 kam der letzte Transport, mit dem auch 30 Mann an Land gingen.

Sie trugen den Aussagen der Eskimos nach andere Uniformen als jene Soldaten, die sich schon seit 1942 auf Grönland befanden und so vermutet man, daß es sich um SS-Leute handelte.

Feuergefecht mit Eskimos

Diese 30 Neuankömmlinge bezogen das gleiche Lager wie die 120 alten, hielten sich jedoch von diesen völlig abgesondert. Im Mai 1945, kurz nach der Kapitulation Deutschlands, verschwanden die 150 Deutschen aus der Umgebung von Angmagsalik. Die Eskimos glaubten, die 150 Mann hätten sich in amerikanische Gefangenschaft begeben, bis nun vor kurzem Eskimos nach der Rückkehr von einem Fang meldeten, daß die Deutschen sich noch immer auf Grönland befänden. Zwei der Grönländer waren, als die Deutschen ihrer ansichtig wurden, erschossen worden, die übrigen drei konnten flüchten und die Nachricht bringen, daß sie 170 Kilometer nördlich von Angmagsalik auf die Deutschen gestoßen seien.

Abb. 5

Das abenteuerliche Schicksal deutscher Fernfunker in Grönland

Die letzte Einheit kapitulierte 1949

Daß in der furchtbaren Chronik des Zweiten Weltkrieges noch Begebenheiten enthalten sind, die Stoff für einen erstklassigen Abenteuerroman liefern würden, zeigt das 1951 von der *Ostdeutschen Zeitung* publizierte, jedoch schon lange wieder in Vergessenheit geratene Schicksal einer kleinen deutschen Wehrmachtseinheit, die Ende Mai 1944 – vor fünfzig Jahren – auf Grönland abgesetzt wurde und sich unangetastet viele Jahre lang durch die Fährnisse der Nachkriegszeit schlug.

Im Frühjahr 1944 ließ das Oberkommando der Wehrmacht 50 km westlich von Lombvik auf Grönland eine deutsche Fernfunkstation errichten, die unter Leitung des Feldwebels Kulik stand. In Lombvik selbst lagen zwei gut ausgerüstete deutsche Kompanien, die erst im Sommer 1947 von einem amerikanischen Kommando gefangengenommen wurden.

Da sich das bittere Kriegsende auf Grönland „ohne viel Aufhebens" ereignete, konnte den Amerikanern die Existenz einer weiteren deutschen Gruppe verborgen bleiben. Die Eskimos, die von Amerika nichts Gutes zu erwarten hatten und daher den Deutschen freundlich gesinnt waren, schwiegen einvernehmen, und so blieben die Landser unbehelligt. Da die mit der Außenwelt lediglich über ihre Empfangseinrichtung in Verbindung stehende Gruppe genau darüber informiert war, welchen Leidensweg Deutschland beschritt, kam man überein, zunächst den Gang der Dinge abzuwarten. Ausschlaggebend hierfür war vor allem, daß alle Angehörigen der Gruppe Kulik aus Ostdeutschland jenseits der Oder und Neiße stammten, also keine Aussicht hatten, in ihre Heimat zurückzukehren. Die Soldaten richteten sich häuslich ein, schlossen mit den Eskimos enge Freundschaft und gingen auf die Jagd nach grönländischen Schneehühnern.

1949 nahm der Funkgefreite Harry Gebert erstmals mit Deutschland Funkverbindung auf. Ein Funkamateur in Essen hatte die deutsche

Einheit im ewigen Eis aufgespürt. Man nun erhielten die Männer in der Einöde der kurzen Polarzeit ständig Nachrichten aus Deutschland, wo gerade drei demokratische Staaten nach Weisung der Alliierten gebildet wurden.

Da ihnen eine Rückkehr noch nicht tunlich erschien, beließen es die „Nordpoldeutschen" beim Funkverkehr mit Amateuren. Unverschlüsselt und unter dem Rufzeichen des ehemaligen Oberkommandos der Wehrmacht wurde über den Äther gesprochen bzw. gemorst. Ein Zufall wollte es jedoch, daß dieser Funkverkehr in die Empfangsanlage eines bei Spitzbergen stationierten russischen Torpedobootes geriet, dessen Funker seinen Ohren nicht traute, als er das Rufzeichen des OKW in den Hörer bekam. Das hier zwischen Grönland und Essen ausgetauschten Nachrichten abgehört hatte, wurde unverzüglich Meldung nach Moskau erstattet. Die Sowjetzentrale gab Befehl, die deutsche Fernfunkstation bei Lombvik auszuheben.

So fand sich die Gruppe Kulik eines Tages, vier Jahre nach dem Zusammenbruch, von 150 Sowjetsoldaten eingeschlossen, die auch von ihnen die bedingungslose Kapitulation verlangten. Es blieb nichts übrig, als der Aufforderung Folge zu leisten. Die Gefangenen wurden an Bord russischer Schiffe und später in Stettin entlassen. Feldwebel Kulik fand Aufnahme bei seinem Funkfreund in Essen.

Hans-Ulrich Kopp

Deutsche Wehrmachtssoldaten am Polarkreis 1941

Abb. 6

34

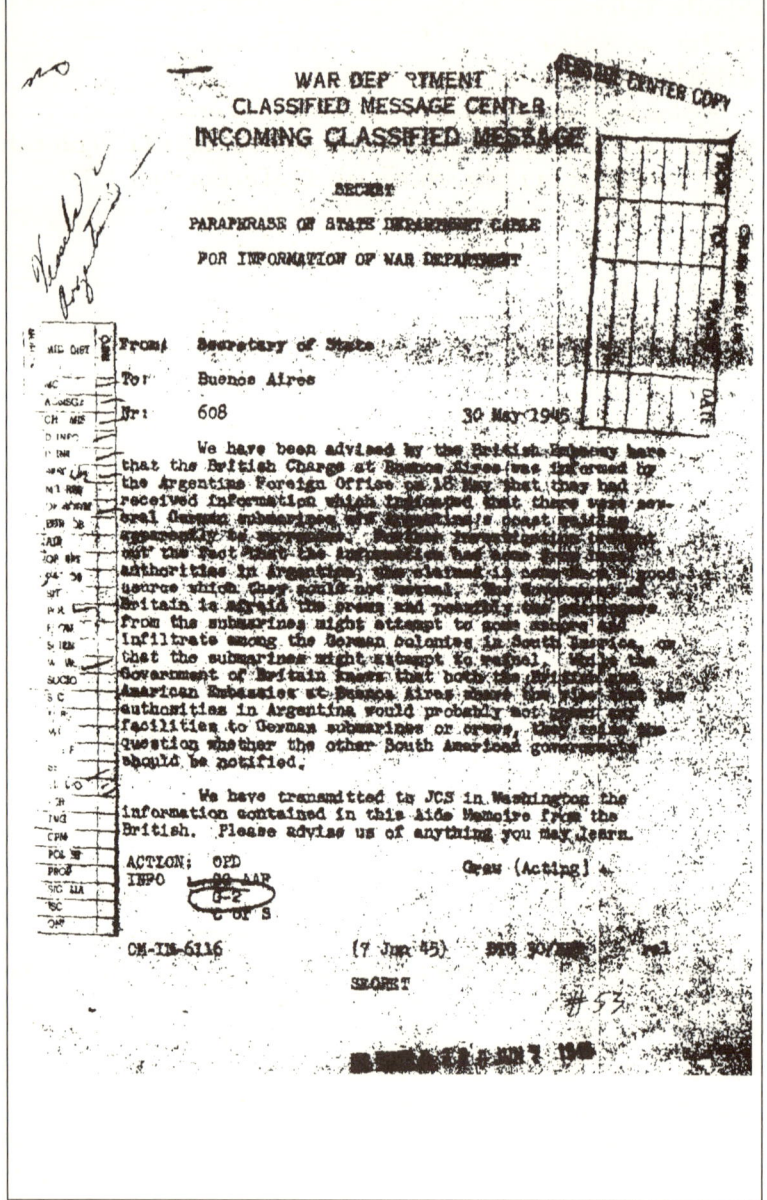

WAR DEPARTMENT
CLASSIFIED MESSAGE CENTER
INCOMING CLASSIFIED MESSAGE

SECRET

PARAPHRASE OF STATE DEPARTMENT CABLE

FOR INFORMATION OF WAR DEPARTMENT

From: Secretary of State

To: Buenos Aires

Nr: 608   30 May 1945

We have been advised by the British Embassy here
that the British Charge at Buenos Aires was informed by
the Argentine Foreign Office on 18 May that they had
received information which indicated that there were several German submarines off Argentina's coast waiting
apparently to surrender. British said in this connection
not the fact that the submarines that surrendered to the
authorities in Argentina. She claimed it could be a pro-
cedure which they could not avoid. The British said that
Britain is afraid the crews and possibly the passengers
from the submarines might attempt to come ashore and
infiltrate among the German colonies in South America, or
that the submarines might attempt to refuel. While the
Government of Britain knows that both the British and the
American Embassies at Buenos Aires board that the present
authorities in Argentina would probably not afford any
facilities to German submarines or crews, they said the
question whether the other South American governments
should be notified.

We have transmitted to JCS in Washington the
information contained in this Aide Memoire from the
British. Please advise us of anything you may learn.

ACTION: OPD   Grew (Acting)
INFO   20 AAF
        G-2
        C of S

CM-IN-6116   (7 Jun 45)   DTG 30/

SECRET   #53

deutsche U-Boot, U 530, unter seinem Kapitän Otto Wermuth mit 54 Mann an Bord am 10. Juli 1945 in Mar de Plata den Argentiniern zur Verfügung stellte.

Weitere fünf Wochen später, am 17. August, immerhin mehr als drei Monate nach der Kapitulation der deutschen Wehrmacht, ergab sich U 977 unter Kapitän Heinz Schäffer mit 32 Mann an Bord. (11)

Beide Boote wurden später in die USA überführt. Heinz Schäffer wurde von den amerikanischen Untersuchungsbehörden im Verhör wieder und wieder mit der Frage traktiert, wo er denn Hitler versteckt habe. Er und die gesamte Mannschaft von U 977 bestanden jedoch hartnäckig darauf, daß außer der Besatzung keine weitere Person an Bord gewesen sei. Pikant mutet unterdes die Tatsache an, daß Heinz Schäffer nach seiner Freilassung und erfolgten Abschiebung nach Deutschland nichts Besseres zu tun hatte, als nach Argentinien zurückzukehren. (19) Die Amerikaner mögen demnach gute Gründe für ihre Nachfrage gehabt haben.

Schon nach der Übergabe von U 530 waren Gerüchte laut geworden, das Boot hätte vor seiner »Kapitulation« am 10. Juli hochrangige Nazis an der Küste Argentiniens abgesetzt. Dokumentiert sind diese Gerüchte in einem Telegramm vom US-Militärattaché in Buenos Aires an das Kriegsministerium vom 14. Juli 1945 (Abbildung 8).

Bezeichnenderweise wäre U 530 damit nicht zum ersten Mal in geheime Operationen verwickelt gewesen. Schon im Sommer 1944 hatte es im Atlantik, nahe Gibraltar, diverse Unterlagen und strategische Rohstoffe, darunter eine große Menge Quecksilber, an das japanische U-Boot I-52 übergeben, das allerdings im Anschluß von einem amerikanischen Bomber versenkt worden war. (27) Von daher schien U 530 mit seiner Mannschaft prädestiniert für solche Unternehmungen.

Nach der offiziell verlautbarten Meinung hätten sich mit U 530 und U 977 die letzten beiden deutschen U-Boote den Feindmächten ergeben. Daß dem nicht so ist, beweisen die Aussagen zweier in Argentinien internierter Seeleute des im Dezember 1939 in aussichtsloser Gefechtslage selbst versenkten deutschen Panzerschiffes *Admiral Graf Spee.*

Danach wirkten die Seeleute Dettelmann und Schulz zwischen dem 28. und 29. Juli 1945 bei der Entladung zweier deutscher U-Boote mit, die an der Küste Patagoniens (gehört zu Argentinien) vor Anker gegangen waren. Das weitere Schicksal dieser beiden Boote wird später noch Thema sein.

WAR DEPARTMENT
CLASSIFIED MESSAGE CENTER
MESSAGE CENTER COPY
INCOMING CLASSIFIED MESSAGE

CONFIDENTIAL PIE

PRIORITY

CROSS REFERENCE

FROM	TO	PLACE	DATE

ACTION | | MIS
NO
ACofS
CH MIS
D INFO
D INT
MIL RES
OP ROOM
EUR OB
AIR
OB RPT
PAC OB
ST
POL
ACAN
SUCID
S C
WC
SF
OPD
CPM
POL ST
PROP
SK LIA

From: US Military Attache, Buenos Aires, Argentina

To: War Department

Nr: 471 14 July 1945

To MILID Wash DC, 471.

Many rumors circulating in Argentina to effect that German submarine landed high ranking Nazis along coast prior to surrendering on 10 July. Navy, FBI, British, and our selves investigating. Sailors from submarine now being examined by Argentine Navy with officers from Naval Attache Office and FBI present.

Harris

ACTION: G-2

INFO : CG AAF, ASF, OPD, Office Chief of Counsel, C of S

CM-IN-14477 (15 Jul 45) DTG: 141500 ngr

CONFIDENTIAL

40 JUL 15 1945

16

COPY NO.

THE MAKING OF AN EXACT COPY OF THIS MESSAGE IS FORBIDDEN

Abb. 8

Vorerst interessiert nur, was Dettelmann und Schulz zu berichten hatten. Beide waren auf einer Hazienda untergebracht, die einer deutschen Firma gehörte. Von dieser wurden sie eines Tages an einen wüstenhaften Abschnitt der Küste gebracht, von dem aus sie die beiden U-Boote wahrnehmen konnten. Die beiden Männer gingen an Bord und halfen bei der Entladung schwerer Behältnisse, die mit kleinen Booten an Land befördert wurden. Dort erfolgte deren Verladung auf acht große LKW. Diese fuhren danach zuerst zur besagten Hazienda, um danach ihren Weg ins Landesinnere fortzusetzen.

Darüber hinaus verließen die U-Boote auch etwa 80 Männer, ein Teil von ihnen in Zivilkleidung. Aus deren Verhalten schlußfolgerten die beiden Seeleute, daß es sich bei ihnen um bedeutende Persönlichkeiten handeln mußte. Die evakuierten Personen bestiegen schnell bereitstehende Autos und fuhren mit diesen davon. (28, 141)

Mit dieser Aussage fanden die Gerüchte über die Anlandung von Material und Personal durch deutsche U-Boote an Argentiniens Küsten ihre erste Bestätigung. Bei den Booten U 530 und U 977 wird es nicht anders gewesen sein. Als zutreffend erwiesen hat sich auch das zusätzliche Fassungsvermögen der U-Boote, wie es weiter oben am Beispiel der durch die Boote aufgenommenen Besatzung versenkter Schiffe dargestellt wurde. Hier wie dort konnten die U-Boote für eine Fahrt von mehreren tausend Seemeilen bis zu 40 zusätzliche Personen aufnehmen.

Zu klären bleibt noch die Frage, ob es sich bei einem der U-Boote, die zwischen dem 28. und 29. Juli 1945 ihre Ladung an der Küste Patagoniens löschten, um U 977 gehandelt haben könnte, das sich bekanntlich etwa drei Wochen später den argentinischen Behörden ergeben hat. Gänzlich auszuschließen ist das sicher nicht. Wird jedoch berücksichtigt, daß U 977 dann spätestens Ende Juli seine Aufgabe erfüllt hatte, ist die Wahrscheinlichkeit dafür nicht besonders hoch anzusetzen. Trug der Kapitän des Bootes sich mit der Absicht, sein Boot nach erfüllter Mission zu übergeben, machte ein sich anschließender dreiwöchiger Aufenthalt auf hoher See wenig Sinn.

Daß deutsche U-Boote bei Kriegsende mit geheimer Fracht erfolgreich Südamerika ansteuerten, dafür existiert noch ein weiterer Beleg. Ende 1982 erwarb der frühere Kulturattaché eines israelischen Konsulats in den USA, Chaim Rosenthal, für 40 000 Dollar über 700 Briefe, Familientagebücher, NSDAP-Parteibücher und 130 Fotos aus dem Besitz des früheren Reichsführers-SS Heinrich Himmler. Unter diesen

Devotionalien befand sich auch das Tagebuch der Himmler-Tochter Gudrun. Diese nennt sich heute Burwitz, und Rosenthal erzählte ihr, daß er das Tagebuch mit den anderen Dokumenten von einem früheren SS-Offizier, der nun in Mexiko lebte, erworben habe. Nach dessen Informationen sollen die Dokumente von einem Adjutanten des SS-Generals Karl Wolff kurz vor Kriegsende aus Deutschland geschmuggelt und später mit einem U-Boot nach Südamerika gebracht worden sein. (29)

Fazit: Die Absetzbewegung von mehr als zwei deutschen U-Booten nach Argentinien wurde nachgewiesen. Es handelte sich dabei nicht um eine Flucht, sondern um eine koordinierte Aktion mit dem Ziel, brisante Güter und hochqualifiziertes Personal dem Zugriff der Alliierten zu entziehen.

6. Die Flugscheiben

Nach Landig gab es mehrere Projekte zur Entwicklung der Flugscheiben. Als Konstrukteure wurden bei ihm der Wiener Techniker Schauberger sowie der Ingenieur Schriever genannt.

Ein Projekt, mit der Typenbezeichnung V-7, wäre noch über das Reißbrett- und Erprobungsstadium hinausgekommen und hätte – wenn auch in geringer Stückzahl – eine maßgebliche Rolle bei der Absetzbewegung zum Ende des Krieges gespielt. Die V-7 soll über einen konventionellen Antrieb kreisförmig versetzter Düsen verfügt haben und sei in der Lage gewesen, ohne Unterbrechung tausende Kilometer zurückzulegen. Nach dem Krieg hätten diese Fluggeräte dann den Anstoß gegeben für die spektakulären Sichtungswellen sogenannter UFOs und wären als »Fliegende Untertassen« in die Geschichte eingegangen.

Später wird deutlich werden, daß, unter anderem auch durch Schauberger, Flugscheiben entwickelt worden sind, deren unkonventionelle Antriebe über geradezu revolutionäre Eigenschaften verfügten. Entweder wußte Landig von diesen nichts, oder er wollte den über diesen Projekten liegenden Mantel des Schweigens noch nicht lüften.

In den 50er Jahren des letzten Jahrhunderts meldeten sich einige der an der Entwicklung der Flugscheiben Beteiligten zurück und äußerten sich in Presseinterviews zu ihrer Tätigkeit. Inwieweit dabei immer die »ganze Wahrheit« mitgeteilt wurde, muß dahingestellt bleiben. Der

Ursprung des UFO-Phänomens schien damit aus dem Weltraum auf die Erde zurückgekehrt zu sein. Allerdings hielt die Wirkung dieser Veröffentlichungen nicht lange an. Der Wunsch, hinter den neuartigen Erscheinungen am Himmel Manifestationen einer außerirdischen Macht sehen zu wollen, schien größer zu sein. Oder war diese Entwicklung gar dem Einfluß anderer, durchaus irdischer Mächte geschuldet?

Im Jahre 1956 erschien unter dem Titel *Die deutschen Waffen und Geheimwaffen des 2. Weltkrieges und ihre Weiterentwicklung* eine Publikation, die bis in die 1970er Jahre noch mehrere, zum Teil erweiterte Neuauflagen erleben sollte. (10) Der Autor, Rudolf Lusar, gab darin einen mit hoher Fachkompetenz und der Liebe zum Detail vorgetragenen Überblick über die ihm bekannten Geheimwaffenentwicklungen auf deutscher Seite, der nach Meinung von Kennern bis heute unerreicht geblieben ist. Interessanterweise war Lusars Buch den Amerikanern Anlaß genug, 1958 im Rahmen der *Air Force* eine »spezial studies group« ins Leben zu rufen, die unter der Leitung des in Österreich geborenen Dr. Stefan Possony eine detaillierte Bestandsaufnahme der veröffentlichten Informationen vornehmen sollte. Die Untersuchung als solche wurde mit »secret« klassifiziert. (18)

Was hatte Lusar über die geheimen Flugscheibenentwicklungen in Erfahrung gebracht?

Wichtig sind die einleitenden Worte, die Lusar seinem mit »Fliegende Untertassen« überschriebenen Abschnitt vorangestellt hat: »Nach bestätigten Angaben von Fachleuten und Mitarbeitern wurden die ersten Projekte, ›Fliegende Scheiben‹ genannt, im Jahre 1941 begonnen.« Lusar gab demnach Fakten nicht einfach vom Hörensagen weiter, sondern ließ sich die Details dieser Entwicklungen direkt von mehreren Beteiligten bestätigen. Das macht die Qualität des ganzen Buches aus: Nur die von ihm verifizierten Sachverhalte wurden publiziert, Spekulationen blieben außen vor.

Lusar schrieb weiter: »Die Pläne für diese Geräte stammen von den deutschen Experten Schriever, Habermohl, Miethe und dem Italiener Bellonzo. Habermohl und Schriever wählten einen breitflächigen Ring, der sich um eine feststehende, kuppelförmige Führerkanzel drehte und aus verstellbaren Flügelscheiben bestand, die in eine entsprechende Stellung gestellt werden konnten, je nachdem, ob sie zum Start oder zum Horizontalflug benötigt wurden. Miethe entwickelte eine diskusähnliche Scheibe von 42 Metern Durchmesser, in die verstellbare Düsen eingesetzt waren. Schriever und Habermohl, die in Prag arbeiteten, starteten am 14. Februar 1945 mit der ersten ›Fliegenden Scheibe‹, erreichten in drei Minuten eine Höhe von 12.400 Meter und im Horizontalflug eine Geschwindigkeit von 2000 Kilometern in der Stunde (!). Man wollte auf Geschwindigkeiten von 4000 Stundenkilometern kommen.

Umfangreiche Vorversuche und Forschungsarbeiten waren notwendig, bevor an die Fertigung herangegangen werden konnte. Wegen der hohen Geschwindigkeit und der außerordentlichen Wärmebeanspruchung mußten besonders geeignete Materialien gefunden werden, die der Hitzeeinwirkung standhielten. Die Entwicklung, die Millionen gekostet hat, stand bei Kriegsende dicht vor dem Abschluß.« (10)

Einer der wichtigsten in die Entwicklung der Flugscheiben involvierten Zeitzeugen war Oberingenieur Georg Klein. Bedingt durch die sich überstürzenden Frontverlagerungen im Westen kam es Ende 1944 zur Konzentration von erheblichen Teilen der deutschen Flugzeugindustrie im vom Luftkrieg weniger betroffenen Protektorat Böhmen und Mähren. Rüstungsminister Speer ernannte Georg Klein zum Sonderbevollmächtigten für die Flugzeugproduktion in diesem Gebiet. Klein äußerte sich in der ersten Hälfte der 50er Jahre des letzten Jahrhunderts mehrfach in verschiedenen Pressepublikationen zur Vorgeschichte der »Fliegenden Untertassen«.

Angeblich begann diese im April 1941. »Auf einer geheimen Konferenz im Reichsluftfahrtministerium in Berlin gab Göring vor einer kleinen Schar prominenter Flugzeugkonstrukteure und Aerotechniker die Anweisung, der Zeit weit voraus zu eilen und noch schnellere Flugzeuge zu entwickeln. Göring forderte, von der althergebrachten Rumpfform abzuweichen und Flächenformen zu schaffen, da nur auf diese Weise günstigere aerodynamische und statische Voraussetzungen gegeben seien.« (30)

Was ist über die von Lusar genannten beteiligten Personen und ihre Konstruktionsentwürfe bekannt geworden?

Prof. Giuseppe Belluzzo (statt wie bei Lusar Bellonzo) war Italiener und veröffentlichte 1950 einen Aufsatz, in dem er mitteilte, daß er seit 1942 an einem italienisch-deutschen Projekt zur Entwicklung einer Flugscheibe mitgearbeitet habe. Diese Flugscheibe sollte als eine Art Flugbombe gegen Erdziele eingesetzt werden, eine andere Konstruktion hätte der Flugabwehr gedient. (31) Von daher hatte Belluzzo anscheinend nichts mit der Entwicklung bemannter Flugscheiben zu tun.

Oberingenieur Klein sprach demnach auch nur von drei beteiligten Konstrukteuren. Wie Lusar bezeichnete er Miethe als Entwickler einer diskusähnlichen, nicht rotierenden Scheibe von 42 Metern Durchmesser. Im Gegensatz dazu drehte sich bei den Konstruktionen von Habermohl und Schriever ein breitflächiger Ring um eine feststehende, kugelförmige Pilotenkabine. Dieser Ring war durch verstellbare Flügelblätter mehrfach unterteilt und ermöglichte damit einen senkrechten Start und eine ebensolche Landung. (32) Habermohl wählte im Unterschied zu Schriever für seinen Entwurf kürzere Flügelblätter. Damit konnte ausgeschlossen werden, daß es bei hohen Umdrehungszahlen zu einer Verbiegung der Flügelblätter kam. (17)

Flugkapitän Rudolf Schriever will der erste gewesen sein, der ein funktionierendes Modell einer Flugscheibe fertig gestellt hat. Am 3. Juni 1942 absolvierte es angeblich, von winzigen Raketen angetrieben, seinen Jungfernflug. Nach Schrievers Angaben konnte die Entwicklung vom getesteten kleinen Modell bis zum flugfähigen Prototypen nicht mehr erfolgreich abgeschlossen werden. Noch bis zum 15. April 1945 soll Schriever an seinen Plänen gearbeitet haben. (17) Dann kamen die Russen. Er konnte fliehen. In diesem Zusammenhang interessant ist der Umstand, daß Schriever nach dem Krieg einige Jahre in Südamerika zugebracht hat. (33)

Otto Habermohls Variante einer Flugscheibe absolvierte nach Aussage Georg Kleins den ersten erfolgreichen Erprobungsflug:

»Am 14. Februar 1945, morgens um 6.30 Uhr, war auf dem Messegelände in Holice (Prag) der Start erfolgt. Gespannt blickte der Sonderbeauftragte Klein auf Habermohl, der sich von seinen Mitarbeitern Mühlens und Schreiber sowie sechs Werksangehörigen, die die erforderlichen Vorbereitungen zu treffen hatten, abwendete und mit dem Einflieger Röhlke auf den Flugring zuging. ... Habermohl und seine Mitarbeiter starrten auf ihre Armbanduhren. Röhlke winkte mit der Hand, und schon setzte sich der Flugring mit einem ohrenbetäubenden Rauschen in Bewegung. Er schwang sich senkrecht in die Luft und schnellte dann im Steilflug kerzengerade weiter nach oben. ... Wie ein platter Hut stand der Kreisel in der Luft, um plötzlich ruckartig nach links auszuscheren. Einem blitzenden Teller ähnlich, huschte er unter der Wolkendecke entlang ... Acht Minuten Flugdauer hatte Habermohl ausgerechnet. ... Dann scheint er sich wie im Zeitlupentempo vom Himmel herunterzuspulen. ... Röhlke drosselte das Tempo, die Scheibe stand still, senkte sich langsam wie ein Hubschrauber und landete senkrecht auf ihren drei Puffern. ... Die Meßergebnisse hatten den theoretischen Berechnungen standgehalten. Sie ergaben eine entwickelte Steiggeschwindigkeit von 12 400 Metern in drei Minuten.« (30)

Mit dem »Einflieger Röhlke« ist wahrscheinlich Joachim Roehlike gemeint, der zur betreffenden Artikelserie der *Hamburger Morgenpost* in einem Leserbrief schrieb: »Bis Ende des Krieges war ich Einflieger und lizenzierter Nachflieger. In dieser Eigenschaft erhielt ich um die Jahreswende 1944/45 Kenntnis von rotierenden Flugkörpern, die bereits in einer Serie von fünf bis 15 Maschinen aufgelegt waren ...« (17) Mehr wollte oder durfte Joachim Roehlike anscheinend zu seiner Beteiligung am Erstflug von Habermohls Flugkreisel nicht aussagen.

Die endgültige Entscheidung über die Serienfertigung einer der drei zur Auswahl stehenden Flugscheibentypen fiel einige Zeit später, wie sich Georg Klein erinnerte. Am 27. März 1945 wurde Dr. Hans Kammler – über den später noch zu sprechen sein wird – von Hitler zum Sonderbevollmächtigten für die Fertigung und den Einsatz von Strahlflugzeugen ernannt. In seinen Aufgabenbereich fiel damit auch die Herstellung der Flugscheiben. In Prag unterhielt sich Oberingenieur Klein mit Kammler über die zur Auswahl stehenden und für die Serienproduktion geeigneten Flugscheiben:

»Und welche der drei Luftkreiselkonstruktionen kommt für den Einsatz in Betracht?« ... Die entscheidende Frage war gefallen. Und während Oberingenieur Klein noch einmal die Vorzüge und Nachteile des Mietheschen Diskus und des mokkatassenähnlichen Kreisels von Rudolf Schriever abschätzte, hatte er längst die gewünschte Antwort parat. Es gab nur eine Konstruktion, die in aller Stille von ihrem Schöpfer Otto Habermohl in den umgewandelten Räumen eines Gasthauses in Slany, etwa vierzig Kilometer von Prag, erstellt worden war. (30)

Klein berichtete, wie in den Cesco-Moravska- (BMM) und den Letov-Werken in Prag-Smichov fieberhaft an der Vollendung der aufgelegten Serie von 15 Kreiseln gearbeitet wurde. Habermohl, der ausführende Ingenieur, soll sich bereit erklärt haben, die Montage seines Luftringes um 14 Tage zu verkürzen. Dagegen konnte eine Kurzserienfertigung der Mietheschen Konstruktion nicht beschleunigt werden. Es sei möglich gewesen, zwei Flugringe zu bauen, bevor ein Diskus das Werk verließ. Der Flugdiskus von Miethe war aufwendiger im Bau als der Flugkreisel, der von seiner Machart als einfach, ja geradezu als »primitiv«

bezeichnet werden konnte. Im Mai 1945, kurz vor dem Einmarsch der Russen in Prag, verbrannte Habermohl, laut Klein, alle Konstruktionspläne und sämtliche Unterlagen des Flugkreisels und sprengte den bereits montierten Flugring und alle Einzelteile. (17) Von Habermohl fehlt seitdem jede Spur. Zeitgleich – und auch in Prag – verschwand Dr. Kammler. Auch von ihm fehlt seither jedes Lebenszeichen. Ein Zufall? Oder haben sich der für die Geheimwaffenentwicklung der SS verantwortliche Kammler und einer seiner Flugscheibenkonstrukteure gemeinsam abgesetzt?

Den Anmerkungen Georg Kleins ist zu entnehmen, daß auch der Flugdiskus von Miethe in seiner Entwicklung weit gediehen war. Die Serienfertigung auch dieser Flugscheibe muß demnach zu diesem Zeitpunkt zumindest theoretisch möglich gewesen sein. Vom Flugkreisel Schrievers war, wie zu erwarten, nicht mehr die Rede.

So scheint neben der für kürzere Flugstrecken einzusetzenden, einfachen Konstruktion Habermohls der qualitativ hochwertige – und wie man noch sehen wird, für lange Flugstrecken taugliche – Flugdiskus nicht ein Konkurrenz-, sondern ein Alternativprojekt gewesen zu sein. Inwieweit er tatsächlich noch in Fertigung gehen konnte, darüber etwas auszusagen war Klein nicht in der Lage, arbeitete Miethe doch in Breslau, das nicht zum Verantwortungsbereich Kleins zählte.

Über den Flugdiskus von Miethe wurde in der Pariser Abendzeitung *France Soir* in den Ausgaben vom 7. und 14. Juni 1952 berichtet. Demnach soll Dr.-Ing. Miethe in einem Interview erklärt haben, daß eine Neukonstruktion der V-Waffe in Scheibenform mit einer Reichweite von 21 000 Kilometern und Radarsteuerung mit der Bezeichnung V-7 gegen Kriegsende fabrikationsreif gewesen sei. Man habe diese ferngelenkte Scheibe mit großem Erfolg über der Ostsee erprobt. Hitler habe sich jedoch erst nach dem Rheinübergang der Patton-Armee dazu entschlossen, die V-7 in Serienfabrikation in den unterirdischen Fabriken Süddeutschlands bauen zu lassen. Nach der Schilderung des Ingenieurs erbeuteten die Sowjets bei der Einnahme Breslaus mehrere Antriebsaggregate dieser Waffe. (17)

Hier taucht sie zum ersten Mal auf, die V-7, jene Flugscheibe, über die Landig berichtet hat. Und was Klein nicht wußte: Auch von der V-7 war die Serienfertigung befohlen!

Miethe beschrieb in besagtem Interview den Flugdiskus V-7 im Detail:

»Die V-7-Motoren besaßen einen sechsstufigen Kompressor, eine ringförmige Verbrennungskammer und eine spezielle zweistufige Turbine für Flüge in der Stratosphäre, da die Maschine eine Höhe von 20 000 Metern erreichen konnte. ... Der Antrieb der V-7 erfolgte in erster Linie durch ein komprimiertes Gas auf der Basis von Helium, dessen 22 Kubikmeter für durchschnittlich 16 Flugstunden ausreichten. ... Unter Berücksichtigung der Reichweite von 41 000 Kilometern und einer Reiseflughöhe von 20 000 Metern bei Überschallgeschwindigkeit, hat der Feind kaum eine Chance, die V-7 auszumachen. Mein Fluggerät kann mit einer Besatzung von drei Mann über größte Entfernungen geflogen werden und, wenn eine Reichweite von 18–20 000 Kilometern nicht überschritten wird, auch mit einer Funkfernsteuerung und Radar. Das allgemeine Erscheinungsbild der V-7 ähnelt dem eines Diskus' mit 42 Metern Durchmesser. An einem inneren beweglichen Metallring sind zwölf Turbinen in gleichen Abständen angeordnet. Dieser Ring dreht sich wie ein Gyroskop um das zentrale, feststehende Mittelteil, das die Druckkabine für die zwei Piloten und den Platz für den Funker und das Radar enthält. Die Bomben sind um die Treibstofftanks herum aufgehängt. Der Start der Motoren erfolgt in weniger als 16 Sekunden. Gestartet wird über eine ansteigende Startrampe mit Hilfe von Startraketen, die mit flüssigem Sauerstoff und Alkohol angetrieben werden. Die Maschine kann auch wie ein normaler Hubschrauber in der Luft stillstehen. ... Was noch umzusetzen bleibt, ist die perfekte Herstellung der Raketendüsen, damit nach Möglichkeit bei längerer Betriebszeit durch die hohen Temperaturen des Gasaustrittes von ca. 5000 Grad es zu keinen Abnutzungserscheinungen kommt. Wenn diese und noch zwei weitere, geheime Vorgaben erfüllt sind, dann kann mein Apparat ohne jeden Zweifel auch mit einem atomaren Antrieb betrieben werden.« (17)

Nach Georg Klein begann Miethe seine Arbeit an der V-7 in Peenemünde und beendete sie in Breslau. (30) Nach seiner erfolgreichen Flucht aus der umkämpften Stadt führte ihn sein Weg nach Ägypten, wo er gemeinsam mit anderen deutschen Experten ferngesteuerte Raketen baute. Zum Zeitpunkt des in der *France Soir* abgedruckten Interviews erhielt Miethe eine Einladung in die USA, vermutlich um am Projekt »AVROCAR« mitzuwirken, einem Flugscheibenprojekt, das später offiziell als gescheitert betrachtet wurde, was aber nichts zu sagen hat. Die Vorgehensweise, ein viel versprechendes und militärisch hochsensibles Forschungsprojekt offiziell als gescheitert zu verkünden, um die Entwicklungsarbeiten dann im Geheimen mit noch größerem Einsatz fort-zuführen, dürfte so unüblich nicht sein.

Die Flugscheibe V-7 verfügte über all jene Parameter, wie sie für das von Wilhelm Landig beschriebene Szenario der Absetzbewegung unab-dingbar waren. Es handelte sich bei ihr um eine Waffe, der die Alliierten in der Luft qualitativ nichts entgegenzusetzen hatten und die zudem in der Lage war, interkontinentale Entfernungen zu überwinden. Da die fertigen Exemplare der Habermohlschen Konstruktion sämtlich in Prag zerstört wurden, müßte es sich demnach bei den Flugscheiben, die das Ende des Krieges unversehrt überstanden und keine Beute der Alliierten wurden, um Flugscheiben des Typs V-7 gehandelt haben. Die letzte, noch offene Frage in diesem Zusammenhang ist die, ob tatsächlich einige V-7 rechtzeitig vor Kriegsende das zerstörte Deutschland verlassen konnten? Dazu später mehr.

Selbst wenn die Entwicklung von funktionierenden Prototypen der V-7 oder anderer Flugscheiben nicht mehr zum erfolgreichen Abschluß gekommen wäre, das Fehlen jeder Art von Dokumentation über die einzelnen Entwicklungsschritte in den Archiven der Siegermächte des Zweiten Weltkrieges vermag schon Irritationen auszulösen. Oftmals wird aus diesem Umstand der vorschnelle Schluß gezogen, daß es sich demnach bei den Nachkriegsaussagen der Beteiligten um ein Gespinst von Lügen und Spekulationen handeln müsse. Allein, schon die Existenz solch hoch entwickelter Flugapparate, wie sie bis dahin nicht einmal im Ansatz von den Alliierten projektiert worden waren, könnte einen Grund für deren absolute Geheimhaltung abgeben. Angesichts des sich abzeich-nenden »Kalten Krieges« war keine Seite bereit, von den Deutschen erbeutetes technisches Know-how mit den Verbündeten von einst zu teilen. Berücksichtigt man darüber hinaus die Rolle der Flugscheiben in den Jahren nach dem Krieg, als sie als »Fliegende Untertassen« in die Wirklichkeit zurückkehrten, so wird das »große Schweigen« erst recht verständlich.

So findet die behauptete Nichtexistenz der reichsdeutschen Flug-scheiben ihre Entsprechung auch in anderen hochgeheimen Entwick-lungen: der Nichtexistenz einer funktionsfähigen deutschen Kernwaffe sowie der als ihr Träger fungierenden Amerikarakete A-9.

Beide Systeme waren zum Kriegsende bis zur Einsatzreife gediehen. In den letzten Jahren konnte dafür eine überwältigende Fülle von Bewei-sen erbracht werden. (34, 35, 36)

Der renommierte britische Journalist Nick Cook hat in seinem Buch *The hunt for zero point* das System hinter dieser Spirale des Schweigens entschlüsselt. In einer Direktive des anscheinend mit der wissenschaftlichen Aufbereitung des Technologiediebstahls befaßten Air-Force-Offiziers, A. R. Sullivan Jr., an General McDonald, den Chef des Air-Force-Geheimdienstes, vom 28. September 1945 wurde die weitere Vorgehensweise festgelegt. Bezugnehmend auf die Nachforschungen hinsichtlich der Möglichkeiten, Flugzeugmotoren mittels Interferenz außer Betrieb zu setzen bzw. über die von den alliierten Flugzeugbesatzungen gesichteten Feuerbälle, die »foo fighters«, heißt es: Diese Untersuchungen sollten mit negativen Ergebnissen eingestellt werden. Nick Cook fragte sich, warum eigentlich? Fand er in den Archiven doch gleich mehrere Hinweise, die über derartige Entwicklungen auf deutscher Seite berichteten und welche die Amerikaner mit Sicherheit für sich auszunutzen in der Lage waren. Cook interpretiert den fraglichen Satz daher als Aufforderung zur absoluten Geheimhaltung. Das Wissen um diese Dinge war geborgen, weitere Nachforschungen von nicht autorisierten Stellen hätten den Mantel des Schweigens nur zu lüften vermocht. (18)

Glücklicherweise gelang es den für die »Reinigung« sensitiver Archivinhalte Verantwortlichen jedoch nicht, jeden Hinweis auf die Existenz deutscher Flugscheiben auszulöschen. Wie in allen Amtsstuben weltweit, so wurde auch hier geschludert.

Der polnische Journalist Igor Witkowski durchsuchte in den *National Archives* der Vereinigten Staaten eine Übersicht, in der die vom militärischen Geheimdienst an das Archiv übergebenen Dokumente katalogisiert sind. In der Sektion über die deutsche Forschung und Entwicklung auf dem Gebiet der Luftfahrt fand er einen Eintrag vom 21. September 1948, der einen Hinweis auf eine »Flying Saucer«, eine »Fliegende Untertasse«, enthält (Abbildung 9). Das entsprechende archivierte Dokument war allerdings nicht auffindbar, sondern nur der Vermerk, daß es später entfernt worden sei. (27) Das ist ein Beweis mehr nicht nur für die Tatsache, daß deutsche Flugscheiben existierten, sondern auch dafür, daß ihre Spuren in den Archiven vorsätzlich getilgt wurden.

Fazit: Anhand übereinstimmender Zeugenaussagen nach dem Krieg und der deutlich gewordenen Verschleierungstaktik seitens der Alliierten hinsichtlich revolutionärer deutscher Technologieentwicklungen im allgemeinen und der Flugscheiben im besonderen kann davon ausgegangen werden, daß es diese Flugscheiben zum Kriegsende tatsächlich im funktionsfähigen Zustand gegeben hat. Ihre Beteiligung an der Absetzbewegung bleibt nachzuweisen.

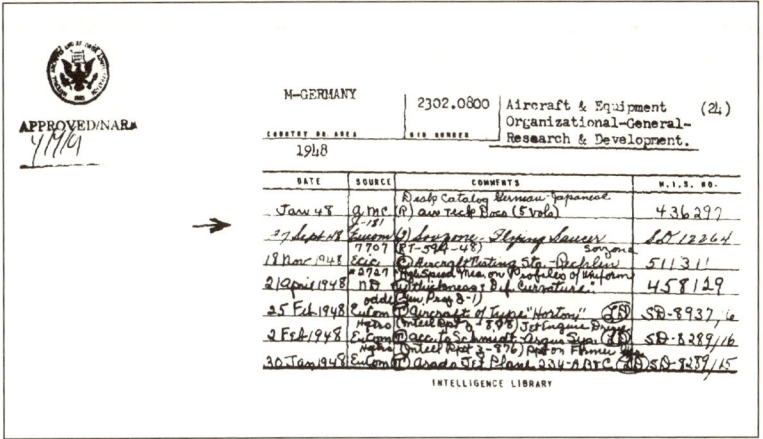

Abb. 9: Hinweis auf deutsche Arbeiten an einer Flugscheibe.

7. Das unterirdische Refugium unter den Anden

Nach Landig wurde ein Teil des nach Südamerika verbrachten Materials in riesigen, teilweise künstlich angelegten Höhlensystemen deponiert. Die Erbauer dieser gigantischen Anlagen seien Angehörige eines uralten und längst ausgestorbenen Volkes gewesen, von deren Wirken heute jedoch kaum noch Spuren existieren. In diesen unterirdischen Werkstätten, völlig abgeschieden von der Außenwelt, vollzog sich angeblich nun das Leben der evakuierten technischen Spezialisten, die dort mit der weiteren Vervollkommnung überlegener deutscher Waffentechnologie beschäftigt waren.

Die Informationen über diese Höhlen seien durch den Forscher Edmund Kiss noch in der Vorkriegszeit nach Deutschland gelangt. Kiss habe jedoch gegenüber der Öffentlichkeit über seine Entdeckungen Stillschweigen bewahrt.

Wer war Edmund Kiss?

Geboren im Jahr 1886, gestorben 1946 in amerikanischer Kriegsgefangenschaft, führte Edmund Kiss zeitlebens eine bunt schillernde Existenz. Von Beruf Architekt, widmete er einen umfangreichen Teil seines Lebens seiner großen Leidenschaft – der Bestätigung und Propagierung von Hörbigers Welteislehre. Dafür untersuchte er die Strandlinien von Tibesti in der Sahara sowie die am Titicacasee in Bolivien und Peru. Er durchforschte Ruinen auf der Insel Marajo im Mündungsgebiet des Amazonas und wagte den Versuch einer Rekonstruktion der am Titicacasee gelegenen Ruinenstätte von Tiahuanaco. Über diese Themen verfaßte er mehrere überaus erfolgreiche Bücher, was ihm in der SS-Forschungsgemeinschaft *Ahnenerbe* die Funktion eines Abteilungsleiters für »Atlantisforschung« eintrug. Im Jahr 1940 war unter seiner Führung eine weitere große Expedition nach Tiahuanaco geplant, bei der unter Zuhilfenahme modernster Technik aus der Luft sowie unter Wasser das Rätsel um diese gigantische Ruinenstätte endgültig gelöst werden sollte. Der Krieg verhinderte letztlich dieses Vorhaben. Während des Krieges kommandierte Kiss als SS-Obersturmbannführer zeitweilig die Wachmannschaft des Führerhauptquartiers. Geplant war des weiteren ein Vorstoß mit einigen Männern nach Tibet, um dort, auf dem Dach der Welt, mit der angestrebten Unterstützung von Mongolenstämmen, russische Kräfte in Asien zu binden. Aber auch daraus wurde freilich nichts. (37)

Edmund Kiss hätte also während seines Aufenthaltes in Peru und Bolivien Ende der 20er Jahre des vorigen Jahrhunderts diese uralten Höhlensysteme, von denen hier die Rede ist, durchaus entdeckt haben können.

Einer der engsten Bekannten Wilhelm Landigs, Rudolf F. Mund, während des Krieges Offizier in der SS-Division »Götz von Berlichingen«, hatte Kiss in der Kriegsgefangenschaft näher kennengelernt und sich mit ihm angefreundet. Mund verfaßte später einen ausführlichen Bericht über diese Begegnung, der auch das Schicksal von Kiss nach dem Ende des Krieges aufhellt. (38) Wenn einer etwas über das geheime Wissen des Edmund Kiss hätte in Erfahrung bringen können, dann Rudolf F. Mund, der in späteren Jahren übrigens bis zum Großmeister des *Neu Templerordens* (ONT) avancierte.

Doch Mund wußte nichts von den Höhlensystemen, darauf weist eine Stelle in *Wolfszeit* hin.

Landig läßt hier seinen Protagonisten Eyken sprechen: »Ich kannte Kiss persönlich ... aber merkwürdigerweise hat er mir nie über diese Entdeckung etwas angedeutet.« Im weiteren Umfeld dieser Stelle stehen dann teilweise wortwörtlich jene Formulierungen, die Mund in seinem Erlebnisbericht verwendete.

Selbst wenn Kiss nicht das Wissen um die Existenz der Höhlensysteme weitergegeben haben kann, so spricht trotzdem vieles dafür, daß diese riesigen Kavernen Wirklichkeit sind.

Im Jahr 1971 erschien in *Bild der Wissenschaft* unter dem Titel »Ein weiteres Geheimnis der Inkas« ein Beitrag, der wegen seiner Bedeutung hier ungekürzt zitiert werden soll:

»Der Berg der Inkas, der 6763 Meter hohe Huascaran, erhebt sich majestätisch in den Anden Perus. Von hier läuft die alte Transportstraße der Ureinwohner des Landes über Berg und Tal nach Norden, wo sie sich im Geröll der Felsen und Berge 260 Kilometer weiter bei Otuzco verliert. In dieser Gegend sind schon von Pizarro mehrere erweiterte und mit bearbeiteten Felsplatten ausgelegte Höhleneingänge entdeckt worden. Sie galten als Vorratskammern. Jetzt erinnerten sich die Höhlenforscher an diese ›Inkagrotten‹ und drangen mit modernen Mitteln der Technik, Seilwinden, Elektrokabel, Berglampen und Sauerstoffflaschen, in die Höhlen vor. Dabei wurde eine erstaunliche Entdeckung gemacht. Am Ende der mehrstöckigen Höhlen stießen die Forscher auf Schottentüren aus großen Felsplatten, die sich trotz ihres ungeheuren Gewichts – sie sind acht Meter hoch, fünf Meter breit und zweieinhalb Meter dick – auf Steinkugeln, die sich in einem Wassertropfbett drehen, bewegen lassen, wenn sich vier kräftige Männer dagegenstemmen. Diese Stelle liegt 62 Meter unterhalb des Berghanges.

Was aber dann kommt, macht die Überraschung noch größer: Hinter den ›sechs Türen‹ beginnen mächtige Tunnelbauten, die sogar moderne Tiefbautechniker vor Neid erblassen lassen. Diese Tunnel führen, teils mit einem Gefälle von 14 Prozent, schräg unterirdisch der Küste entgegen. Der Boden ist mit genarbten und quer geriffelten Steinplatten ausgelegt und rutschsicher. Ist es heute ein Abenteuer, in diesen 90 bis 105 Kilometer langen Transporttunnel in Richtung Küste vorzudringen und dabei schließlich ein Niveau von 25 Meter unter dem Meeresspiegel zu erreichen, was muß es erst damals, im 14. und 15. Jahrhundert, für Schwierigkeiten mit sich gebracht haben, tief unter den Anden Güter abzutransportieren, um sie dem Zugriff Pizarros und des spanischen Vizekönigs zu entziehen!

Am Ende der unterirdischen Gänge von Guanape, so benannt nach der Insel, die hier vor der Küste Perus liegt, weil angenommen wird, daß diese Gänge einst unter dem Meer zur Insel führen sollten, lauert der Pazifische Ozean. Nachdem die Gänge in tiefer Bergfinsternis mehrmals empor- und hinabgeführt haben, dringt ein Rauschen und eine merkwürdig hohl klingende Brandung ans Ohr. Im Licht der Scheinwerfer endet das nächste Gefälle am Rande einer pechschwarzen Flut, die als Meerwasser identifiziert wird. Hier beginnt auch unterirdisch die neue Küste. War das früher anders?

Die Suche auf der Insel Guanape ist vergeblich. Nichts deutet darauf hin, daß irgendwo jemals ein Gang vom Festland ans Tageslicht gekommen wäre. Niemand weiß, wo diese unterirdischen Straßen der Inkas und ihrer Vorfahren enden und ob sie vielleicht den Weg zu gefüllten Schatzkammern längst versunkener Welten öffnen.« (39)

Schon im frühen 16. Jahrhundert war die Existenz der Höhlen bei den europäischen Eroberern bekannt. So berichtete ein Karmelitermönch über ein Untergrundsystem, das verschiedene Inka-Städte auf der Hochebene miteinander verbinden soll. (40) Im gleichen Sinne äußerte sich auch Fernando Montesinos, der in seinem berühmten, im 17. Jahrhundert erschienenen Buch über die Geschichte der Inkas folgendes schrieb:

»Cusco und die Ruinenstadt Tiahuanaco sind durch einen gewaltigen unterirdischen Weg verbunden. Wer ihn gebaut hat, wissen die Inkas nicht.« (41)

Schlagzeilen machten die unterirdischen Anlagen nach dem Erdbeben von Lima im Jahr 1972. Bei den Aufräumungsarbeiten entdeckten die Techniker lange Gänge, deren Existenz bisher nicht bekannt gewesen war. Eine systematische Überprüfung des Fundaments von Lima führte zu einem überraschenden Ergebnis. Weite Teile der Stadt waren von Tunneln durchzogen, die alle in die Berge führten. Wo sie endeten, ließ sich nicht mehr feststellen. Im Laufe der Jahrhunderte waren sie eingestürzt. (41)

Fazit: Es besteht kaum ein Zweifel, daß die riesigen Höhlensysteme unter den Anden tatsächlich existieren. Wer sie angelegt hat, ist unbekannt. Ob Edmund Kiss von den Höhlen gewußt und ihre Eingänge selbst betreten hat, bleibt ungewiß. Die Frage, ob die Dritte Macht diese Anlagen für ihre Zwecke genutzt hat, kann an dieser Stelle noch nicht zufriedenstellend beantwortet werden.

8. Die Operation *High-jump* unter Leitung von Admiral Byrd

Die Vorbereitungen für diese größte Antarktisexpedition, die jemals durchgeführt worden ist, liefen in den USA bereits im Sommer 1946 an. Die US-Marine plante dabei vorrangig die Erprobung von Mannschaften und Material unter den in der Antarktis vorzufindenden extremen Klimabedingungen. Anfang Dezember stach der Schiffskonvoi, bestehend aus 13 Schiffen, darunter auch ein Flugzeugträger und ein U-Boot, mit 4000 Mann an Bord in See.

Die Expedition war keineswegs geheim, im Gegenteil, der betriebene Medienaufwand war enorm. Allein elf für Presseagenturen, Zeitungen und Rundfunkstationen arbeitende Korrespondenten fuhren mit in die Antarktis. Die Operation *High-jump* mußte dann jedoch vorzeitig abgebrochen werden, da durch extreme Wetterunbilden und die mit Abstand ungünstigste Eislage im letzten Jahrhundert ein Großteil des antarktischen Sommers und damit des besten Flugwetters verlorengegangen war und unter diesen Umständen die Rückkehr des Konvois nicht gefährdet werden sollte. (19)

In inoffiziellen Quellen, so auch bei Landig, wird vom spurlosen Verschwinden von vier zur Erkundung ausgeschickten Flugzeugen berichtet. Im Expeditionstagebuch des Admirals Byrd findet sich darüber nichts. Allerdings hat dieser Umstand nicht unbedingt viel zu besagen, ist doch bekannt, daß auch andere Unfälle, die sich während der Expedition ereignet hatten, keine Aufnahme ins Tagebuch fanden. So zum Beispiel der Absturz eines Helikopters, der unmittelbar nach dem Abheben vom Deck des Flugzeugträgers durch eine heftige Böe über Bord gefegt wurde.

Insgesamt war der Vorstoß der Amerikaner ins antarktische Eis höchst erfolgreich, so resümierte zumindest Admiral Byrd. Es entstanden unter anderem während 64 Forschungsflügen über 70 000 Luftbildaufnahmen. Auch ein Äquivalent zur »Schirrmacher-Oase« der reichsdeutschen Antarktisexpedition wurde entdeckt, die sogenannte »Bunger-Oase«. Drei große Seen und 20 kleinere Wasserflächen wurden gezählt. Aufgrund des relativ warmen Wassers vermutete man unterirdische thermische Aktivitäten. (19)

Darüber hinaus gibt es über die Operation *High-jump* nichts zu berichten, was im Rahmen dieses Buches interessant wäre.

Fazit: Die Expedition unter Admiral Byrd hat stattgefunden. Ein

Zusammenhang mit Aktivitäten der Dritten Macht im Gebiet der Antarktis läßt sich allerdings nicht nachweisen und war nach der bisher in diesem Kapitel dargelegten Faktenlage auch nicht erwartet worden.

9. Die Belegung des antarktischen Stützpunktes mit 2000 Mann sowie die endgültige Aufgabe dieser Bastion im Eis im Jahre 1961

Wird berücksichtigt, daß nach den bisher gewonnenen Erkenntnissen Wilhelm Landig überaus geschickt – und, wie gesagt, er selbst hat nichts anderes behauptet – Tatsachen und Fiktion miteinander verwoben hat, dann ist zu vermuten, daß »Antarktis« eben tatsächlich als Synonym für etwas anderes steht, ein Refugium, dessen Lokalisierung zu bestimmen Aufgabe dieses Buches bleibt. Dann kann auch die Frage beantwortet werden, wo die 2000 Mann bis 1961 wirklich stationiert waren.

10. Drei Flugscheiben befinden sich noch heute in den Höhlensystemen unter den Anden

Mit dieser Aussage bezieht sich Landig auf die V-7 Miethes, die im Mai 1945 aus der Luft einen Teil der Absetzbewegung koordiniert haben sollen. Läßt sich diese Behauptung aus anderen Quellen stützen?

Hilfreich wäre schon, wenn es gelänge, einen Hinweis dafür zu erhalten, daß mindestens drei V-7 vor Kriegsende noch rechtzeitig fertiggestellt werden und Deutschland auch verlassen konnten. Und tatsächlich, dieser Hinweis existiert!

Dipl.-Ing. Heinrich Fleißner will als Strömungstechniker während des Krieges in das Peenemünder Programm zur Entwicklung einer Flugscheibe verwickelt gewesen sein. Er berichtete über seine Erlebnisse in einem Artikel der Zeitung *Schwäbische neue Presse*, Nr. 19, 17. Jahrgang, vom 2. Mai 1980. Er sagte unter anderem: »Als der Krieg die Welt aus den Angeln zu heben drohte, wurde die Düsenscheibe als ›Kuriermaschine‹ für die deutsche Luftwaffe interessant.« Das »Hirn« der die Flugscheibe entwickelnden Techniker habe sich in Peenemünde befunden (Miethe; der Autor), die Einzelteile seien unter großer Geheimhaltung an verschiedenen Orten gebaut worden. Damit bestätigte Fleißner 1980 Details der Flugscheibenentwicklung, die in diesem Kapitel unter

Punkt 7 aufgeführt sind. Und dann kommt jene Aussage Fleißners, die – sofern er die Wahrheit sagt – den Beweis dafür erbringt, daß einige Exemplare der V- 7 noch rechtzeitig vor Kriegsende einsatzbereit waren.

Ein Augenzeuge habe ihm mitgeteilt, daß kurz vor der Kapitulation, am 24. April 1945, eine Staffel von vier Flugscheiben – besetzt mit je zwei Piloten unbekannten Namens – unter schwerem Artilleriebeschuß von deutscher und russischer Seite auf dem Flughafen Berlin-Lichterfelde zu einem noch heute unbekannten Ziel gestartet sei. (17)

Fazit: Die Relikte von drei dieser vier Flugscheiben könnten demnach noch heute irgendwo unter den Anden verborgen sein.

Nachdem bisher wesentliche Punkte des von Landig für die Absetzbewegung reichsdeutscher Kräfte zum Ende des Krieges vorgegebenen Handlungsrahmens bestätigt werden konnten, gilt es im folgenden, darüber hinausreichende Fakten zu recherchieren. Zum einen soll damit der Gesamtzusammenhang der Absetzbewegung besser verdeutlicht, zum anderen die von Landig anscheinend bewußt verschlüsselten Informationen dechiffriert werden.

Ab wann sah die Führung des Dritten Reiches sich vor die Notwendigkeit gestellt, konkrete Maßnahmen einzuleiten, die ein Überleben des »Reiches« auch nach einer totalen militärischen Niederlage sicherstellen sollten? Spätestens im Juli und August 1944, nach der verlorenen Schlacht in der Normandie und der parallel dazu erfolgreich verlaufenden russischen Großoffensive, dürfte den Verantwortlichen klar geworden sein, daß sich eine militärische Katastrophe anbahnte. Noch war diese nicht endgültig, und bis in den April 1945 hinein hätte ein Verhandlungsfrieden mit einer der beiden gegnerischen Seiten oder aber der Einsatz der in ihrer Entwicklung weit gediehenen »Wunderwaffen« (Flugscheiben, Atomwaffen, Amerikarakete, Düsenflugzeuge, Walther-U-Boote …) eine Wende des Krieges herbeiführen können. Warum es letztendlich nicht dazu kam, soll später noch ausführlich dargestellt werden.

Im November 1944 erhielt das US-Außenministerium von einem Agenten Kenntnis über ein am 10. August 1944 in Straßburg, im Hotel *Maison Rouge* stattgefundenes Treffen hochrangiger deutscher Vertreter von Besatzungsbehörden und der Wirtschaft im besetzten Frankreich.

Der Inhalt des Agentenberichtes, den ich hier teilweise wiedergeben möchte, spricht für sich:

»1. Ein Treffen der wichtigsten deutschen Industriellen, die in Frankreich Interessen haben, fand am 10. August 1944 im Hotel *Rotes Haus* in Strasbourg statt. Anwesend waren unter anderem: Dr. Scheid, der den Vorsitz führte, SS-Obergruppenführer und Direktor der *Hese* (Hermansdorff & Schenburg Gesellschaft), Dr. Kaspar, der Krupp vertrat, Dr. Tolle, der Röchling vertrat, Dr. Sinceren, der Messerschmitt vertrat, Dr. Kopp, Vier und Beerwanger, die Rheinmetall vertraten, Hauptmann Haberkorn und Dr. Rube, die Büssing vertraten, Dr. Ellenmayer und Kandos, die die Volkswagenwerke vertraten, die Ingenieure Drose, Yanshew und Koppsheim, die verschiedene Fabriken in Posen vertraten … Hauptmann Dornbusch, Leiter der Rüstungsinspektion Posen, Dr. Meyer, Vertreter der deutschen Seekriegsleitung in Paris, Dr. Strassner, Vertreter des Reichsministeriums für Rüstung und Kriegsproduktion in Paris.

2. Dr. Scheid stellte fest, daß das gesamte Industriematerial sofort nach Deutschland verlagert werden müsse. Die Schlacht um Frankreich sei für Deutschland verloren gegangen. Die Verteidigung des Westwalls sei jetzt das Hauptproblem. Von nun an müsse die deutsche Industrie erkennen, daß der Krieg nicht mehr gewonnen werden könne und daß Schritte für die Vorbereitung einer Nachkriegskampagne unternommen werden müssen. Jeder Industrielle müsse Kontakte und Verbindungen zu ausländischen Firmen aufnehmen, doch müsse das individuell geschehen, ohne Verdacht zu erregen. Außerdem müsse der Boden finanziell vorbereitet werden, um nach dem Kriege beträchtliche Summen aus dem Ausland zu entleihen. …

3. Nach dieser Sitzung fand eine zweite statt, die von Dr. Bosse vom Reichsministerium für Rüstung und Kriegsproduktion geleitet wurde und an der nur Vertreter von Heco, Krupp und Röchling teilnahmen. In der zweiten Sitzung wurde festgestellt, daß der Krieg praktisch verloren sei, aber daß er fortgesetzt werden solle, bis eine Garantie der Einheit Deutschlands erlangt werde. Deutschlands Industrielle, so wurde gesagt, müßten durch ihre Exporte die Stärke Deutschlands vergrößern. Sie müßten sich ebenfalls darauf vorbereiten, die Nazipartei zu finanzieren, wenn sie in Gebirgsverteidigungsstellungen gehen müsse. Von nun an werde die Regierung den Industriellen große Summen zuweisen, so daß

jeder sich eine sichere Nachkriegsbasis im Ausland schaffen können. Die bestehenden Finanzreserven im Ausland müßten zur Verfügung der Partei gehalten werden, so daß ein starkes deutsches Reich nach der Niederlage geschaffen werden könne. Es ist ebenfalls dringend erforderlich, daß die großen Werke in Deutschland kleine technische Dienststellen und Büros aufbauen, die völlig unabhängig erscheinen und in keiner ersichtlichen Beziehung zum Werk stehen. Diese Büros werden Pläne und Pausen von neuen Waffen erhalten, ebenfalls alle Unterlagen, die sie benötigen, um ihre Forschungen fortzusetzen. Sie dürfen dem Feind auf keinen Fall in die Hände fallen. ... Die Existenz dieser Büros ist nur einem ganz kleinen Kreis von Industriellen und den Führern der Nazipartei bekannt. Jedes Büro hat einen Verbindungsmann zur Partei. Sobald die Partei stark genug ist, die Macht in Deutschland wieder zu übernehmen, würden die Industriellen für ihre Anstrengungen und Zusammenarbeit durch Konzessionen und Vorrechte bezahlt werden.

4. Die Sitzungen scheinen anzudeuten, daß das Verbot, Kapital zu exportieren, das bisher strikt befolgt worden war, nun völlig zurückgezogen worden ist und an seine Stelle eine neue Nazipolitik getreten ist, die die Industriellen mit Regierungsunterstützung soviel Kapital als möglich ins Ausland exportieren läßt. ... Nun stellt sich die Nazipartei hinter die Industriellen und drängt sie damit, sich selbst zu retten, ihr Kapital im Ausland anzulegen, womit die Partei gleichzeitig ihre Pläne für ihre Nachkriegsoperationen fördert ...« (42)

In diesem aufschlußreichen Bericht sind folgende Aspekte besonders interessant:

- Die Aktionen, die der Sicherstellung eines maßgeblichen reichsdeutschen Einflusses auch nach einer militärischen Niederlage dienen sollten, wurden von der Partei (NSDAP) initiiert und koordiniert;
- Auslöser war tatsächlich das Fiasko an der Invasionsfront im Westen;
- Anscheinend wurden die neuen Maßnahmen, wie in diesem Fall für Frankreich, auf regionalen Konferenzen vorbereitet;

- Wesentlich war die Schaffung einer industriellen und finanziellen Basis im Ausland für die Nachkriegszeit;
- Durch die großen Firmen sollten zudem in Deutschland Anlauf-stützpunkte und Forschungsstellen in der Form von kleinen technischen Dienststellen und Büros gegründet werden;
- Die Entwicklung geheimer neuer Waffensysteme erhielt höchste Priorität.

Wie weit die unter Punkt 4 fallenden Maßnahmen innerhalb weniger Monate vorangetrieben werden konnten, macht ein anderer amerikanischer Geheimdienstbericht aus dem Frühjahr 1945 deutlich. Dort heißt es, daß mehr als 750 Firmen in neutralen Ländern mit deutschem Kapital gegründet oder aufgekauft wurden, davon in der Schweiz 274 Firmen, in Portugal 258, Spanien 112, Argentinien (!) 98 und in der Türkei 35 Firmen. (28)

Wurde die Sicherstellung (Evakuierung) von Plänen, Pausen und Prototypen neuer Waffen mit einer ähnlichen Intensität betrieben? Die Antwort lautet: ja.

Der polnische Journalist und Autor mehrerer Bücher, Igor Witkowski, stieß bei seinen Nachforschungen zum Thema der deutschen Wunderwaffen auf die Spur eines bis dahin zumindest offiziell völlig unbekannt gebliebenen SS-Sonderkommandos: des Kommandos ELF. Dieses war verantwortlich für die Bergung und Evakuierung sowohl von Hochtechnologie als auch von geheimen Dokumenten bis hin zu Kunstgütern. (18, 27)

Die Kenntnis von den Aktivitäten dieses Kommandos verdankte Witkowski erhalten gebliebenen Unterlagen der »Militärischen Abteilung« im Nationalen Rat des ehemaligen polnischen Präsidenten Bierut (bis 1952). Hier war es ein Major Walczak, der für den Präsidenten die betreffenden Berichte erstellte und bei seinen Nachforschungen zu diesem brisanten Thema eng mit dem sowjetischen Geheimdienst NKWD kooperierte. Das wurde ihm anscheinend später zum Verhängnis, denn er verstarb ebenso unter ungeklärten Umständen wie die auch mit dieser Angelegenheit befaßten Jakub Prawin und Wladyslaw Szymanski. General Prawin war der Leiter der polnischen Militärmission in Berlin, und Leutnant Szymanski fungierte dort als Mitglied seines Stabes. Den Russen schien demnach alles daran gelegen, mit Macht das Monopol bei der Verwertung der erzielten Geheimdienstinformationen anzustreben.

Daß es ihnen dabei gar nicht einmal vorrangig um die Kenntnis allgemeiner Informationen zu den Evakuierungsoperationen ging, sondern sie ihr Interesse vielmehr auf eine spezielle Geheimwaffenentwicklung der Deutschen fokussierten, soll später noch ausführlich dargelegt werden.

Wie waren Prawin und Szymanski, welche die Recherchen vor Ort durchführten, an ihre Informationen gelangt? Im Jahr 1946 verhörten sie in Berlin den ehemaligen SS-Sturmbannführer Rudolf Schuster, der sich falsche Papiere verschafft und als Jude ausgegeben hatte. Aus irgendeinem Grunde konnte Schuster jedoch enttarnt werden, und das Verhör ergab, daß er zuletzt im Amt III des Reichssicherheitshauptamtes (RSHA) tätig gewesen war. Am 4. Juni 1944 wurde ihm die Verantwortung für Transportfragen innerhalb des Kommandos ELF übertragen. In dieser Funktion war er einem SS-Obersturmbannführer Otto Neumann unterstellt.

Nach den Aussagen Schusters hatte der Gauleiter von Niederschlesien, Karl Hanke, das Kommando ELF gegründet. Anfänglich gingen die Evakuierungstransporte in acht zu diesem Zweck geschaffene unterirdische Anlagen im Nordwesten von Breslau. Diese hatten die Bezeichnung I/AAX-SS/01 bis -08. Wahrscheinlich erst mit der weiteren Verschlechterung der Kriegslage zum Jahresbeginn 1945 begann der Transfer der wichtigsten Güter ins neutrale Ausland. Hierzu wurden eine nördliche und eine südliche Evakuierungsroute eingerichtet. Auf der nördlichen liefen die Transporte über Norwegen. Diese stand unter dem Kommando des SS-Obergruppenführers Jakob Sporrenberg, bis zum 25. November 1944 SS-Polizeiführer von Lublin, danach SS-Polizeiführer von Oslo. Die Süd-Route kommandierte besagter SS-Obersturmbannführer Otto Neumann. Ziel der Evakuierungen war hier das mit Deutschland sympathisierende Spanien wie auch Südamerika. Laut Igor Witkowski gibt es Schätzungen, wonach allein mit der auf der Süd-Route eingerichteten Luftbrücke ca. 12 000 Tonnen (!) Hochtechnologie mitsamt der entsprechenden Dokumentation in den letzten Monaten des Krieges ausgelagert werden konnten. Darüber hinaus existierte noch eine andere, gefährlichere Variante des Transports. Von den letzten noch im deutschen Machtbereich verbliebenen Häfen in der nördlichen Adria stach ein U-Boot in See und verbrachte Ladung und Personal ebenfalls nach Spanien.

Eine unabhängige Bestätigung dieser Transportvariante liefert ein

Bericht des amerikanischen Geheimdienstes OSS. Ausgangspunkt eines der Evakuierungstransporte war demnach der südwestlich von Danzig in der Tucheler Heide gelegene SS-Truppenübungsplatz »Heidelager«, der auch als Testgelände für neue Waffensysteme benutzt wurde. Noch im März 1945 wurde eine hochgeheime Fracht nach Verona in Italien geschafft, um von dort aus nach Spanien verschifft zu werden. Der stellvertretende Direktor des OSS in Europa, E. Tilley, beschrieb den geheimnisvollen Transport wie folgt: »Es stellte sich heraus, daß nicht nur Uranproben dabei waren, sondern ebenfalls Berichte über Atomenergie und möglicherweise auch über Atombomben sowie Steuerungssysteme von Lenkraketen und Dokumenten.« (36)

Die Aussagen Schusters gegenüber seinen polnischen Vernehmern ermöglichten auch einen Blick auf das Gesamtszenario der Absetzbewegung. Die Leitung der von Schuster als »Generalplan 1945« bezeichneten Operation lag demnach in den Händen von Martin Bormann, dem Leiter der Parteikanzlei und Hitlers Sekretär. Ihm unterstellt war der NSDAP-Gauleiter von Niederschlesien, Karl Hanke. Damit wäre der Agentenbericht über die Konferenz im Straßburger Hotel *Maison Rouge* in einem weiteren Punkt bestätigt, hatte er doch gleichfalls die führende Rolle der Partei unterstrichen. Innerhalb dieses *Generalplans 1945* gab es eine Operation mit dem Codenamen *Regentröpfchen*. Darunter fielen sämtliche Aktionen, deren Evakuierungsziele im Ausland lagen. So gab es unter anderem eine *Aktion 1 – Wiking –*, die den Transport der wissenschaftlichen, politischen und militärischen Elite in die so genannten »Sicheren Häfen« übernehmen sollte. Die *Aktion 2 – Läufer –* sollte gleiches für die Finanzelite tun. Standen diese beiden Aktionen für die Absetzbewegung von Personen, so sollten im Rahmen der Operation *Eichhörnchen* materielle Güter ins Ausland gebracht werden. (27)

Interessant ist die Frage, was aus den Personen wurde, die maßgeblich das Szenario der Absetzbewegung mitbestimmten.

Über das Schicksal Martin Bormanns, der unmittelbar nach dem Krieg als vermißt galt, kursierten noch bis in die 70er Jahre des vergangenen Jahrhunderts Gerüchte, ihm sei nach Hitlers Selbstmord die Flucht aus der Reichskanzlei nach Südamerika gelungen. Dem gegenüber stand die Aussage des letzten Reichsjugendführers, Artur Axmann, der Bormann am 2. Mai 1945 als Leiche in der Nähe des Lehrter S-Bahnhofs gesehen haben will. Lange glaubte man, Axmann habe die Behauptung zum Schutze Bormanns aufgestellt. Erst spät, am 7. und 8. Dezember

1972, wurde Axmann Gerechtigkeit zuteil, wurden an diesen Tagen doch die sterblichen Überreste Bormanns im Umfeld der von Axmann bezeichneten Stelle gefunden und später zweifelsfrei mit Hilfe seines Zahnschemas identifiziert. (43) Im Jahre 1996 konnte dieser Befund dann noch zusätzlich durch eine mitochondriale DNA-Analyse bestätigt werden. (44)

Der Gründer des Kommandos ELF, Karl Hanke, war eine Persönlichkeit von besonderem geschichtsträchtigen Format.

Hier die wichtigsten biographischen Stationen:

Geboren am 24.08.1903, Lehre als Müller, später Ausbildung an einem berufspädagogischen Institut, danach Gewerbelehrer in Berlin, 1928 Eintritt in die NSDAP mit der Nummer 102606, SS-Nr. 203103, 1932 Abgeordneter im preußischen Landtag und Einzug in den Reichstag, ab März 1933 persönlicher Referent und Sekretär von Goebbels im neu geschaffenen Reichsministerium für Volksaufklärung und Propaganda, 1938 von Goebbels zum Staatssekretär ernannt. Während der Affäre zwischen Goebbels und der tschechischen Schauspielerin Lida Baarova hätte er beinahe seinem Minister die Ehefrau ausgespannt. Bedingt durch das daraus resultierende Zerwürfnis mit seinem Chef ging er 1939/1940 als Panzerleutnant an die Front; im Frankreichfeldzug Adjutant von Generalfeldmarschall Rommel, im Krieg ausgezeichnet mit dem Eisernen Kreuz sowie dem Panzerkampfabzeichen in Silber, ab Februar 1942 Gauleiter und Oberpräsident von Niederschlesien, von Herbst 1943 bis Juni 1944 vertretungsweise Chef des Zentralamtes im Ministerium Speer (45), von diesem auch vorgeschlagen als Generalbevollmächtigter für den Arbeitseinsatz und als Chef des Jägerstabes (beides von Hitler abgelehnt) (24), 1945 Verteidiger von Breslau.

Die politische Organisation der Verteidigung von Breslau in Zusammenarbeit mit den für die Führung der militärischen Operationen zuständigen Heeresoffizieren war die eigentliche Meisterleistung Hankes. Die Kämpfe um die Stadt begannen Ende Januar 1945. Mitte Februar konnten die Russen Breslau vollständig einschließen. Hankes Männer kämpften unter beinahe unerträglichen Bedingungen mehr als drei Monate lang, bis sie nur noch zweihundert Gewehre, sieben Panzer und acht Sturmgeschütze hatten. Damit banden sie mehrere russische Divisionen. Die Belagerung dauerte bis zum 6. Mai 1945.

Wenige Tage zuvor hatte Karl Hanke die vorerst letzte Stufe seiner Karriereleiter erreicht: Hitler verfügte in seinem politischen Testament die Ernennung Hankes zum Reichsführer-SS. Als solcher löste er damit Heinrich Himmler ab, der von Hitler aller Posten enthoben wurde.

Nachdem eine weitere Verteidigung Breslaus unmöglich war, flog Hanke mit dem letzten noch im Stadtgebiet verbliebenen Flugzeug nach Böhmen, um dort, bei der noch intakten Heeresgruppe des Generalfeldmarschalls Schörner, seinen Beitrag im Endkampf um das deutsche Reich als neuer Reichsführer-SS zu leisten. Seitdem gilt er als verschollen. Es existieren Gerüchte, er sei nach der Landung von tschechischen Partisanen gefangengenommen und später ermordet worden. Beweise für diese Behauptung konnten jedoch bis heute nicht erbracht werden.

Der ehemalige Stabsleiter der Hitlerjugend und Stellvertreter Baldur von Schirachs als Reichsjugendführer, Hartmann Lauterbacher, geht in seiner Autobiographie neben einer Schilderung der persönlichen Eigenschaften Karl Hankes auch auf dessen Nachkriegsschicksal ein: »Er war ein Soldat und Bürokrat vom Scheitel bis zur Sohle und ein außerordentlich intelligenter und fleißiger Mann … Karl Hanke tauchte dann nach dem Kriege unter und verschwand. Gelegentlich hörte man von ihm.« (46)

Wo ist der letzte Reichsführer-SS abgeblieben?

Wilfried von Owen, der ehemalige Pressereferent von Joseph Goebbels, will ihn nach 1945 in Argentinien gesehen haben (Quelle: WIKIPEDIA). Als Gründer des Kommandos ELF war Karl Hanke mit Sicherheit auch in dessen letzte Aktionen involviert. Er wußte, daß das Reich nach einer militärischen Niederlage – wenn auch in anderer Gestalt – weiter existieren würde. In schon aussichtsloser Situation schrieb er seiner Ehefrau aus dem verteidigten Breslau einen Brief, der diese Gewißheit ohne den geringsten Zweifel zum Ausdruck brachte: »Ich weiß wenigstens, daß das Reich nicht zusammenbrechen wird, und das ist die Hauptsache.« (47)

Es steht zu vermuten, daß Hanke sich in Böhmen mit einer anderen Person getroffen hat, die in den letzten Kriegsmonaten ebenfalls ganz entscheidend bei der Absetzbewegung mitgewirkt hatte und insofern das Schicksal Hankes teilte, als sie nach dem Krieg als verschollen galt. Ihre Bedeutung im Zusammenhang mit der Entwicklung der reichsdeutschen Flugscheiben wurde schon weiter oben dargestellt. Der Name dieser Person lautet – Hans Kammler.

Die Karriere Kammlers in der SS begann relativ spät. Nachdem er zuvor als einer von vier Baudirektoren des Reichsluftfahrtministeriums tätig gewesen war, wechselte er erst am 1. Juni 1941 hauptamtlich zur SS und wurde innerhalb des Hauptamtes Haushalt und Bauten Chef des

Amtes II – Bauten. In dieser Funktion befaßte er sich mit der Projektierung und Durchführung der Bauten für die Kasernen und Lazarette der SS, für die SS- und Polizeistützpunkte im Osten sowie für die Konzentrationslager. Ab Februar 1942 hatte Kammler im neu gegründeten SS-Wirtschafts- und Verwaltungshauptamt die Leitung der Amtsgruppe C (Bauwesen) übernommen. Mehrfach wurde Kammler jetzt in Rüstungsplanungen eingeschaltet. Bald galt er innerhalb der SS als ein Planer und Organisator, der auch schwierigste Aufgaben bewältigen konnte. Im Jahr 1943 wurde er weit über die Reihen der SS hinaus bekannt, als er in kürzester Zeit die Verlagerung der Peenemünder Raketenproduktion in die künstlich angelegten, unterirdischen Stollensysteme des Kohnstein-Massivs im Harz betrieb. (48) Der Erfolg bei dieser Maßnahme bewirkte für Kammler und seine Organisation ein gigantisches Arbeitsbeschaffungsprogramm, sollten doch nun weitere gefährdete Bereiche der deutschen Rüstungsproduktion unter Tage verlegt werden. Bis Kriegsende konnte in 143 unterirdischen Fabriken die Produktion anlaufen, darüber hinaus waren 107 weitere im Bau bzw. in Planung. An 600 anderen Stellen wurden in natürlichen Höhlen und alten Erzminen Produktionsstandorte und Laboratorien errichtet. (18) Der Tag war nicht mehr fern, da die alliierten Bombardements wesentlichen Teilen der deutschen Kriegswirtschaft keinen Schaden mehr hätten zufügen können. Das Multitalent Kammler übernahm nebenher aber noch andere Aufgaben. Anfang August 1944 erhielt er von Himmler alle Vollmachten zur Erreichung der Einsatzfähigkeit der V-2. In dieser Rolle überwachte Kammler nun auch die Vorbereitung der Abschüsse dieser Rakete und wurde letztlich zum Kommandierenden eines Armeekorps ernannt, dem der gesamte Einsatz der V-2 und der V-1 unterstand. So häufte er Funktion auf Funktion und erhielt noch Ende März 1945 von Hitler den Auftrag, die Fertigung des Strahljägers Me 262 zu übernehmen. Diese Aufzählung der offiziellen Funktionen Kammlers ist bei weitem nicht vollständig und umfaßt vor allem nicht seine wichtigste.

Nach den Aussagen des ehemaligen Generaldirektors der Skodawerke, SS-Standartenführer Dr. Wilhelm Voss, gegenüber dem britischen Journalisten Tom Agoston im Jahr 1949 leitete Kammler den nach ihm benannten Kammler-Stab. Im Bereich der Skodawerke von Pilsen und Brünn errichtete diese Organisation ein geheimes Hochtechnologieforschungszentrum der SS.

Agoston schreibt: »Besondere Priorität genossen Entwicklung und

Bau eines atomgetriebenen Flugzeugs, Arbeiten zur Nutzung der Atomenergie als Raketen- und Flugzeugantrieb, Forschungen mit Laser-, den
sogenannten Todesstrahlen sowie Arbeiten an einer Reihe neuer, selbst
zielsuchender Raketen. Viele weitere Felder wurden wissenschaftlich
erkundet, um neuartigen technologischen Möglichkeiten zum nutzba-
ren Durchbruch zu verhelfen. Im heutigen High-Tech-Jargon würde
man dieses Zentrum in Pilsen sicherlich als SS-Forschungs- und -Denk-
fabrik bezeichnen. Tatsächlich waren manche Arbeiten an Geheimwaffen der zweiten Generation schon erstaunlich weit fortgeschritten, unter
anderem die Anwendung des Nuklearantriebes für Flugzeuge und Lenk-
waffen.« (49) Inzwischen ist auch bekannt, daß Kammler die treibende
Kraft hinter der deutschen Atombombe und der Amerika-Rakete war.
(26, 36)

Wie gesagt, auch Hans Kammler verschwand zuletzt spurlos aus der
Geschichte. Insgesamt kursieren vier verschiedene Versionen über seinen
Tod. Das beinahe ist schon Indiz genug, daß damit etwas verschleiert
werden soll. Überaus bemerkenswert bleibt der Umstand, daß der Name
Kammlers trotz seiner maßgeblichen Beteiligung am massenhaften Arbeitseinsatz von KZ-Häftlingen sowie seiner Rolle bei der Fertigung und
beim Einsatz der V-Waffen in den Nürnberger Kriegsverbrecherprozes-
sen nicht auftaucht. Der schon mehrfach erwähnte Nick Cook stellte in
amerikanischen Archiven Nachforschungen über Kammler an. Heraus-
gekommen ist dabei nichts. Diese für ihre Zeit so bedeutende Persönlichkeit hat in den amerikanischen Aktenbeständen keinen Niederschlag
gefunden. Auf diese merkwürdige Tatsache angesprochen, erhielt Cook
von einem Archivar zur Antwort, die Einträge seien gelöscht worden. (18) Konnten die Amerikaner vielleicht Kammlers habhaft werden
und beuteten seine Kenntnisse für sich aus? Dagegen spricht, daß die
Amerikaner teilweise viele Jahre brauchten, um von den Deutschen
schon zum Kriegsende entwickelte Waffen nachzubauen – man denke
zum Beispiel an die Interkontinentalrakete, die im Vergleich zu den
amerikanischen qualitativ anderen Atomwaffen, die *Walther*-U-Boote
und nicht zuletzt an die Flugscheiben. Nein, Kammler war nicht überge-
laufen, er wurde auch nicht gefangengenommen. Er hatte sich mit hoher
Wahrscheinlichkeit, wie Karl Hanke auch, erfolgreich abgesetzt.

Der Kommandierende der über Norwegen verlaufenden, nördlichen
Evakuierungsroute, SS-Obergruppenführer Sporrenberg, geriet am
11. Mai 1945 in britische Gefangenschaft und wurde wenig später an

Polen ausgeliefert. Dort wurde ihm der Prozeß gemacht, in dessen Folge das Todesurteil stand. Die Vollstreckung des Urteils war laut Witkowski nur vorgetäuscht, da die Russen noch erhebliches Interesse an den Aussagen Sporrenbergs bekundet hatten. Warum, wird noch zu zeigen sein. Danach verliert sich seine Spur.

Der Kommandierende der Süd-Route und Vorgesetzte von Rudolf Schuster, SS-Obersturmbannführer Neumann, konnte ins Ausland fliehen. Im Jahre 1954 wurde er in Rhodesien gesehen, 1964 in der Schweiz. (18)

Sturmbannführer Rudolf Schuster starb (?) 1947. (27)

Aufschlußreich ist, daß sich von den hier genannten vier unmittelbar an der Evakuierung von Hochtechnologie beteiligten Personen höheren Ranges wahrscheinlich drei, nämlich Hanke, Kammler und Neumann, erfolgreich der Absetzbewegung anschließen konnten. Nur Sporrenberg blieb auf der Strecke.

Welchen Weg nahm die vor dem Zugriff der Alliierten in Sicherheit gebrachte Hochtechnologie, und welche Länder lagen am Ende dieses Weges?

Nach den Recherchen Igor Witkowskis scheint über die Süd-Route, überwiegend auf dem Luftweg, Hochtechnologie in der Hauptsache nach Spanien verbracht worden zu sein, wobei er aber auch Hinweise dafür erhalten haben will, daß für einige der Transporte Südamerika als Endziel vorgesehen war. Das bedeutet: Für die Zeit nach dem Krieg müßten sich in Spanien entsprechende Aktivitäten nachweisen lassen. Wie noch zu zeigen sein wird, war dem tatsächlich so.

Die Nord-Route hatte als Ziel Norwegen, wobei dieses Land angesichts der näherrückenden Fronten nur ein vorläufiges Ziel gewesen sein kann. Zumindest in einem speziellen Fall soll eine Luftbrücke von Norwegen nach Südamerika eingerichtet worden sein. Hierbei handelte es sich um die Evakuierung der wohl revolutionärsten Entwicklung deutscher Wissenschaftler, auf die weiter unten noch zurückzukommen sein wird.

In allen anderen Fällen dürften U-Boote für den Weitertransport gesorgt haben. Nichts anderes hatte auch Wilhelm Landig behauptet, und es konnte schon gezeigt werden, daß deren Bestimmungsort in Argentinien lag.

Erst im Jahr 2001 ist der Öffentlichkeit über das Buch von Nick Cook die Existenz eines Geheimprojektes der amerikanischen Luftwaffe aus der Zeit unmittelbar nach Kriegsende bekannt geworden. Die Ergebnisse dieser Aktion fanden ihren Niederschlag in den sogenannten *Lusty*-Akten. Diese beinhalten unter anderem eine Aufzählung von Standorten deutscher Hochtechnologie und berichten über das, was die Amerikaner dort vorgefunden haben. In einem Parallelprojekt zur bekannten Operation *Paperclip* wurden die an den Forschungen und Entwicklungen beteiligten deutschen Wissenschaftler gleich an Ort und Stelle mit vereinnahmt.

Warum in diesem Zusammenhang auf den Inhalt der *Lusty*-Akten verwiesen werden muß?

Weil sie den endgültigen Beweis dafür erbringen, daß deutsche U-Boote in den letzten Kriegstagen in einer bisher nicht für möglich gehaltenen Größenordnung Hochtechnologie über den Atlantik in Sicherheit gebracht haben! Damit wird auch erstmals das wahre Ausmaß der von Landig beschriebenen Evakuierungsaktion deutlich.

Was konkret ist darüber in den *Lusty*-Akten nachzulesen?

In den ersten Mai-Tagen des Jahres 1945 wurde von den Amerikanern in der Nähe von Berchtesgaden der Führungsstab der deutschen Luftwaffe ausgehoben. Ein dabei gefangengenommener Techniker erklärte, vor kurzem eine Position im mit Deutschland verbündeten Japan angeboten bekommen zu haben. Daraufhin wurde er einem besonderen Verhör unterzogen, in dessen Ergebnis der Ingenieur die Aussage machte, daß Mitte April zehn mit den neuesten Errungenschaften der deutschen Kriegstechnik schwer beladene U-Boote von Kiel aus in Richtung Japan in See gestochen seien. Diese Information wurde von den Amerikanern sofort mit höchster Dringlichkeit an alle relevanten militärischen Kommandostellen weltweit weitergegeben. Eine der größten Suchaktionen, die die Weltmeere je gesehen hatten, mit Kriegsschiffen aller alliierten Nationen begann. Im Ergebnis davon konnten bis Ende Juni sechs dieser zehn U-Boote aufgebracht werden, einige näher, andere weiter von ihren Basen entfernt. (27) Das bedeutet: Die in die Absetzbewegung involvierten U-Boote sind nicht – wie verschiedentlich behauptet – im Konvoi, sondern einzeln gefahren.

In Zweifel zu ziehen sind die Aussagen des Technikers, wonach der Bestimmungsort aller Boote Japan gewesen sei, wie auch, daß sie alle von Kiel ausgelaufen seien. Gerade dem widerspricht schon der genaue Wortlaut des Textes, in dem von verschiedenen U-Boot-Stützpunkten die Rede ist.

Im folgenden soll der Versuch unternommen werden, die Geschichte der zehn U-Boote zu rekonstruieren und auch das Schicksal der von den Amerikanern nicht aufgebrachten Boote zu klären. Anscheinend waren sich die Amerikaner nicht sicher, wie viele der fraglichen U-Boote tatsächlich unter ihre Kontrolle gelangt waren. Das kann auch nicht verwundern, bedenkt man die große Zahl der nach dem 8. Mai 1945 selbstversenkten Boote. In einer Mitteilung der US-Marine vom 13. Juni 1945 kommt diese Unsicherheit zum Ausdruck. Hier heißt es, daß sich zu diesem Zeitpunkt noch vier oder fünf deutsche U-Boote im Atlantik aufhalten. (141) Vier oder fünf? Mit an Sicherheit grenzender Wahrscheinlichkeit waren es fünf Boote.

Begonnen werden soll mit den von den Alliierten aufgespürten U-Booten. Die nachfolgende Nummerierung der Boote wurde vom Autor willkürlich vorgenommen.

Boot 1: U 234 lief am 16. April 1945 (identisch mit der Aussage »Mitte April«) aus dem norwegischen Hafen von Kristiansand (wie zu erwarten nicht Kiel) mit Ziel Japan aus.

Außer der Mannschaft waren auch drei Japaner, sieben deutsche Spezialisten für verschiedene Militärtechnik, ein Militärrichter, der neue deutsche Militärattaché für Tokio sowie zwei Experten der Firma Messerschmidt an Bord. U-Boot-Kapitän Johann Fehler ignorierte vorerst den Befehl von Großadmiral Dönitz zur bedingungslosen Übergabe der U-Boote an die Alliierten. Erst nachdem ihm zur Kenntnis gelangt war, daß Japan nach dem 8. Mai alle Vereinbarungen mit dem Deutschen Reich annulliert hatte, lief er am 19. Mai in den Hafen von Portsmouth an der Ostküste der Vereinigten Staaten ein. Die Amerikaner entdeckten auf dem Boot neben 56 kg Uraniumoxid (andere Quellen sprechen von 560 kg) unter anderem auch Pläne und Muster verschiedener hochentwickelter Waffensysteme sowie vor allem über 24 Tonnen Quecksilber. (27) Mit all dem sollte der Verbündete Japan in die Lage versetzt werden, den Krieg erfolgreich fortzuführen.

Die umfangreiche, äußerst vielgestaltige Ladung des Bootes läßt nicht vermuten, daß darüber hinaus weitere neun solcher Boote allein für Japan bestimmt gewesen sein sollen.

Boot 2: Hierbei könnte es sich um U 963 gehandelt haben, das am 20. Mai 1945 von seiner Besatzung vor der Küste Portugals versenkt wurde. (141)

Boot 3: Am 4. Juni 1945 teilte die britische Admiralität mit, daß sich die aus 47 Männern bestehende Besatzung eines deutschen U-Bootes nach der Selbstversenkung ihres schwer beschädigten U-Bootes gegenüber von Leixoes, der portugiesischen Autorität zur Verfügung gestellt habe. (11)

Boot 4 und 5: In diesen Fällen bleibt unklar, um welche Boote es sich genau gehandelt hat. Da mit Ausnahme von U 234 sich nach offizieller Darstellung kein anderes U-Boot mit seiner hochbrisanten Fracht den Alliierten ergeben hat, steht zu vermuten, daß die fraglichen Boote entweder im Kampf vernichtet worden sind oder sich selbst versenkt haben.

Die nachfolgenden fünf U-Boote erreichten dagegen ihr Zielgebiet und konnten ihre Ladung an den Küsten Argentiniens löschen:

Boot 6: U 530 ergab sich am 10. Juli 1945 den argentinischen Behörden und wurde später in die USA überführt (siehe oben). Ausgangshafen auch dieses Bootes war übrigens das norwegische Kristiansand.

Boot 7: U 977 wurde am 17. August 1945 den Argentiniern übergeben und später gleichfalls an die Amerikaner ausgeliefert. Auch U 977 kam aus Kristiansand.

Boot 8 und Boot 9: Bei Ihnen handelt es sich um die beiden U-Boote, welche die Seeleute Dettelmann und Schulz an der Küste Argentiniens beobachtet hatten (siehe oben). Diese Boote haben sich anscheinend nach dem Löschen ihrer Ladung selbst versenkt. In der Bucht von San Matias (Abbildung 10) entdeckte ein Pilot die Silhouetten von zwei auf dem Meeresgrund liegenden U-Booten (Abbildung 11). Über an dieser Stelle versenkte argentinische U-Boote ist dagegen nichts bekannt. (50)

Boot 10: Der Verbleib dieses Bootes konnte bisher nicht ermittelt werden.

Die lange, buchtenreiche argentinische Küste bietet mehr als eine Stelle, die sich für ein Versteck geeignet hätte. In diesem Fall scheint eine Selbstversenkung des U-Bootes direkt nach erfüllter Mission im Rahmen der

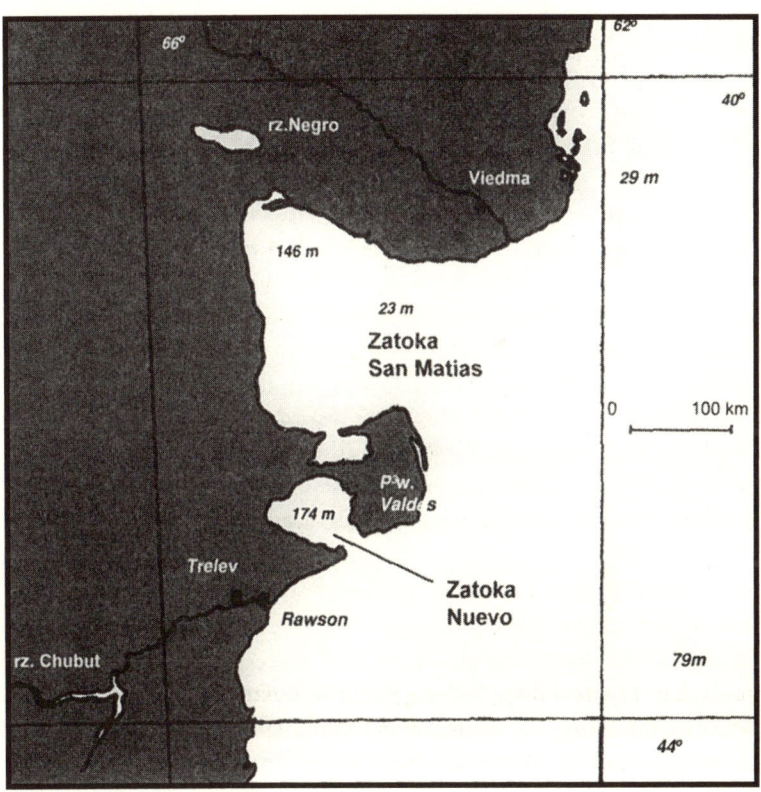

Abb. 10

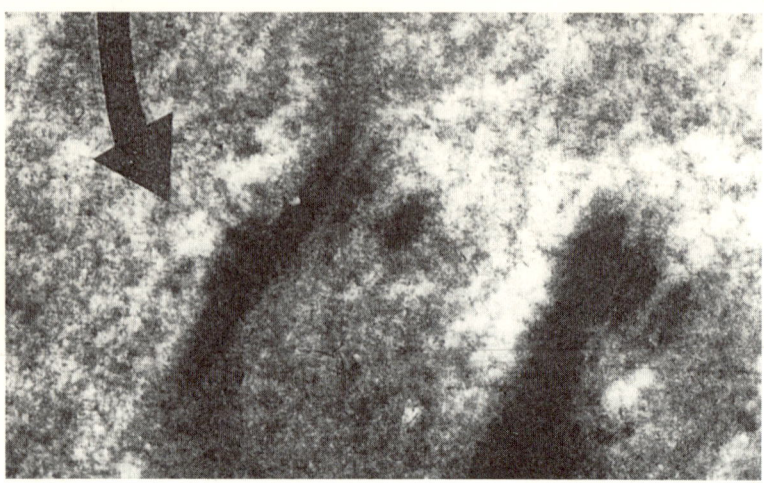

Abb. 11

Absetzbewegung auch aus einem anderen Grund nicht stattgefunden zu haben.

Am 25. September 1946 brachte die französische Zeitung *France Soir* in großformatiger Aufmachung folgenden sensationellen Bericht:

»Fast eineinhalb Jahre nach Beendigung der Kampfhandlungen in Europa wurde der isländische Walfischfänger von einem deutschen Unterseeboot angehalten. Es handelt sich um den isländischen Dampfer mit Namen *Juliana*, der sich zwischen den Inseln Malvinas und der antarktischen Zone aufhielt, als er plötzlich von einem deutschen Unterseeboot großen Formats angehalten wurde, das die deutsche Trauerflagge – rot mit schwarzem Rand – hißte. Der Kommandant des U-Bootes näherte sich dem Walfischfänger in einem Schlauchboot, stieg auf das Schiff und forderte von Kapitän Hekla – in einem Ton, der keinen Widerspruch zuließ – einen Teil seines frischen Proviants. Der Kapitän des Walfischfängers sah sich gezwungen, dem deutschen Marine-Offizier zu gehorchen, der ein korrektes Englisch sprach und die Ware in Dollar bezahlte, außerdem auch für die Besatzung eine Prämie von zehn Dollar pro Mann aushändigte. Während der Verladung des frischen Proviants in das U-Boot gab der deutsche Kommandant dem Kapitän des Walfischfängers Informationen über Walfischbänke, die der Isländer später aufsuchte und auch zwei Exemplare harpunieren konnte.« Erläuternd gab die französische Zeitung der Überzeugung Ausdruck, »daß die Gerüchte über U-Boote der deutschen Kriegsmarine in den Gewässern des Feuerlandes sowie in der antarktischen Zone auf Wahrheit beruhen«. (11) Große Teile der Küsten Feuerlands gehören aber bekanntlich zu Argentinien!

Wie zu zeigen war, lagen letztlich die Bestimmungsorte für die evakuierte reichsdeutsche Hochtechnologie in Spanien und Argentinien. Warum ausgerechnet in diesen beiden Ländern? Bezüglich Spaniens fällt die Antwort leicht, hatte doch Hitler dem General Franco überhaupt erst zur Macht verholfen. Im Krieg blieb Spanien neutral, und somit war für die Alliierten kein Anlaß gegeben, in dem Land militärisch zu intervenieren.

Nicht ganz so einfach liegen die Verhältnisse bezüglich Argentiniens. Im Mittelpunkt der guten Kontakte zwischen dem Deutschen Reich und Argentinien während des Krieges steht die Person Juan Domingo Perons. Geboren 1895, strebte er frühzeitig eine militärische Laufbahn an. Peron wurde 1912 in die Kadettenanstalt in Buenos Aires aufgenommen, nach deren Absolvierung er seinen Dienst als Heeresoffizier leistete. Im Range eines Obersten begann er 1939 eine Studienreise nach Europa. Von Rom aus, wo er bis 1941 auch als Adjutant des argentinischen Militärattachés fungierte, besuchte er mehrere europäische Länder, so anscheinend auch Deutschland. (51) Während seines Aufenthaltes in Rom lernte er die politischen und sozialen Verhältnisse im faschistischen Italien kennen, die ihm später, als er selbst Präsident Argentiniens geworden war, in vielerlei Hinsicht als nachahmenswert erschienen. In dieser Zeit muß es auch zu Kontakten mit hochrangigen Vertretern der SS gekommen sein, auf deren Grundlage die spätere Zusammenarbeit im Krieg und in der Zeit danach aufbaute. Erst nach 1945 wurde publik, daß der Name Perons auf einer Liste von Agenten des Sicherheitsdienstes der SS (SD) stand. (27)

Nach seiner Rückkehr gründete er in Argentinien mit gleich gesinnten Offizieren die GOU (*Gruppe vereinigter Offiziere*). Am 4. Juni 1943 putschten die Militärs, und Peron, als führendes Mitglied der GOU, wurde Minister für Arbeit und Wohlfahrt. Pedro Ramirez wurde Staatspräsident. Interessant ist, daß dieser General Ramirez gemeinsam mit anderen Offizieren schon seit längerem gute Kontakte zum deutschen Botschafter in Argentinien, von Thermann, pflegte und daß am 2. Mai 1943, also einen Monat vor dem Putsch, der deutsche Botschafter in

Spanien und Präsident des Lateinamerikanischen Instituts in Berlin, General Faupel, mit einem U-Boot in geheimer Mission in Argentinien landete. (28) Nach dem Krieg sagte der ehemalige SD-Chef Walter Schellenberg aus, daß im Mai 1943 zwischen Deutschland und der Gruppe argentinischer Offiziere eine Übereinkunft erzielt worden sei, die die Bedingungen für die gegenseitige Zusammenarbeit regelte. Dazu gehörte auch die Erlaubnis, auf den diplomatischen Kanälen der Argentinier geheimes Material transportieren zu können! (51) Damit dürfte die Bedeutung der Mission Faupels klar geworden sein.

Nach einer weiteren Militärrevolte trat 1944 Präsident Ramirez zurück. Juan Peron wurde Vizepräsident. Damit war Argentinien endgültig zum Brückenkopf des Dritten Reiches auf dem südamerikanischen Kontinent geworden. Peron hatte schon im Mai 1943 in einem geheimen GOU-Manifest geschrieben: »Hitlers Kampf in Krieg und Frieden ist auch der unsere.« Die alliierten Geheimdienste beobachteten argwöhnisch, was sich da in Argentinien zusammenbraute, zumal ihnen bekannt geworden war, daß Argentinien sich an die Spitze einer gegen die USA gerichteten Südamerikanischen Allianz stellen wollte. So wurden alle Mittel des diplomatischen Drucks eingesetzt, um Argentinien zu einer Änderung seines politischen Kurses zu bewegen. Scheinbar gab Argentinien diesem Druck auch nach und brach als letzte amerikanische Nation im Januar 1944 die diplomatischen Beziehungen zu Deutschland ab, blieb aber im Krieg neutral. Ein Jahr später war auch die Neutralität nicht mehr durchzuhalten, und es kam zu einer formellen Kriegserklärung an Deutschland. Peron kommentierte 1969 den damaligen Entschluß mit den Worten: »Ich erinnere mich, damals mit einigen deutschen Freunden zusammengekommen zu sein, denen ich das erklärte.« Und weiter: »Seht, wir haben keine andere Wahl …, aber natürlich ist das alles nur eine reine Formsache.« 1970 erklärte Peron: »Wir ließen die Deutschen wissen, daß wir ihnen den Krieg nur erklärt hatten, um tausende Leben zu retten. Über die Schweiz und über Spanien tauschten wir Nachrichten mit ihnen aus. Franco verstand unsere Absichten und half uns dabei.« An anderer Stelle wurde er noch deutlicher: »Deutschland hatte einen Nutzen von unserer Kriegserklärung. Als kriegführende Macht konnten wir nach dem Ende des Krieges nach Deutschland hinein, das bedeutet, unsere Flugzeuge und Schiffe konnten den Deutschen einen großen Dienst leisten. … Auf diese Weise konnte eine große Zahl von Menschen nach Argentinien kommen. … Und es war eine

Gruppe von Idioten, die uns das als Schwäche auslegten. Diese armen Seelen verstanden nichts von dem, was vor sich ging.« (51)

In den letzten Kriegstagen des Jahres 1945 steuerten dann deutsche U-Boote die Küsten Argentiniens an, um dort ihre geheime Fracht zu entladen. Zwei dieser Boote wurden, nachdem sie ihre Mission erfüllt hatten, den Amerikanern übergeben. Damit kam Argentinien den Vereinigten Staaten scheinbar entgegen, indem es seinen Willen zur Kooperation unterstrich. Aber eben nur scheinbar. Die Wirklichkeit sah anders aus: Die Peronisten blieben treue Verbündete des militärisch unterlegenen Deutschlands.

Wenige Monate nach Kriegsende allerdings, im Oktober 1945, schien sich die politische Situation in Argentinien in dramatischer und so nicht erwarteter Weise zu ändern und damit alle deutschen Nachkriegsplanungen zunichte zu machen. Im Verlauf politischer Unruhen mußte Peron am 9. Oktober auf alle seine Ämter verzichten. Am 12. Oktober wurde er von Marineoffizieren verhaftet. Aber schon drei Tage später initiierte seine spätere Frau, Eva Duarte, den Volksaufstand gegen die Armee. Nach weiteren zwei Tagen, am 17. Oktober, wurde Juan Peron auf Druck der Volksmassen freigelassen und hielt eine Rede. Aus den unmittelbar danach angesetzten Neuwahlen um die Präsidentschaft ging Peron am 24. Februar 1946 als Sieger hervor und trat am 4. Juni sein Amt an.

Kurz nach der Wahl Perons erging der Startschuß zu einer der größten von einem souveränen Staat gesteuerten Einwanderungsbewegungen des letzten Jahrhunderts. Die Abgesandten Perons in Europa verteilten argentinische Visa zu Tausenden an Flüchtlinge aus Deutschland und den ehemals mit Deutschland verbündeten Ländern, auf dem Höhepunkt der Kampagne im Jahr 1948 an manchen Tagen bis zu 500 Stück. Der Autor Uki Goni hat die Details dazu in seinem Buch *The real ODESSA* geschildert. (51)

Die ersten Transporte starteten im August/September 1946 von Spanien aus. Zwischen 150 und 200 Deutsche schifften sich in Cadiz Richtung Argentinien ein. Dieser Umstand ist insofern bemerkenswert, als Spanien – wie schon weiter oben dargestellt – neben Argentinien das Land war, das zuerst von den Evakuierungstransporten angesteuert wurde. Wie zuvor Norwegen schien Spanien damit für viele »Ausreisewillige« nur Zwischenstation zu sein auf dem Weg nach Übersee. Nach Perons Wahlerfolg war wohl deutlich geworden, daß sich dort das

Refugium der Dritten Macht unter sicheren Verhältnissen und vor allem mit der Unterstützung der Regierenden aufbauen lassen würde. Im Spanien General Francos waren sie lediglich geduldet und so unmittelbar am Rande Europas auch immer gefährdet.

Ihr Hauptaugenmerk richteten die Fluchthelfer Perons auf technische und militärische Spezialisten. Mit diesen verstärkten sie gezielt die Reihen derer in ihrem Land, die im Frühjahr und Sommer 1945 an den Küsten Argentiniens die deutschen U-Boote verlassen hatten. Unter den später Angekommenen waren solch prominente Namen wie der des Flugzeugbauers Prof. Tank und die der gleichfalls in diesem Metier tätigen Gebrüder Horten. Dazu gesellten sich der letzte Kommandant des Geheimgeschwaders KG-200 Werner Baumbach, der bekannte Einflieger Otto Behrends, der ehemalige Inspekteur der Jagdflieger Adolf Galland und nicht zuletzt auch der höchstausgezeichnete deutsche Soldat, der Stuka-Flieger Hans-Ulrich Rudel. In einer Fabrik in der Nähe der argentinischen Stadt Cordoba entwickelten die Genannten deutsche Flugzeugprojekte aus den letzten Tagen des Krieges weiter und begründeten damit zugleich die Stärke der argentinischen Luftwaffe in den 50er Jahren des letzten Jahrhunderts.

Neben dem Forschungszentrum in Cordoba kam es in den argentinischen Anden, bei San Carlos de Bariloche, zum Bau einer weiteren Forschungseinrichtung, des sogenannten *Centro Atomico*. Die Umstände beim Bau und Betrieb dieser Anlage waren reichlich mysteriös.

Unter größter Geheimhaltung begannen 1948 auf der im See Nahuel Huapi gelegenen kleinen Insel Huemul die Bauarbeiten. Ein großer Teil der Anlage wurde unterirdisch angelegt, und man brauchte dafür soviel Zement, daß dieses Material in ganz Argentinien in den Jahren 1948 und 1949 knapp wurde. (34) Im *Centro Atomico* arbeiteten nur deutsche, keine argentinischen Wissenschaftler! (52) Offiziell war es Ziel der Forschungen, im verdichteten Gas, also Plasma, bei hohen Temperaturen eine thermonukleare Kettenreaktion herbeizuführen. Perspektivisch sollte damit angeblich der Weg zu einer kontrollierten Kernfusion beschritten werden. Das Forschungsprojekt auf Huemul lief unter der Leitung von Ronald Richter, der als in Österreich geborener Physiker während des Krieges bei Skoda und für die Reichspost gearbeitet hatte. (34) Von Beginn an bezweifelten Experten die Erfolgsaussichten des von Peron und Richter auf einer Pressekonferenz am 24. März 1951 vorgestellten Unternehmens. Der zunehmende politische Druck seitens der USA, die mit Sicherheit über die wahren Hintergründe des *Centro Atomico* informiert waren, schien Peron zu einer propagandistischen Offensive veranlaßt zu haben. Fast mutet es so an, als ob mit diesem Schritt in die Öffentlichkeit lediglich eine Beruhigung der Situation erreicht werden sollte, um kostbare Zeit dafür zu gewinnen, das eigentliche Forschungsvorhaben der Operation Huemul zu vollenden. Anscheinend gelang das dann auch, wie später gezeigt werden soll, noch im selben Jahr. Von daher war es eher eine Episode am Rande, daß Peron 1952 Richter offiziell fallen ließ und die argentinische Atomforschungsbehörde NEA die bisher allein den Deutschen vorbehaltene Anlage auf Huemul in Besitz nahm. Igor Witkowski konnte bei einem Besuch Argentiniens einen langjährigen Mitarbeiter des *Centro Atomico* interviewen, der nicht leugnen wollte, daß es andere Erklärungen bezüglich der Forschungen auf Huemul geben könnte, und zudem bestätigte, daß ein Teil der Unterlagen aus der damaligen Zeit bis heute unter Verschluß gehalten wird. (27)

Ist mit den unterirdischen Anlagen auf der Insel Huemul endlich jenes Refugium der Dritten Macht unter den Anden gefunden, von dem Landig berichtet hatte? Eine gewisse Übereinstimmung scheint ohne Zweifel durch die Tatsachen »liegt in den Anden«, »unterirdisch«, »wird von deutschen Wissenschaftlern und Technikern genutzt« gegeben zu sein. Unbefriedigend bleibt allerdings die geringe Ausdehnung des Forschungskomplexes, die sich nicht mit den von Landig beschriebenen weitläufigen Höhlensystemen in Übereinstimmung bringen läßt. Eine endgültige Lösung dieses Problems muß damit weiter zurückgestellt werden.

Klar dürfte indes geworden sein, daß die weiter oben geäußerte Vermutung, Landig könnte »Antarktis« als Synonym für »Argentinien« verwendet haben, durch die vorgebrachten Tatsachen eine Bestätigung erfahren hat. Damit kann auch das Rätsel um die personelle Stärke des »antarktischen Stützpunktes« gelöst werden. Die 2000 Mann, von denen Landig sprach, sind nicht auf dem »Weißen Kontinent«, sondern in Argentinien zu suchen. Schon ab 1947 gab es Presseberichte, in denen es hieß, das große südamerikanische Land befinde sich nunmehr auf dem Wege zur Atommacht und es befänden sich bis zu 2000 deutsche und österreichische Physiker dort. (34) 2000 Physiker waren es mit Sicherheit nicht, die nach 1945 den Weg nach Argentinien nahmen, aber 2000 wissenschaftliche und technische Spezialisten aller Fachrichtungen können es schon durchaus gewesen sein.

Zurück zu Juan Domingo Peron. Nach seiner Wahl zum Präsidenten Argentiniens am 24. Februar 1946 regierte er autoritär und setzte unter anderem die Pressefreiheit außer Kraft. In seiner populistischen Gesellschafts-, Wirtschafts- und Sozialpolitik wurde er von seiner zweiten Frau Evita propagandistisch unterstützt. Peron stärkte Argentiniens führende Stellung auf dem südamerikanischen Kontinent und behauptete sich gegenüber dem Geltungsanspruch der USA. Geschwächt wurde sein Regime aber durch die allmähliche Verschlechterung der Wirtschaftslage. Es kam zu Spannungen mit den feudal-konservativen Kräften und mit der katholischen Kirche. Im Jahr 1951 ging Peron erneut aus der Wahl um die Präsidentschaft als Sieger hervor. Am 16. Juni 1955 schlug eine Revolte der Marineoffiziere gegen ihn fehl. Beim zweiten Versuch jedoch, dem Aufstand vom 16. bis 21. September 1955, gelang es, Peron zu stürzen. Er ging über Paraguay nach Venezuela ins Exil, 1958, nach kurzem Aufenthalt in der Dominikanischen Republik, nach Spanien. Nach seiner Rückkehr nach Argentinien am 20. Juni 1973 feierte er ein glänzendes politisches Comeback. Im September wurde er erneut zum Präsidenten gewählt. Juan Peron starb am 1. Juli 1974.

Mehr als zehn Jahre lang, vom Frühjahr 1945 bis Herbst 1955, war das Argentinien Perons für die Dritte Macht ein sicheres Refugium gewesen. Nach Perons Sturz änderte sich zunächst nicht viel. Auch die damals an die Macht gelangte Gruppe fanatischer, einem rechten Katholizismus huldigender Generäle sympathisierte mit den Deutschen. Trotzdem wurde es für diese Zeit, sich nach anderen Alternativen umzusehen. Landig teilte mit, daß der »antarktische« (argentinische) Stützpunkt 1961 aufgegeben werden mußte. Die Besatzung wurde nach Südamerika ausgeflogen, was im Kontext der Identität von »Antarktis« mit »Argentinien« bedeutet, daß anscheinend in jenem Jahr eine Verlegung von Argentinien in ein anderes südamerikanisches Land stattgefunden hat. In welches – dazu mehr im 5. Kapitel.

Wieso eigentlich kann die Rolle, die Argentinien in den Jahren nach dem Zweiten Weltkrieg in der Zusammenarbeit mit der Dritten Macht übernommen hat, heute, angesichts demokratischer Verhältnisse in diesem Land, nicht zweifelsfrei anhand der Aktenlage nachgewiesen werden?

Der schon erwähnte Autor Uki Goni hat bei seinen Nachforschungen herausgefunden, daß der größte Teil der betreffenden Dokumente aus jener Zeit schon 1955, in den letzten Tagen der Regierung Perons, vernichtet wurde. Und noch im Jahr 1996 erging die Anweisung, die letzten verbliebenen Beweise, die sogenannten »Immigration Dossiers«, welche die Einreisepapiere der aus Europa Geflüchteten enthielten, zu verbrennen. (51) Von daher kann das damalige Geschehen heute nur noch mühsam rekonstruiert werden. Der Autor dieses Buches hat im zurückliegenden Abschnitt versucht, seinen Beitrag dazu zu leisten.

Eine offene Frage bleibt, und ihre Lösung – soviel kann jetzt schon versprochen werden – wird einen Einblick gewähren in das faszinierendste Kapitel der reichsdeutschen Technologieforschung:

Warum bezeichnete Landig den Wiener Techniker Schauberger neben Ingenieur Schriever als wichtigsten Flugscheibenkonstrukteur?

Nach den bisherigen Erkenntnissen war Schauberger weder am Bau des Flugdiskus V-7 von Miethe noch an der Flugscheibenkonstruktion Habermohls beteiligt und hatte auch mit Schrievers Entwicklung nichts zu tun. Auch Lusar hatte in seinem Buch über die deutschen Geheimwaffen nichts über ihn berichtet.

Nun will Landig im Jahr 1944 nach Wien beordert und dort bis zum Kriegsende mit Spezialaufgaben betraut worden sein, die im Zusammenhang mit der Entwicklung der Flugscheiben standen (siehe 1. Kapitel). Aus diesem Grund liegt eine genauere Kenntnis von Schaubergers Mitwirkung an einem solchen Projekt nahe. Existierten etwa Flugscheiben, deren Entwicklungsstand über den der V-7 hinausreichte?

Hatte nicht Miethe gesagt: »Wenn diese und noch zwei weitere, geheime Vorgaben erfüllt sind, dann kann mein Apparat ohne jeden Zweifel auch mit einem atomaren Antrieb betrieben werden.« Bezog sich die Mitarbeit Schaubergers vielleicht darauf?

Daß in Deutschland während des Krieges entsprechende Grundlagenforschungen vorangetrieben worden sind, beweist ein Kriegsauftrag des Oberkommandos des Heeres an die Forschungsanstalt der deutschen Reichspost vom 15. Oktober 1942. Darin ist zu lesen: »… Untersuchung der Möglichkeit der Ausnutzung des Atomzerfalls und Kettenreaktion zum R-Antrieb« (Abbildung 12). »R-Antrieb« steht für Raketenantrieb. Da die Reichspost enge Verbindungen zur SS unterhielt, nimmt es nicht Wunder, wenn es im Zusammenhang mit den Forschungsschwerpunkten des Kammlerstabes bei Skoda in Pilsen hieß: »Besondere Priorität genossen Entwicklung und Bau eines atomgetriebenen Flugzeugs, Arbeiten zur Nutzung der Atomenergie als Raketen- und Flugzeugantrieb …« (49) In den zweieinhalb Jahren zwischen Auftragserteilung und Kriegsende müssen dabei erstaunliche Fortschritte gemacht worden

9 Ausfertigungen
Abdr.f.Rechnungslegung (3.Ausfertigung)

Oberkommando des Heeres
(Chef der Heeresrüstung und
Befehlshaber des Ersatzheeres)

Berlin W 35, den *15. 10.* 1942
Tagebuch 72—76
Fernsprecher:

Auftrag-Nr.: Wa Prüf 11 **AP/L 88 011-5371/42 XT 200** Fernschreiber ///////// //// 897631

Auftrag-Nr. bei allen Schriftstücken stets angeben!

Bb-Nr. *959 /42 gKdos* Geheime ~~vom~~ 11. 11. 194

Kriegsauftrag 4930 ...

Firma **Forschungsanstalt der Deutschen
Reichspost
z.Hd.v.Herrn Postrat K u b i c k i**

W -Nr.

Berlin - Tempelhof

Ringbahnstr.125

~~Auf Ihr Angebot vom~~

Es wird Ihnen hiermit der Auftrag übertragen auf

1.) Durchführung grundsätzlicher Untersuchungen über die
Leistungssteigerung von Flüssigkeits-R-Antrieben durch
Verwendung von Treibstoffgemischen höchsten Energie-
gehaltes.

2.) Untersuchung der Möglichkeit der Ausnutzung des Atomzerfalls und Kettenreaktion zum R-Antrieb.

Der Preis versteht sich: — — — —

Zahlungsbedingungen: — — — —

Dem Auftrag liegen die |Schriftstücken — in Ihren Händen befindlichen — „Besonderen
Bedingungen für Kriegsaufträge des Heereswaffenamts (Ausgabe vom März 1941)" und die
weiteren, hierin genannten Unterlagen zugrunde.

Abb. 12

sein. So hatte ein gefangener SS-Wissenschaftler nach dem Krieg britischen Vernehmern erzählt, daß im »Wissenschaftslager Mecklenburg« bereits ein Exemplar eines kleinen Atomtriebwerkes für Flugzeuge existierte. (53) Von daher kann nicht ausgeschlossen werden, daß Atomtriebwerke für die Nutzung auch in den Flugscheiben konzipiert worden sind.

Sollte dem so gewesen sein, so gingen die Forschungen Schaubergers doch in eine andere Richtung. Auskünfte darüber erteilen seine noch heute im Besitz der Familie befindlichen Unterlagen sowie sein Briefwechsel.

Viktor Schauberger war ein mit ungewöhnlich scharfer Beobachtungsgabe und Intuition ausgestatteter Ingenieur, der die in der freien Natur sichtbaren Kräfte in neuartigen technischen Apparaturen auszunutzen verstand. Seine Erfindungen standen unter dem Motto: Verstehe und kopiere die Natur. (18) Ihn interessierten in erster Linie die Abhängigkeit der Wasserdichte und -tragfähigkeit von Temperatur und Bewegungsform sowie ungewöhnliche Wirbelbewegungen, die es dem Wasser sogar ermöglichten, bergaufwärts zu fließen. Dies waren Kenntnisse, die seiner Meinung nach bereits antike Baumeister bei der Konstruktion von römischen Viadukten und von Wasseranlagen in den Königspalästen von Kreta benutzt hätten. Er war davon überzeugt, daß im Wasser sogenannte »Schwebekräfte« verborgen seien, und entwickelte Maschinen, die diese durch starke Rotation befreien sollten, um dann selbst von einem solchen Kraftfeld in die Höhe gehoben zu werden. (54)

Im Mittelpunkt seiner Forschungen stand dabei immer wieder der Wirbel, der seiner Ansicht nach ein grundlegendes Strukturmuster schöpferischer Prozesse in der Natur darstellte, angefangen von der Form der Spiralgalaxien in den Weiten des Kosmos über die Gestalt eines Tornados bis hin zur DNS als Trägerin der Erbinformation. Um die durch solche Verwirbelungen freiwerdenden Kräfte besser studieren zu können, konstruierte Schauberger über einer Wasserfläche einen »Impeller«, der, im Gegensatz zum Propeller, die abfließenden Kräfte nicht nach außen, sondern nach innen lenkte und das Wasser durch eine Röhre drückte. Dabei entstand ein Fließmuster, das er als »zentripetal« bezeichnete. Schauberger fand heraus, daß der auf diese Weise erzielte Energieausstoß neunmal höher ausfiel als bei einer konventionellen Turbine. Diese »Implosionsmaschine« generierte daneben auch starke Vakuumeffekte. Später ersetzte er in der Versuchsanordnung Wasser durch Luft und ersann ein Gerät, das für die Verwendung als Energiegenerator oder Triebwerk für Flugzeuge oder U-Boote geeignet war.

Im Jahr 1940 reichte er diese Maschine zum Patent ein. Kurz danach schrieb er seinem Cousin, er habe ein Flugzeug erfunden, das keinerlei Geräusch mache. In der Korrespondenz mit der Wiener Firma Kertl vom Februar 1941 beschrieb er den Zweck dieses Prototyps. Zum einen sollte er der Erforschung der Produktion von »Freier Energie« dienen, zum anderen seine Theorien über das mit dieser Energie mögliche Schweben in der Luft bestätigen. Der mit dieser Maschine erzielte Wirbel führte zu einer massiven Reduktion des Volumens der Luft im Inneren des Geräts und generierte gleichzeitig ein Vakuum von enormem Druck, das immer mehr Luft in die Turbine saugte. Um den Prozeß in Gang zu bringen, war ein kleiner Startermotor notwendig. Lief die Turbine dann mit 15 000 bis 20 000 Umdrehungen pro Minute, schaltete sich die Starthilfe aus und der Prozeß erhielt sich von selbst. Die Fähigkeit der Maschine, sich in die Luft zu erheben und zu fliegen, führte Schauberger zum geringeren Teil auf das sich bildende Vakuum zurück. In der Hauptsache, dachte er, sei sie auf einen anderen Vorgang zurückzuführen, auf eine Reaktion zwischen den durch die Implosion mit gewaltiger Kraft zusammengepreßten Luftmolekülen und der Maschine selbst. (18) Da er sich über die Art der wirkenden Energie nicht im klaren war, bezeichnete er sie einfach als »Freie Energie«. In ihrer Wirkung gleicht sie dem, was heute mit dem Wort »Antigravitation« umschrieben wird.

Im Mai 1941 bekam Schauberger die Order, seine Forschungen künftig im Geheimen fortzuführen. Anhand seiner Notizen läßt sich nur schwer rekonstruieren, was Schauberger genau getan, woran er wirklich gearbeitet hat. So schrieb er wenige Wochen später seinem Sohn Walter einen Brief, daß er sich in Gablonz im Sudetenland aufhalte, und was er mache, sei geheim. Im Folgemonat teilte er mit, daß er seine Forschungen dort in Zusammenarbeit mit einer Firma weiterführe. Im Herbst 1941 arbeitete er in einer Waffenfabrik in Neudek, in der Nähe von Karlsbad, um im Dezember wieder in Gablonz zu sein, wo er auf die Ankunft eines Startermotors wartete. Die Monate danach lassen sich, was Schaubergers genaue Tätigkeit angeht, nur ungenügend erhellen. Im April 1944 erschien er vor einer Musterungskommission der Waffen-SS. Im Mai erhielt er den Marschbefehl ins Konzentrationslager Mauthausen, wo er ein Team dort festgehaltener Spezialisten für die Fortsetzung seiner Forschungsarbeit rekrutierte. Im Juni wurde er offiziell zu einer SS-Panzergrenadierdivision nach Breslau abkommandiert. Schon Nick Cook vermutete, dabei habe es sich um eine Tarnmaßnahme gehandelt, war Schauberger zu diesem Zeitpunkt doch schon 59 Jahre alt. Fest steht, daß er bis zum Ende des Krieges forschte und von nun an im Auftrag der SS arbeitete. Schauberger pendelte zwischen der SS-Ingenieurschule in Wien, wo die technischen Entwürfe entstanden, und dem KZ Mauthausen, in dem die Fertigung stattfand, laufend hin und her.

Wie seinen Tagebuchaufzeichnungen zu entnehmen ist, machte die Arbeit an der jetzt *Repulsine* genannten »Implosionsmaschine« gute Fortschritte, wurde aber immer wieder unterbrochen von Luftalarm und durch andere Forschungsprojekte, denen er sich nicht entziehen konnte. Am 28. Februar 1945 verlegte er, um ungestört tätig sein zu können, seine Arbeitsstätte in das Dorf Leonstein. Am 5. April vermeldet sein Tagebuch, daß die Endmontage der *Repulsine* begonnen habe. Einen Monat später war die Arbeit getan. Jedoch fand der für den 6. Mai 1945 geplante erste Testflug der Maschine nicht mehr statt. Das Ende des Krieges war gekommen. (18)

Wenige Tage nach Kriegsende wurde Viktor Schauberger von den Amerikanern verhaftet und bis zum März 1946 unter Hausarrest gestellt. Welche Informationen Schauberger in den Verhören preisgab, ist bis heute nicht bekannt geworden. Im Frühjahr 1958 – Schauberger war inzwischen ein gesundheitlich angeschlagener 72 Jahre alter Mann – erhielt er aus den Vereinigten Staaten das Angebot, seine Forschungen mit der Unterstützung durch Millionen von Dollar fortsetzen zu können. Diese nicht unerheblichen finanziellen Mittel sollten ihm angeblich von privaten Investoren zur Verfügung gestellt werden. Schauberger ging daraufhin in die USA. Wenige Monate später, im September 1958, kehrte Schauberger frustriert und todkrank nach Österreich zurück, wo er fünf Tage später starb. Kurz vor seiner Abreise hatte er ein Dokument unterschrieben, in dem er sämtliche in den USA erstellte Entwürfe, Modelle und Prototypen dem ihn finanzierenden Konsortium übereignete. (18)

Landig hat demnach auch im Falle Schaubergers Recht behalten. Dieser konstruierte tatsächlich ein Fluggerät, das aber im Gegensatz zu den Typen Schrievers, Habemohls und Miethes über einen unkonventionellen Antrieb verfügte und anscheinend über den Status eines Prototypen niemals hinauskam.

Welches ist nun die wirkliche Quelle jener »Freien Energie«, die Schaubergers *Repulsine* erzeugte?

Die Antwort: das sogenannte Nullpunkt-Energiefeld. Die Existenz eines solchen gilt in der Wissenschaft seit 1997 als nachgewiesen. In jenem Jahr gelang es, den nach dem Physiker Hendrik Casimir benannten und von diesem 1948 theoretisch ausgearbeiteten Effekt in der Praxis zu betätigen. Casimir hatte behauptet, daß auch im Vakuum, das gemeinhin als »leer« angesehen wird, die Nullpunktfluktuationen eines Quantenfeldes niemals unterbunden werden können, das Vakuum demnach auch niemals »leer« sei. Selbst wenn die Abschlußwände eines Raumgebietes auf der Temperatur 0 Grad Kelvin wären, würde in dem eingeschlossenen Raumgebiet ein Fluktuationsfeld mit endlicher Energie unterhalten. Man geht davon aus, daß dieses Vakuumstrahlungsfeld, das auch als Quantenrauschen bezeichnet wird, überall im Raum gleichermaßen ausgebildet ist. Von manchen theoretischen Physikern wird ihm eine Feldenergie mit horrend hohen Energiedichten zugesprochen. (55) Um die Größenordnung dieser Energiedichte auch dem unbedarften Laien klarzumachen, wird gern folgendes Gleichnis angeführt: In einer Kaffeetasse befindet sich soviel Nullpunktenergie, daß damit die Erde in die Luft gesprengt werden könnte.

Zurück zum Casimir-Effekt. Der Beweis für die Existenz eines solchen Vakuumstrahlungsfeldes könnte, so Casimir, erbracht werden, wenn es gelänge, im Vakuum zwei Aluminiumplatten in so geringen Abstand zueinander zu bringen, daß der Zwischenraum geringer als die Wellenlänge jener im Quantenrauschen pulsierenden Teilchen ausfiele. Damit wäre zwischen den Platten tatsächlich »nichts«. Erst im Jahr 1997 bestand technisch gesehen die Möglichkeit, den Abstand der Platten auf das verlangte Maß zu reduzieren. Bei den daraufhin stattfinden Versuchen konnte nachgewiesen werden, daß sich die beiden im Vakuum aufgehängten Platten einander mit einer Kraft anziehen, die sich als der vierten Potenz des Plattenabstandes umgekehrt proportional erweist, was auf die von außen wirkende Kraft des Vakuumstrahlungsfeldes zurückzuführen ist. (55)

Der russische Physiker und Nobelpreisträger Andrei Sacharov publizierte schon im Jahre 1967 eine wissenschaftliche Arbeit, in der er behauptete, daß die physikalischen Größen der Gravitation und der Trägheit mit den Vakuumfluktuationen des Nullpunktenergiefeldes verbunden seien. Dieser Meinung schließen sich heute andere Wissenschaftler, so auch der renommierte Hal Puthoff aus den Vereinigten Staaten, an.

Die Konsequenz aus diesem theoretischen Ansatz der modernen Physik ist in zweierlei Hinsicht revolutionär und phantastisch zugleich. Sollte es zum einen möglich sein, das Nullpunkt-Energiefeld mit technischen Mitteln zu verändern, so führt das dazu, daß auch gravitierende und träge Massen beeinflußt werden können. Eine zielgerichtete Störung des ein Objekt umgebenden Nullpunkt-Energiefeldes könnte dann eine teilweise Aufhebung der Gravitation und damit ein Abheben dieses Objektes zur Folge haben. Einher ginge dieser Prozeß mit einer Reduzierung des Beschleunigungswiderstandes. Der Weg wäre frei, um bisher nicht realisierbare Fluggeschwindigkeiten zu erreichen.

Zum anderen jedoch wäre durch ein »Anzapfen« dieses Feldes ein Zugriff auf die beschriebenen hohen Energiedichten möglich, was einer Lösung aller Energieprobleme gleichkäme!

Auf welche Art und Weise wäre ein solcher Eingriff in die nahezu unerschöpfliche Energieressource möglich? Die Physiker sind der Meinung, durch ein sogenanntes Torsionsfeld, das man am besten mit einem rotierenden Whirlpool vergleichen kann. (18) Genau ein solches Torsionsfeld produzierte Schaubergers *Repulsine*, wenn der durch den »Impeller« mit der gewaltigen Wucht von 15 000 bis 20 000 Umdrehungen pro Minute nach innen gerichtete Wirbel aus Luftmolekülen zu einer Kollision von deren Elektronen und Protonen führte! War der Eingriff in das Nullpunkt-Energiefeld gelungen, funktionierte das Gerät im folgenden wie eine Pumpe, die, eingetaucht in das Meer fluktuierender Vakuumteilchen, aus dieser schier unendlichen Quelle Energie schöpfte.

Schauberger hatte ein neues Wirkprinzip entdeckt und versucht, es technisch umzusetzen. Die theoretischen Hintergründe dagegen mußten ihm zur damaligen Zeit unbekannt bleiben. Richtig eingestellt, konnte die *Repulsine* die lokale Gravitation manipulieren – die Maschine hob ab.

Besser gesagt, sie hätte am 6. Mai 1945 abheben sollen. Doch dazu kam es, wie schon gesagt, nicht mehr. Damit ist die Geschichte von Schauberger und seiner epochalen Entdeckung aber noch nicht zu Ende. Während die Amerikaner Schauberger wenige Tage nach Kriegsende verhafteten, durchsuchten die Russen seine Wohnung in Wien – und wurden dabei fündig. Kurze Zeit danach landeten die aufgefundenen Unterlagen auf dem Tisch eines russischen Wissenschaftlers namens

Podkletnov. Dieser zeigte sie später seinem Sohn Evgeny Podklednov. (18) Und wie es der Zufall so will – falls man an solche »Zufälle« glauben will –, ist dieser Evgeny Podkletnov heute eine der führenden Autoritäten unter den Physikern, die sich theoretisch und experimentell mit den Möglichkeiten der Abschirmung der Gravitation beschäftigen.

Im Jahr 1996 gelang es Podkletnov in Zusammenarbeit mit finnischen Wissenschaftlern, mit der von ihm entwickelten Apparatur die Erdgravitation so weit abzuschirmen, daß bei dem oberhalb positionierten Objekt eine Gewichtsreduktion von einigen wenigen Prozent zu beobachten war (Abbildung 13). Vier Jahre später, als er für das japanische Toshiba-Konsortium arbeitete, will er eine totale Abschirmung der Gravitation erreicht haben. (27) In der von ihm und seinem Team konstruierten Apparatur drehte sich mit hoher Geschwindigkeit ein Ring aus supraleitender Keramik in einem starken Magnetfeld. Hatte Podkletnov den anfänglich noch geringen Gewichtsverlust mit 5000 Umdrehungen des Supraleiters pro Minute erreicht, so sind nach seiner Aussage 25 000 bis 50 000 Umdrehungen pro Minute notwendig, um die Gravitation der Erde gänzlich aufzuheben. (18)

Zur Erinnerung: Schauberger war es immerhin gelungen, ähnliche Effekte bei 15 000 bis 20 000 Umdrehungen pro Minute zu beobachten. Wie erklärt sich Podkletnov den registrierten Effekt einer ständigen Gewichtsabnahme bei zunehmender Umdrehungsgeschwindigkeit? Nach seinen Worten könnte diese Tatsache auf eine Anregung des physikalischen Vakuums innerhalb und außerhalb des Supraleiters durch das wirkende Torsionsfeld zurückzuführen sein. (18) Ein Torsionsfeld hatte auch bei Schaubergers *Repulsine* die natürliche Schwerkraft aufgehoben! Im Unterschied zur *Repulsine* entstand in der Versuchsanordnung Podkletnovs dieses Feld jedoch durch elektromagnetische Einflüsse.

Es kann schon als Sensation bezeichnet werden, daß sich reichsdeutsche Wissenschaftler zum Ende des Krieges auch mit dieser »modernen« Form der Erzeugung eines Torsionsfeldes und der dadurch möglichen Aufhebung der Erdgravitation befaßt haben. Igor Witkowski hat mit seinen Forschungsergebnissen die Beweise dafür vorgelegt. (27) Im Ergebnis dieser als »kriegsentscheidend« bezeichneten Entwicklungen entstanden spätestens Ende 1944 vorerst noch unbemannte Fluggeräte, die im Gegensatz zu Schaubergers Prototyp der *Repulsine* ihre praktische Eignung im Testflug und darüber hinaus auch in ersten Einsätzen nachgewiesen hatten.

Breakthrough as scientists beat gravity

by ROBERT MATTHEWS and IAN SAMPLE

SCIENTISTS in Finland are about to reveal details of the world's first anti-gravity device. Measuring about 12in across, the device is said to reduce significantly the weight of anything suspended over it.

The claim — which has been rigorously examined by scientists, and is due to appear in a physics journal next month — could spark a technological revolution. By combatting gravity, the most ubiquitous force in the universe, everything from transport to power generation could be transformed.

The Sunday Telegraph has learned that Nasa, the American space agency, is taking the claims seriously, and is funding research into how the anti-gravity effect could be turned into a means of flight.

The researchers at the Tampere University of Technology in Finland, who discovered the effect, say it

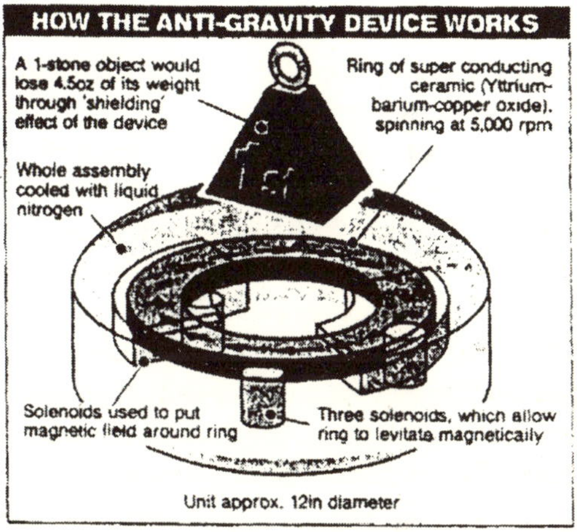

HOW THE ANTI-GRAVITY DEVICE WORKS

A 1-stone object would lose 4.5oz of its weight through 'shielding' effect of the device

Whole assembly cooled with liquid nitrogen

Ring of super conducting ceramic (Yttrium-barium-copper oxide), spinning at 5,000 rpm

Solenoids used to put magnetic field around ring

Three solenoids, which allow ring to levitate magnetically

Unit approx. 12in diameter

tures. The team was carrying out tests on a rapidly spinning disc of superconducting ceramic suspended in the magnetic field of three electric coils, all enclosed in a low-temperature vessel called a cryostat.

"One of my friends came in

the *Journal of Physics-D: Applied Physics*, published by Britain's Institute of Physics.

Even so, most scientists will not feel comfortable with the idea of anti-gravity until other teams repeat the experiments.

Sunday Telegraph, 1.9.1996

Abb. 13

Auf welche Quellen konnte Igor Witkowski bei seinen Recherchen zurückgreifen?

Die ersten Informationen über das *Die Glocke* genannte Forschungsprojekt gab der oben schon erwähnte Rudolf Schuster preis. In den vom polnischen Geheimdienst und sowjetischem NKWD durchgeführten Verhören hatte Schuster über seine Rolle als Verantwortlicher für Transportfragen im SS-Sonderkommando ELF berichtet. Er sagte aus, daß dieses Kommando in den letzten Kriegstagen das fragliche Projekt mitsamt der wissenschaftlichen Dokumentation evakuiert habe. Seit dem 18. Dezember 1944 hatten die Experimente in einem stillgelegten Kohlebergwerk in der Nähe von Waldenburg in Schlesien stattgefunden. Auf dem Transport von dort in Richtung Westen seien am 28. April 1945 62 der an den Experimenten beteiligten Personen von der SS erschossen worden, darunter auch deutsche Wissenschaftler. Dieser Umstand weist einerseits auf den hohen Geheimhaltungsgrad dieser Forschungsarbeiten hin, zum anderen deutet er an, daß man sich die Exekution eines Teiles der Wissensträger durchaus leisten konnte. Das wiederum erlaubt die Schlußfolgerung, daß die Forschungen sehr weit gediehen, ja vielleicht sogar zum Abschluß gekommen waren. Weiter berichtete Schuster den ihn vernehmenden Geheimdienstoffizieren, daß Ende April eine Ju 390 des bekannten Geheimgeschwaders KG 200 das gesamte Material in Richtung Norwegen ausgeflogen habe. Dazu sei die Junkers mit den Hoheitszeichen des neutralen Schweden versehen worden. Bei der Ju 390 handelte es sich um ein sechsmotoriges Langstreckenflugzeug mit einer konzipierten Reichweite von bis zu 11000 Kilometern, das auch in der Luft betankt werden konnte. Anscheinend existierte zum Kriegsende von diesem Typ nur ein ein funktionstüchtiges Exemplar, was den Wert der evakuierten Ladung zusätzlich unterstreicht. (53)

Rudolf Schuster verdankten Polen und Russen auch den Hinweis auf SS-Obergruppenführer Jakob Sporrenberg, den Kommandierenden der nördlichen Evakuierungsroute. Sporrenberg war, wie schon von mir dargelegt, von den Briten an die Polen ausgeliefert worden. Insofern konnte er zu den von Schuster angeführten Fakten vernommen werden. Im Ergebnis dieser Verhöre gelangten die Polen an weitere, im Zusammenhang mit dem Projekt *Die Glocke* stehende Informationen. Diese waren anscheinend derart brisant, daß nach der nur vorgetäuschten Vollstreckung des Todesurteils an Sporrenberg dieser an die Russen ausgeliefert wurde.

Die Beschreibungen der technischen Apparatur des mit *Die Glocke* bezeichneten Projektes ergeben folgendes Bild:

Das Gerät war etwa 2,5 Meter hoch und hatte einen Durchmesser von 1,5 Metern. Ein mit einem dicken Elektrokabel verbundenes, glokkenförmiges Keramikgehäuse umschloß zwei massive zylinderförmige Trommeln, deren Durchmesser jeweils ungefähr einen Meter betrug. Die Trommeln, die aus einem silbrigen Metall bestanden, rotierten während der Versuche mit extrem hoher Geschwindigkeit gegenläufig um eine gemeinsame vertikale Achse aus Hartmetall (wahrscheinlich Titanium) mit einem Durchmesser zwischen zirka zwölf bis 20 Zentimetern. Vor jedem Versuch wurde die im Innern hohle Achse mit einem Keramikbehälter bestückt, der, 1,0 bis 1,5 Meter lang, gefüllt war mit einer ungewöhnlichen, metallischen Substanz. Einer der Codenamen dieses Inhaltsstoffes lautete »IRR Xerum-525«. Ein wesentlicher Bestandteil in dessen Zusammensetzung war Quecksilber. Reines Quecksilber befand sich auch innerhalb der beiden rotierenden Zylinder. Vor jedem Experiment wurde das Quecksilber auf niedrige Temperaturen heruntergekühlt.

Folgende Effekte wurden beim Betrieb der Anlage beobachtet:

– Ein charakteristisches Geräusch, am besten vergleichbar mit dem Summen in einem Bienenstock;
– Ein bläuliches Licht, beschrieben auch als »blaues Glühen« der *Glocke*, eine Feststellung, die später noch von eminenter Bedeutung sein wird;
– Ein starkes Magnetfeld;
– Beim Bedienungspersonal traten kurzfristig Kopfschmerzen auf, und im Mund wurde ein metallischer Geschmack bemerkt. Langfristig klagten die an den Experimenten Beteiligten über Schlaf- und Gleichgewichtsstörungen, Gedächtnislücken, Muskelkrämpfe und verschiedene Arten von Geschwüren;
– Bei den in den Versuchsräumen zu Testzwecken hinterlegten organischen Substanzen kam es unter anderem zur völligen Zerstörung von Gewebestrukturen, bei Grünpflanzen innerhalb von fünf Stunden zum Abbau des Chlorophylls, gefolgt von einer Umwandlung des pflanzlichen Materials in eine schmierige Substanz mit der Konsistenz von ranzigem Fett.

In der ersten Testphase zwischen Mai und Juni 1944 war als Folge der biologischen Nebeneffekte der Tod von fünf der beteiligten sieben Wissenschaftler zu beklagen. Aufgrund einer »besseren Einstellung« der

Versuchsanlage konnten die unerwünschten Nebenwirkungen mit der Zeit deutlich reduziert werden. Am 10. Januar 1945 wurden von den biologischen Proben nur noch zwölf bis 15 Prozent zerstört. Am 25. März gelang es schließlich, diese Quote bis auf zwei bis drei Prozent zu verringern.

Befragt zur prinzipiellen Funktionsweise der *Glocke* konnten nach dem Krieg Schuster und Sporrenberg nicht die erhofften eindeutigen Hinweise geben, waren sie doch beide nicht als Wissenschaftler in das Projekt involviert. Im Zusammenhang mit dem Betrieb der Anlage waren ihren Äußerungen jedoch zwei Formulierungen zu entnehmen, die heute zum Verständnis der physikalischen Hintergründe jenes für das Dritte Reich bedeutendsten Forschungsprojektes beitragen: »Wirbelverdichtung«, man könnte auch sagen Torsionsfeld, und »Trennung magnetischer Felder«.

Die letztere hatte Podkletnov in seinen Versuchen durch den Einsatz von Supraleitern erreicht. Supraleiter standen jedoch 1944/1945 noch nicht zur Verfügung. Von daher mußten die deutschen Wissenschaftler, um eine Abschirmung der Gravitation auf eine Art und Weise zu erreichen, die der Podkletnovs entspricht, einen anderen Weg beschritten haben.

Ein »magnetisch geschlossenes System« kann auch erreicht werden, wenn unter bestimmten Bedingungen ein durch elektrischen Strom erzeugtes Plasma (ionisiertes Gas) einen Plasmawirbel ausprägt. Einher geht die Bildung dieser sogenannten Plasmoide mit der Erzeugung von Magnetfeldern sowie charakteristischen Leuchterscheinungen durch die Emission einer ionisierenden Strahlung. Aus diesem Grund werden die Plasmoide auch als »Feuerbälle« bezeichnet. Beide Effekte wurden im Zusammenhang mit der *Glocke* berichtet. Igor Witkowski hat nachgewiesen, daß in der als *Glocke* beschriebenen Apparatur die Erzeugung eines solchen Plasmawirbels technisch möglich gewesen ist. Dabei kam dem verwendeten Quecksilber aufgrund seiner Materialeigenschaften die entscheidende Bedeutung zu. Quecksilber ist eine flüssige Substanz von hoher Dichte und geringer Viskosität. Je niedriger diese ist, desto ungestörter bleibt der Eigendrehimpuls der Elementarteilchen im Atom, Spin genannt. Wurden in der *Glocke* die mit Quecksilber gefüllten Trommeln auf mehrere zehntausend Umdrehungen pro Minute beschleunigt, bildete dieses flüssige Material unter dem Einfluß der Zentrifugalkraft an den Wänden der Trommeln eine dünne Schicht. Nach

Erreichen der maximalen Drehgeschwindigkeit konnten die Quecksilber-
ionen durch einen angelegten Hochspannungsstrom weiter beschleunigt
werden. Berechnungen ergaben, daß die Drehgeschwindigkeit der in
den Trommeln befindlichen Ionen auf diese Weise bis auf über 100 000
Umdrehungen pro Sekunde (!) hätte anwachsen können. Damit rotierte
der erzeugte Plasmawirbel um viele Größenordnungen schneller als der
an die Beschränkungen der Mechanik fester Körper gebundene supralei-
tende Keramikring Podkletnovs (der 25 000 bis 50 000 Umdrehungen
pro Minute erreichte). Tatsächlich bedeutet die heute so revolutionär
anmutende Methode Podkletnovs gegenüber diesen von deutschen Wissenschaftlern vor mehr als 60 Jahren durchgeführten Experimenten
einen Rückschritt.

Die von den Deutschen erzielten Effekte bei der Abschirmung der
Gravitation müssen um vieles erstaunlicher gewesen sein. So erklären
sich auch die in der Folge der Versuche aufgetretenen Veränderungen an
organischen Substanzen. Schon der russische Wissenschaftler Genadiy
Shipov wie auch der deutsche Physiker Burkhard Heim hatten in ihren
Arbeiten nachgewiesen, daß künstlich erzeugte Gravitationswellen in
den ihnen ausgesetzten Materialien Strukturveränderungen zur Folge
haben müssen. (27)

Nick Cook befragte seinen physikalischen Mentor, den auf Antigravitation und allgemeine Feldtheorie spezialisierten Dr. Dan Marckus
(ein Pseudonym), nach seiner Interpretation der ihm von Witkowski
offerierten Fakten. Marckus bestätigte, daß die Deutschen demnach
tatsächlich ein Fluggerät entwickelt haben könnten, das die Antigravitation
als Antriebskraft zu nutzen verstand. Darüber hinaus sei es mit dieser
Apparatur möglicherweise gelungen, wenn auch vorerst nur in äußerst
geringem Umfang, die vierte Dimension, die Zeit, zu manipulieren.
Durch den Eingriff in das Nullpunkt-Energiefeld habe nicht nur die
Schwerkraft aufgehoben werden können, sondern innerhalb des erzeug-
ten Torsionsfeldes sei in Relation zur »Außenwelt« auch der Zeitablauf
ein anderer gewesen. Marckus formulierte das wie folgt: »Wenn man ein
Torsionsfeld hinreichender Größe erzeugt, so kommt es zur Krümmung
der vier Dimensionen des Raumes. Je mehr Torsion erzeugt wird, desto
größer ist die Störung des Raumes. Krümmt man den Raum, so krümmt
man auch die Zeit.« (18) Die kaum faßliche Konsequenz daraus lautet:
Deutsche Wissenschaftler entwickelten eine Zeitmaschine!

Das Projekt *Die Glocke* wurde anscheinend im Januar 1942 ins Leben gerufen. Im August 1943 erfolgte eine Aufspaltung in zwei Unter-projekte, genannt *Laternenträger* und *Chronos*. (27) Mit der Bezeich-nung *Chronos* werden die Vermutungen von Cooks Mentor indirekt bestätigt. »Laternenträger« ist einer, der das Licht in die Höhe hebt, ein schöner und zugleich tiefsinniger Ausdruck für einen Antigravitations-antrieb. Ende 1944 sollten diese Lichter als so bezeichnete Feuerbälle oder »foo-fighters« erstmals für Verwirrung unter den alliierten Flug-zeugbesatzungen sorgen.

Einen beträchtlichen Niederschlag fanden deren Berichte über das Phänomen der »Feuerbälle« auch in den Medien jener Zeit (Abbil-dung 14). Am meisten für Verblüffung sorgten dabei die bei diesen Objekten beobachteten Flugeigenschaften. Eine charakteristische Erlebnis-schilderung war nachzulesen in der *New York Times* vom 14.12.1944:

»Gestern, während eine nächtlichen Einsatzes bei Hamburg, erschien ein mysteriöser, leuchtender Ball in der Nähe einer alliierten Bomber-staffel, der sich ungeachtet vieler Attacken durch die begleitenden Jagd-

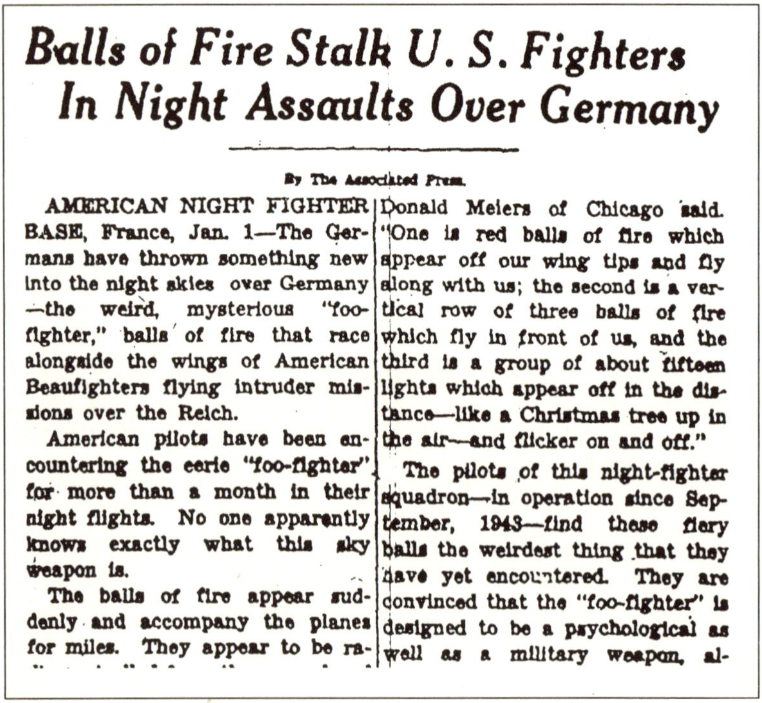

Balls of Fire Stalk U. S. Fighters In Night Assaults Over Germany

By The Associated Press.

AMERICAN NIGHT FIGHTER BASE, France, Jan. 1—The Ger-mans have thrown something new into the night skies over Germany —the weird, mysterious "foo-fighter," balls of fire that race alongside the wings of American Beaufighters flying intruder mis-sions over the Reich.

American pilots have been en-countering the eerie "foo-fighter" for more than a month in their night flights. No one apparently knows exactly what this sky weapon is.

The balls of fire appear sud-denly and accompany the planes for miles. They appear to be ra-

Donald Meiers of Chicago said. "One is red balls of fire which appear off our wing tips and fly along with us; the second is a ver-tical row of three balls of fire which fly in front of us, and the third is a group of about fifteen lights which appear off in the dis-tance—like a Christmas tree up in the air—and flicker on and off."

The pilots of this night-fighter squadron—in operation since Sep-tember, 1943—find these fiery balls the weirdest thing that they have yet encountered. They are convinced that the "foo-fighter" is designed to be a psychological as well as a military weapon, al-

Abb. 14

flugzeuge als unzerstörbar erwies. Diese mysteriöse neue Waffe Hitlers
störte sehr effektiv den gesamten Funkverkehr. Keinem unserer Experten
gelang es bisher, das Funktionsprinzip dieser ›leuchtenden Bälle‹ zu
erklären, die mit ungeheuerlichen Geschwindigkeiten eine Manövrierbarkeit demonstrierten, die den Gesetzen der Aerodynamik zu widersprechen schien.« (27)

Von Mitte November 1944 den ganzen Winter über bis weit in das
Jahr 1945 hinein berichteten die Flugzeugbesatzungen der westlichen
Alliierten über diese kleinen orangefarben, rot oder weiß glühenden
»Feuerbälle«. Ein von amerikanischen Fliegern aufgenommenes Foto
läßt noch heute deutlich werden, welche unheimliche Wirkung von
diesen seltsamen Flugobjekten ausgegangen sein muß (Abbildung 15).

In der Mehrzahl der Fälle handelte es sich um Beobachtungen bei
Nacht, aber auch Tagessichtungen kamen vor. (18) Gründlich irrt, wer
denkt, daß nur über wenige Einzelfälle berichtet wurde. Aus einem
Geheimdienstbericht der US-Luftwaffe vom April 1945 geht hervor, daß
bis dahin von 140 Flugzeugbesatzungen 302 Beobachtungen dieser
»Feuerbälle« gemeldet worden waren. Interessanterweise einige davon
auch vom pazifischen Kriegsschauplatz. (27) Das wiederum läßt darauf
schließen, daß die Deutschen dem verbündeten Japan offensichtlich
auch diese revolutionäre neue Technologie zur Verfügung gestellt hatten.

Abb. 15

Zur Erinnerung: U 234 (Boot 1) führte auf seinem Weg nach Japan unter anderem 24 Tonnen Quecksilber mit sich. Auch das am 10. Juli 1945 in Mar del Plata eingelaufene U 530 hatte ein Jahr zuvor, im Sommer 1944, im Atlantik große Mengen Quecksilber an das japanische U-Boot I-52 übergeben, also genau das Material, das beim Projekt *Die Glocke* zur Erzeugung eines Plasmas Verwendung fand. Schon im April 1944 war U 859 nach Japan ausgelaufen. Eine im Jahr 1972 erfolgte Untersuchung des später in der Straße von Malakka bei Indonesien gesunkenen Schiffes ergab eine Ladung von 33 Tonnen Quecksilber. (27) Damit nicht genug. Im Oktober 2003 fand die norwegische Marine das Wrack von U 864. Dieses deutsche U-Boot war nach einem Maschinenschaden am 9. Februar 1945 von einem britischen U-Boot versenkt worden. Auch U 864 befand sich auf dem Weg nach Japan. Beladen mit Skizzen der ersten Seriendüsenjäger Me 262 und Triebwerksteilen aus den Fabriken von Junkers und BMW sollte es anscheinend eine ähnliche Funktion erfüllen wie später U 234. Das eigentlich Sensationelle an diesem Fund: Der größte Teil der Ladung – annähernd 65 Tonnen – bestand aus Quecksilber! (143)

Als Fazit zu den von den Alliierten beobachteten »Feuerbällen« bleibt festzuhalten: Neben den registrierten Leuchteffekten und der durch starke elektromagnetische Felder verursachten Störung des Funkverkehrs sind es vor allem die beobachteten Flugeigenschaften, die »den Gesetzen der Aerodynamik zu widersprechen schienen« und die nur den einen Schluß zulassen:

Ende 1944 stand der praktischen Realisierbarkeit des Projektes *Laternenträger* nichts mehr im Weg. Die ersten Antigravitationsflugzeuge hoben ab. Als fliegende »Plasmoide« gingen sie gleichzeitig als die ersten »UFOs« in die Geschichte ein. Von einer Waffeneinwirkung ihrerseits wurde allerdings nichts berichtet, so daß davon auszugehen ist, daß sie in diesem frühen Stadium der Erprobung noch unbewaffnet flogen. Waren die »Feuerbälle« bemannt oder unbemannt? Da die schädlichen Sekundäreffekte auf Organismen beim Projekt *Die Glocke* erst Ende März 1945 auf zwei bis drei Prozent reduziert werden konnten, müssen die »Feuerbälle« ihre spektakulären Flugmanöver bis zum Kriegsende unbemannt durchgeführt haben.

Bis zur Realisierung von bemannten Antigravitationsflugzeugen war es noch ein weiter Weg. Eine befriedigende Lösung der dabei auftretenden Problemstellungen konnte anscheinend erst Anfang der 50er Jahre des letzten Jahrhunderts erreicht werden.

Ein weiterer indirekter Beweis dafür, daß Ende 1944 die Deutschen eine utopisch anmutende neue Waffe entwickelt hatten, ist einer Mitteilung von Magda Goebbels, der Frau von Joseph Goebbels, an dessen Schwester Maria, verheiratete Kimmich, zu entnehmen. Weihnachten 1944, also genau zu jener Zeit, da über die »Feuerbälle« in den Medien der Alliierten berichtet wurde, erzählte Magda ihrer Schwägerin unter dem Siegel der Verschwiegenheit, daß Joseph gewisse neue Wunderwaffen gesehen habe, die geradezu fantastisch seien. (56) Meinte sie damit vielleicht die deutsche Atomwaffe, deren erster erfolgreicher Test am 12. Oktober 1944 auf der Ostseeinsel Rügen stattgefunden hatte? (36) Das ist wenig wahrscheinlich, kannte Joseph Goebbels die Möglichkeiten einer militärischen Nutzung der Kernspaltung doch schon seit dem Frühjahr 1942, wie ein Eintrag in seinem Tagebuch vom 25. März 1942 beweist: »Mir wird Vortrag gehalten über die neuesten Ergebnisse der deutschen Wissenschaft. Die Forschungen auf dem Gebiet der Atomzertrümmerung sind so weit gediehen, daß ihre Ergebnisse unter Umständen noch für die Führung dieses Krieges in Anspruch genommen werden können. Es ergäben sich hier bei kleinstem Einsatz derart immense Zerstörungswirkungen, daß man mit einigem Grauen dem Verlauf des Krieges, wenn er noch länger dauert, und einem späteren Kriege entgegenschauen kann. Die moderne Technik gibt dem Menschen Mittel der Zerstörung an die Hand, die unvorstellbar sind.« (57)

Was verbirgt sich tatsächlich hinter der Wunderwaffe, deren Einsatz in dieser späten Phase des Krieges noch eine Wende zugunsten Deutschlands herbeiführen sollte? Oder anders gefragt: Welche Parameter hätte eine ultimative Siegeswaffe erfüllen müssen?

Es hätte sich um eine Massenvernichtungswaffe handeln müssen, eine Waffe, die – vorhanden in ausreichender Stückzahl – den Gegner an jedem beliebigen Punkt hätte vernichtend schlagen können. Voraussetzung wäre demnach ein sicheres Transportmittel gewesen, das diese Waffe auch über große Entfernungen befördern konnte. Als Ziele wären sowohl feindliche Hauptstädte als auch große Truppenkonzentrationen in Frage gekommen. Darüber hinaus käme dem Schutz der eigenen Truppen sowie der Zivilbevölkerung vor Vergeltungsangriffen eine entscheidende Bedeutung zu.

Einige Forscher favorisieren in dieser Hinsicht die deutsche Atomwaffe. Als Bombe hätte sie an den Fronten und im Hinterland eingesetzt werden können. Mit den entwickelten Raketen V-2 bzw. A-9 wäre es sogar möglich gewesen, sie nach London oder gar über den Atlantik nach New York zu befördern. Derartige Projekte waren ohne Zweifel in Vorbereitung, und ihre Realisierung scheiterte nur, weil letztlich die Zeit fehlte, um sie zum erfolgreichen Abschluß zu bringen. Nun weiß man aber, daß die im Oktober 1944 und März 1945 getesteten deutschen Atomwaffen nach einem Prinzip funktionierten, das ihren Einsatz lediglich als nukleare Gefechtsfeldwaffen zugelassen hätte. Sie waren in ihrer Sprengkraft nicht zu vergleichen mit den amerikanischen Atombomben, mit denen ganze Städte dem Erdboden gleichgemacht werden konnten. Außerdem sollen sie nur in geringer Stückzahl vorhanden gewesen sein. (36) Von daher hätte ihr möglicher Einsatz in letzter Minute die Alliierten wohl kaum zum Einlenken bewegen können. Von einem deutschen Sieg ganz zu schweigen.

Auf der richtigen Spur bei der Suche nach der kriegsentscheidenden Waffe befindet sich dagegen aus der Sicht des Autors der bereits mehrfach genannte Igor Witkowski. Seinen Forschungen ist es zu verdanken, daß die Frage nach dem sicheren Transportmittel der ultimativen Waffe als geklärt betrachtet werden kann. Die aufgrund ihrer revolutionären Flugeigenschaften von der feindlichen Luftabwehr nicht zu stellenden »Feuerbälle« hätten als Träger eingesetzt werden können. Die elektronischen Leitsysteme, die erforderlich sind, um diese Waffe auch über eine Entfernung von mehreren tausend Kilometern an ein Ziel heranführen zu können, waren vorhanden. (26)

Wie die Berichte über die »Feuerbälle« zeigen, standen sie zudem in ausreichender Zahl zur Verfügung. Die andere Komponente dieses Waffensystems bestand aus einer Ladung chemischer Kampfstoffe.

Deutschland verfügte seit Ende der 30er Jahre des letzten Jahrhunderts über die hochgiftigen Nervengase Tabun (tödliche Konzentration 400 Milligramm pro Kubikmeter Luft), Sarin (100 Milligramm pro Kubikmeter) und Soman (60 Milligramm pro Kubikmeter). Gegen die Wirkung dieser Kampfgase gab es zu jener Zeit keinerlei Gegenmittel, die Filter der herkömmlichen Gasmasken boten keinen Schutz. Zum Vergleich: Die giftigsten Kampfgase, über welche die Alliierten verfügten, zum Beispiel Phosgen oder Senfgas, hatten eine Toxizität von 3500 bzw. 2600 Milligramm pro Kubikmeter. Während des Krieges war es den Deutschen nicht nur gelungen, das Geheimnis dieser chemischen Kampfmittel zu wahren, sie hatten auch tausende Tonnen davon produziert und mit Ausnahme von Soman einen großen Teil davon auch in Bomben und Granaten abgefüllt. (27)

Jetzt werden auch die Worte Hermann Görings verständlich, die er nach Kriegsende äußerte: »Ich habe es abgelehnt, eine Waffe anzuwenden, die die gesamte Zivilisation zerstört hätte.« (53) Die Annahme, es sei damit die deutsche Atomwaffe gemeint gewesen, ist nicht allein durch die beschränkten Möglichkeiten ihres Einsatzes als wenig wahrscheinlich anzunehmen. Göring konkretisierte später gegenüber den ihn befragenden amerikanischen Offizieren seine Aussage, indem er diesen zu Protokoll gab, daß mit den entwickelten Nervengasen Deutschland die Niederlage noch hätte in einen Sieg verwandeln können. (58) Der Einsatz hochtoxischer Kampfgase hätte gegenüber dem Einsatz atomarer Waffen weitere Vorteile mit sich gebracht. Die vom deutschen Heer aufgegebenen Gebiete wären nahezu kampflos und vor allem unzerstört wieder besetzt worden. Verstrahlte Gebiete hätte es nicht gegeben. Damit dürfte klar geworden sein, welches die kriegsentscheidende Waffe im Arsenal des Deutschen Reiches gewesen ist. Mit den »Feuerbällen« war zuguterletzt auch der geeignete Träger für diese Waffe gefunden. Die Fernraketen, zum Beispiel die V-2 oder A-9, kamen dagegen als Trägerwaffen nicht in Frage, da diese – um die Wirkung der Gase voll zu entfalten – einige Meter über dem Boden hätten explodieren müssen. Die dafür benötigten Bodenabstandszünder standen damals jedoch noch nicht zur Verfügung. (36)

Daß Hitler Ende 1944 tatsächlich die Führung eines Gaskrieges in Erwägung gezogen hatte, kann in den *Erinnerungen* von Rüstungsminister Albert Speer nachgelesen werden.

Die Gleichzeitigkeit dieses Entschlusses mit den ersten dokumentierten Berichten über das Auftreten der »Feuerbälle« dürfte kein Zufall sein. In Speers Memoiren heißt es: »Im Spätherbst 1944 griff Hitler unvermittelt in die Produktion der Gasmasken ein und ernannte einen besonderen Bevollmächtigten, der ihm unmittelbar verantwortlich war. In aller Hast wurde ein Programm aufgestellt, das die ganze Bevölkerung vor den Auswirkungen eines Gaskrieges schützen sollte. Obwohl auf Hitlers dringenden Befehl vom Oktober 1944 an eine Verdreifachung der Produktion auf über 2 300 000 Gasmasken gelang, konnte der Schutz der Stadtbevölkerung erst in Monaten gewährleistet werden.« (24)

In diesem Befehl kommt die Angst Hitlers vor einer möglichen massiven Vergeltung seitens der Alliierten zum Ausdruck. Überliefert ist eine Aussage Hitlers, die seine diesbezüglichen Befürchtungen auf den Punkt bringt. Die Feinde würden »fünfzehntausend Bomber versammeln und ganz Deutschland mit Giftgas umbringen«. (36) Daß mit den verheerenden Auswirkungen eines solchen alliierten Gegenschlages gerechnet werden mußte, solange es nicht gelang, die Gefährdung der deutschen Städte durch die alliierten Bomberkommandos zu verhindern, war wohl auch mit ein Grund für die Bemerkung Görings, daß der massive Einsatz von Kampfgasen auf beiden Seiten zur Zerstörung der Zivilisation geführt hätte.

Daß es bis März/April 1945 nicht gelang, den Schutz des deutschen Luftraumes zu gewährleisten, war letztendlich der einzige Hinderungsgrund für den Einsatz des ultimativen Siegeswaffensystems. Schon wenige Monate später hätten die neuentwickelten deutschen Düsenjäger unter den einfliegenden alliierten Bomberverbänden eine furchtbare Ernte gehalten. Im März 1945 produzierte die unterirdische Fabrik bei Nordhausen 500 Me 262, im April bereits doppelt soviele! Zur gleichen Zeit begannen die unterirdischen Hydrierwerke für diese hochmodernen Maschinen eine ausreichende Menge Treibstoff bereitzustellen. (58)

Angesichts dieser Tatsachen wird verständlich, warum Hitler bis zuletzt die Hoffnung auf eine kurzfristige Wende des Krieges nicht aufzugeben bereit war und warum aus seiner Sicht jedes Mittel, den Krieg zu verlängern, als legitim erscheinen mußte.

Existieren neben den von Igor Witkowski ausgewerteten Quellen noch andere Belege dafür, daß sich Deutschland in der letzten Phase des Krieges in den Besitz von aus damaliger Sicht utopisch anmutenden Waffensystemen gebracht hatte?

Bei den Recherchen zu ihrem Buch *Das Geheimnis der deutschen Atombombe* stießen die Autoren Edgar Mayer und Thomas Mehner auf einen Zeitzeugen der besonderen Art. Der Wiedergabe eines im Sommer 1999 mit diesem geführten Interviews wurden folgende Sätze vorangestellt: »Aus Gründen des Persönlichkeitsschutzes verzichten wir an dieser Stelle auf eine Namensnennung. Der Gesprächspartner ist britischer Staatsbürger. Sein Name und seine Funktion innerhalb des Geheimdienstapparates Ihrer Majestät, der Königin von England, werden, wie ihm zugesichert wurde, offen gelegt werden, wenn er in eine bessere Welt eingegangen ist.« (34)

Nachfolgend einige Auszüge aus dem Interview:

»Ich war beim … in einer Funktion tätig, in der ich Kenntnisse über technische Entwicklungen der Deutschen gewinnen konnte. Aus dieser Zeit sind mir noch Dinge erinnerlich, die mich am Wahrheitsgehalt so mancher öffentlicher Verlautbarungen über die Technologiesprünge – und ich spreche ganz bewußt von Sprüngen – bis Kriegsende zweifeln lassen. Ich sollte besser formulieren: Vieles ist noch nicht gesagt worden, und etliches ist einfach Unfug. Sie werden nicht erwarten, daß ich Dinge ausbreite, von denen ich sicher bin, daß diese noch für lange Zeit der Öffentlichkeit unzugänglich bleiben werden, und das ist auch gut so. Man kann aber zugeben, daß deutsche Wissenschaftler – und im übrigen weit mehr davon, als in der sogenannten historischen und politik-wissenschaftlichen Szene mit Namen bekannt sind – und darüber hinaus Ingenieure und Techniker an geradezu Unglaublichem arbeiteten. Ich meine hier aber nicht die bekannten V- und Luftabwehrwaffen, von denen einige im Grunde tatsächlich oder nahezu Produktionsreife erreichten oder wo diese doch zumeist in absehbarer Zeit zu erreichen gewesen wäre.« Nachfolgend beschreibt der Informant unter anderem die Tätigkeit von drei an der Entwicklung der deutschen Atomwaffe beteiligten Gruppen (Heisenberg, Diebner und wahrscheinlich die unter der Ägide der Reichspost arbeitende Gruppe um Ardenne), um dann fortzufahren: »Ja, und dann war da noch das vierte Team, von dem wir in der letzten Kriegsphase gerüchteweise hörten. Das war allerdings so schemenhaft und phantastisch, daß man wieder einmal an eine Finte denken konnte. Aber nach dem Krieg stellte sich dann heraus, daß es eben keine war und daß die Welt um Haaresbreite an einer riesengroßen Katastrophe vorbeiging. Als ich das erfuhr, hätte ich im Nachhinein noch beinahe meine Fassung verloren. Es bestand einen Augenblick allerhöchste Gefahr, vor allem, wenn man bedenkt, daß es möglich zu sein schien, diese Technologie innerhalb von Distanzen einzusetzen, die alles sprengten, was damals machbar war, erst recht, wenn man an die Reichweite der V-2 denkt. Das vierte Team arbeitete in einem Umfeld, in dem Ungeheuerliches alltäglich war. Und wenn ich das so sage, meine ich damit, die experimentierten da mit Dingen, die selbst für die gut informierte Öffentlichkeit bis heute undenkbar und unglaublich, also irreal sind. Mir hat damals jemand angedeutet, es scheine so, als seien diese Spezialisten im Begriff gewesen, herkömmliche physikalische Gesetze aufzuheben.«

Kommt einem das nicht bekannt vor? Das Thema über die Entwicklung der deutschen Atomwaffe – so geht aus dem Kontext dieses Interviews ganz klar hervor – war mit dem Hinweis auf die dritte Gruppe abgeschlossen. Die Tätigkeit der mysteriösen vierten Gruppe bezog sich auf etwas ganz anderes. Die Formulierungen des britischen Geheimdienstagenten passen vorzüglich auf die Nutzung der Antigravitation, die Entwicklung einer Zeitmaschine und das Anzapfen des Nullpunkt-Energiefeldes zur unbegrenzten Gewinnung von Energie.

Daß gerade die Nutzung der zuletzt genannten Möglichkeit der Energiegewinnung bei einer unzureichend kalibrierten Einstellung der technischen Apparatur ungeheure Gefahren in sich barg, dürfte schon weiter oben deutlich geworden sein. Man erinnere sich nur an das Gleichnis: »In einer Kaffeetasse befindet sich soviel Nullpunktenergie, daß damit die Erde in die Luft gesprengt werden könnte.«

Was ist mit dieser Technologie nach dem Ende des Zweiten Weltkrieges geschehen?

Dazu weiß der britische Informant nur folgendes auszusagen: »Bedingt durch die politischen Setzungen verloren wir am Kriegsende sehr rasch die Zugriffsmöglichkeiten auf diese Einrichtungen. Ich bin nicht sicher, ob die andere Seite den Extrakt dessen, was noch vorhanden war, d. h. personell und materiell, wirklich nutzen und aktiv weiterentwickeln konnte. Manches davon war ja doch zu phantastisch und setzte Kenntnisse und Fähigkeiten voraus, die einen Einstieg auf einem Level erforderten, den wir zunächst nicht hatten und den auch unsere Partner wohl nicht alleine erreichten.«

Im Klartext gesprochen bedeutet das nichts anderes, als daß diese Art der Hochtechnologie von den Deutschen sowohl vor dem Zugriff der Angloamerikaner als auch der Russen in Sicherheit gebracht werden konnte! Ob durch Zerstörung oder durch Evakuierung, bleibt im folgenden noch zu klären. – Fazit: Die geheimsten und zugleich revolutionärsten Waffen des Deutschen Reiches waren jene, die aus den mit dem Projekt *Die Glocke* verbundenen Grundlagenforschungen entstanden.

Die Nachforschungen Igor Witkowskis hatten ergeben, daß die entsprechende Hardware mitsamt der technischen Dokumentation von einem sechsmotorigen Großraumtransportflugzeug, der einzigen im Einsatz befindlichen Ju 390, in den letzten Tagen des Krieges nach Norwegen ausgeflogen worden war. Diese Ju 390 blieb nach offizieller Kenntnis seitdem verschwunden.

Igor Witkowski ist es auch, der Gewißheit über das weitere Schicksal dieses Flugzeuges erlangt hat. Ein bis dato immer zuverlässiger Gewährsmann hat ihm glaubhaft versichert, daß ihm von einem Bekannten, dem Sohn eines polnischen Diplomaten, ein Foto der Ju 390 gezeigt worden sei. Der Vater des Informanten war während des Krieges im diplomatischen Dienst seines Landes in Uruguay beschäftigt. Das Foto zeigt die Ju 390 auf einem in den Dschungel geschlagenen Rollfeld im Grenzgebiet von Uruguay und Argentinien. (27)

Das würde bedeuten, daß die Dritte Macht in der Nachkriegszeit in ihrem südamerikanischen Refugium einen uneingeschränkten Zugriff auf die mit dem Projekt *Die Glocke* verbundene Hochtechnologie hatte und diese zu gegebener Zeit auch weiter entwickeln konnte.

Ziel dieser Entwicklungen mußte es sein, eine bemannte Variante des Antigravitationsflugzeuges herzustellen. Spätestens 1948 begann man seitens der Dritten Macht zuerst im Forschungszentrum von Cordoba und danach im, wie es heißt, »nur für die Deutschen errichteten« *Centro Atomico* auf der Insel Huemul, dieses Vorhaben in die Tat umzusetzen. Der im Zusammenhang mit der bekanntgewordenen Tätigkeit des Physikers Ronald Richter dort gesetzte offizielle Forschungsschwerpunkt Plasmaphysik scheint beweiskräftig genug dafür zu sein. Die angeblich angestrebte Entwicklung einer Fusionstechnologie war hierfür lediglich ein Vorwand oder bestenfalls ein Abfallprodukt. Die direkte Gewinnung von Energie aus dem Nullpunkt-Energiefeld eröffnete demgegenüber ganz andere Möglichkeiten. Im Jahr 1951 war den Bemühungen der deutschen Wissenschaftler, ein funktionierendes, bemanntes Antigravitationsflugzeug zu entwickeln, anscheinend der Erfolg beschieden. In einer Quelle, auf die im 6. Kapitel noch näher eingegangen werden soll, heißt es: »1951 haben wir an Bord einer Maschine, der der Treibstoff praktisch nicht ausgehen konnte, alle Meere und Länder bereist. ... Das Schiff (Flugschiff; der Autor) arbeitete völlig geräuschlos, außer einem leichten Summen.« (17, 59) Es gibt nur eine Energie, die praktisch »unendlich« ist, und das ist die des universalen Nullpunkt-Energiefeldes. Und hatte nicht auch schon Schauberger behauptet, ihm sei es gelungen, ein Flugzeug zu entwickeln, das keinerlei Geräusch mache, und war das charakteristische Geräusch im Umfeld der *Glocke* nicht mit dem Summen eines Bienenstocks verglichen worden? Die Beweiskette scheint damit geschlossen.

Im nächsten Kapitel soll gezeigt werden, wie bestimmte Nachkriegsentwicklungen der Dritten Macht als sogenanntes UFO-Phänomen weltweit für Furore sorgten und welche Implikationen daraus für die Zukunft dieses Planeten abzuleiten sind.

Zuvor jedoch ist noch der Frage nachzugehen, ob sich nicht unmittelbar nach Kriegsende auch auf dem Gebiet des besetzten Deutschland eine Widerstandsorganisation begründen konnte, die sich eine Revision der mit dem Kriegsausgang verbundenen Entwicklungen zum Ziel gesetzt hatte.

Am 8. Mai 1945 kapitulierte die deutsche Wehrmacht. Die letzte Reichsregierung wurde am 23. Mai von den Alliierten verhaftet. Die Siegermächte teilten Deutschland unter sich in Besatzungszonen auf; große Teile des deutschen Ostens kamen unter sowjetische und polnische Verwaltung. Das Drama der Vertreibung nahm seinen Fortgang. Unter diesen Umständen kam, von vereinzelten sogenannten Werwolfoperationen abgesehen, jeder organisierte Widerstand zum Erliegen. Die Organisation, die in diesem Buch als Dritte Macht bezeichnet wird, hatte sich im Rahmen der Absetzbewegung in ihr Refugium jenseits des Atlantiks zurückgezogen. Dort entstand eine neue Konzeption zur Rückgewinnung der verlorengegangenen Macht, die von Beginn an einen sehr langfristigen Zeithorizont für ihre Umsetzung in Rechnung stellte.

Anfänglich jedoch schienen maßgebliche Kreise des in Deutschland zurückgebliebenen SS-Untergrundes sich noch der Illusion hinzugeben, im besetzten Deutschland in wenigen Jahren politisch etwas an den real existierenden Machtverhältnissen ändern zu können. Damit sollte möglicherweise der aus Übersee agierenden Gruppe entgegengearbeitet werden. Beide Strömungen vereinte das gleiche Ziel, und es steht zu vermuten, daß zwischen ihnen nicht nur ein loser Kontakt bestand, sondern daß die Aktionen der einen Gruppe nicht ohne Kenntnis und Hilfestellung durch die andere Gruppe erfolgten. Oder zugespitzter formuliert: Der SS-Untergrund auf dem Territorium des besetzten Deutschland war für einige Zeit die Frontorganisation der Dritten Macht.

In den ersten Jahren nach Kriegsende bis zur Gründung der Bundesrepublik Deutschland im Jahr 1949 operierte dieser SS-Untergrund unter der Bezeichnung *Aktion Deutschland*, organisatorisch anscheinend aufgeteilt in zwei Netzwerke, genannt *Süddeutschland* und *Norddeutschland*. Der US-Geheimdienst CIC (*Counter Intelligence Corps*) beobachtete diese Strukturen und versuchte sie in drei größeren Operationen mit den Bezeichnungen *Nursery*, *Gopher* und *Selected Board* zu infiltrieren.

Es gelang, den Agenten Hubert D. Ludwell in das Netzwerk *Süddeutschland* einzuschleusen. In einem von diesem verfaßten Bericht heißt es: »… wollte frühere SS-Führer und Wehrmachtsoffiziere in einer Untergrundbewegung vereinen. Nur die zuverlässigsten und am besten ausgebildeten Personen sind Mitglieder der allgemeinen SS-Untergrundbewegung … Die allgemeine SS, unbestrittene Eliteorganisation der Hitlerzeit, führe die Bewegung; bereits die später gegründete Waffen-SS sei mit Mißtrauen zu betrachten … Die SS-Organisation werde sich mit dem besten Material der SA, der Hitlerjugend und der NSDAP verbinden und unschlagbar sein … Die Untergrundbewegung sei dabei, sich sehr gut zu organisieren, und habe in allen wichtigen deutschen Städten Stützpunkte, die als Firmen getarnt seien (siehe auch die Planungen der *Maison-Rouge*-Konferenz; der Autor) … Sie beobachten mit großem Interesse die Mißverständnisse zwischen der UdSSR und den Westalliierten und werden, sollte es zu einem Konflikt zwischen diesen beiden kommen, ihr Gewicht und ihre Macht auf die Seite derer werfen, die sie für die Gewinnerseite halten. Auf diese Weise wird es sich erweisen, daß ein Teil der Untergrundbewegung mit der UdSSR Ball spielt und der andere mit den Westalliierten …, er könne nicht deutlich genug sagen, daß diese Bewegung tödlich gefährlich und nicht an kleinen örtlichen Aufständen interessiert ist, sondern sich bald auf den größten Teil Europas ausdehnen wolle und werde.« Zu den Führern der Untergrundbewegung gehörte Helmut Friedrichs. Dieser war SS-Oberführer und Leiter der politischen Abteilung der Kanzlei der NSDAP. In dieser Funktion war er der direkte Unterstellte Martin Bormanns!

Das Credo der SS-Untergrundbewegung kam in den Worten zum Ausdruck: »Passiert ist passiert. Wir haben die zweite Runde verloren, aber es gibt nie eine zweite ohne eine dritte. Früher oder später wird die letzte Runde anfangen, aber wir haben Zeit, viel Zeit.«

Ende 1946 verfügte der SS-Untergrund in der englischen und amerikanischen Zone bereits über 600 Männer, überwiegend SS-Führer und Wehrmachtsoffiziere. (3)

Zu einer bedeutenden Persönlichkeit jener Bewegung entwickelte sich anscheinend auch der 1948 aus alliierter Haft entflohene SS-Offizier Otto Skorzeny, der sich im Krieg als Führer von Kommandounternehmen und hier besonders als »Mussolini-Befreier« einen Namen gemacht hatte. Er lebte nach seiner Flucht in Spanien und konnte von dort aus das Netzwerk ins Ausland knüpfen. So hielt er auch die Verbindung zu Hans-Ulrich Rudel. Über diesen und seine Rolle innerhalb der Dritten Macht wird im 5. Kapitel noch zu berichten sein.

Im Jahr 1951 bot Skorzeny einem Mitarbeiter der US-Botschaft in Madrid, den er fälschlicherweise für einen CIA-Mann hielt, seine – von ihm so bezeichnete – Neonazibewegung an, um gegen die UdSSR zu kämpfen. (3)

Am Ende fand der erwartete »heiße« Konflikt der Siegermächte doch nicht statt. Die auf einen Krieg hintreibende Zuspitzung der Widersprüche zwischen Ost und West, auf die der SS-Untergrund in Deutschland seine Hoffnungen gesetzt hatte, ging über in eine 40 Jahre andauernde Phase der Stagnation, auch »Kalter Krieg« genannt. In der Folge davon kam es zur Bildung zweier deutscher Staaten. Die Lebensverhältnisse normalisierten sich, und die Deutschen im Westen fanden sich in ihrer Masse mit der Wiedergeburt des Parlamentarismus als Regierungsform ab. Für den SS-Untergrund galt es, sich diesen veränderten politischen Rahmenbedingungen taktisch anzupassen.

Der Versuch der nationalistischen Rechten, sich im parlamentarischen System zu etablieren, wurde auf zwei verschiedenen Wegen vorgenommen. Der eine Weg, die Neugründung einer in ihren Zielen an die NSDAP angelehnten Partei, der Sozialistischen Reichspartei (SRP), im Jahr 1949 wurde mit wenigen Ausnahmen vor allem gegangen von unteren und mittleren ehemaligen Funktionsträgern der NSDAP. Der Partei gelang bei den niedersächsischen Landtagswahlen im Mai 1951 sogar ein Achtungserfolg. Sie errang elf Prozent der Wählerstimmen. Aufgeschreckt reagierten die bürgerlichen Parteien mit der Einleitung eines Verbotsverfahrens. Am 23. Oktober 1952 erklärte das Bundesverfassungsgericht die SRP für verfassungswidrig. Daraufhin wurde die Partei aufgelöst, ihr Vermögen eingezogen und auch die Bildung von Ersatzorganisationen untersagt. Die auf demokratischem Wege errungenen Mandate verfielen ersatzlos. (60) Eine direkte Verbindung zum SS-Untergrund scheint zumindest fraglich, da mit Ausnahme zum Beispiel des ehemaligen Staatssekretärs im Reichsinnenministerium, SS-Gruppenführer Stuckart, sich nur wenige höhere SS-Ränge in dieser Partei betätigten. (61)

Ganz anders sieht es aus bei dem Versuch, eine bestehende bürgerliche Partei erst zu unterwandern und dann zu übernehmen. Das Opfer, das man sich dazu auserkoren hatte, war die FDP. Zum Ausgangspunkt der Unterwanderung wurde der nordrhein-westfälische Landesverband, dessen Vorsitzendem Middelhauve es gelang, eine feste Struktur ehemaliger Nationalsozialisten, meist aus der jüngeren Generation und der mittleren Führungsebene, herauszubilden. Ziel war es, die FDP als Sammelbecken einer neuen, auf Massenanhang zielenden rechtsnationalistischen Partei zu nutzen. Im Mittelpunkt stand hierbei der ehemalige Staatssekretär im Reichspropaganda-Ministerium, der SS-Führer Werner Naumann, der einen Kreis gleichgesinnter ehemaliger nationalsozialistischer Studenten- und Hitlerjugendführer sowie einige Gauleiter um sich geschart hatte. Die Verbindung zu Naumann seitens der Düsseldorfer FDP hatte der renommierte Anwalt Ernst Achenbach schon 1950 hergestellt. Naumann notierte sich in sein Tagebuch den folgenden von Achenbach offerierten Vorschlag: »Um den Nationalsozialisten unter diesen Umständen trotzdem einen Einfluß auf das politische Geschehen zu ermöglichen, sollen sie in die FDP eintreten, sie unterwandern und ihre Führung in die Hand nehmen. An Einzelbeispielen erläuterte er, wie leicht das zu machen wäre. Mit nur 200 Mitgliedern können wir den ganzen Landesvorstand erben. Mich will er als Generalsekretär o. ä. engagieren.« Seither nahm der Einfluß ehemaliger Nationalsozialisten im nordrhein-westfälischen Landesverband ständig zu. Zu den Drahtziehern der Kampagne gehörten unter anderem der Landesgeschäftsführer Wilke, ehemals Chefredakteur der HJ-Zeitung *Wille und Macht*, das Mitglied der Reichsjugendführung, SS-Obersturmführer Zoglmann, der Leiter der Abteilung Rundfunk im Propaganda-Ministerium Diewerge, der bekannte NS-Rundfunkjournalist Hans Fritzsche, der Organisations- und Personalchef der Gestapo Werner Best, der Reichsstudentenführer Gustav Scheel, der Gauleiter von Hamburg Karl Kaufmann sowie der Brigadeführer im Wirtschafts- und Verwaltungshauptamt der SS, Paul Zimmermann.

Auf dem FDP-Bundesparteitag 1952 sollte die entscheidende Weichenstellung mit der Verabschiedung des von der Gruppe um Middelhauve ausgearbeiteten »Deutschen Programms« erfolgen. Noch allerdings waren rechter und liberaler Flügel in der FDP gleich stark, so daß die tiefgreifenden Widersprüche am Ende nach außen durch Formelkompromisse überdeckt wurden. Immerhin konnte der rechte Flügel die Wahl Middelhauves als stellvertretender Parteivorsitzender verbuchen. Der Schweizer Journalist Fritz Rene Allemann faßte die Ergebnisse des Parteitages mit folgenden Worten zusammen: »Der rechte Flügel, zahlenmäßig eine Minderheit, hat dank der Dynamik und Bedenkenlosigkeit seiner Führung die Altliberalen glatt überwunden und an die Wand drücken können. … Was sich da vollzogen hat, ist nichts anderes als eine ›kalte‹ Machtübernahme nicht irgendwelcher Neonazis, sondern der alten nationalsozialistischen Equipe.« Der Weg zu einer parlamentarischen Renaissance des Nationalsozialismus durch den SS-Untergrund von einst schien damit geebnet.

Und dann passierte – gleichsam fünf vor zwölf – etwas, womit die westdeutsche Öffentlichkeit schon überhaupt nicht mehr gerechnet hatte. Dreieinhalb Jahre nach Gründung der Bundesrepublik am 15. und 16. Januar 1953 machten die alliierten Besatzungsmächte von ihrem übrigens auch heute noch in den UN-Feindstaatenklauseln fixierten Recht auf Interventionsvorbehalt in spektakulärer Art und Weise Gebrauch und verhafteten die acht führenden Mitglieder des sogenannten »Naumann-Kreises«. (61)

Damit war der Versuch, die Macht auf parlamentarischem Wege zu übernehmen, endgültig gescheitert. Die Initiative fiel von nun an ganz allein auf die in Übersee tätigen Gruppen der Dritten Macht zurück.

KAPITEL 3

DIE EVOLUTION DES
UFO-PHÄNOMENS

Der Beginn des sogenannten UFO-Phänomens wird gemeinhin auf den 24. Juni 1947 datiert. An diesem Tag wurden der *US Air Force* 20 Sichtungen von Flugobjekten gemeldet, die sich die Zeugen nicht erklären konnten. Deshalb wurden diese Objekte in der Folge Unidentified Flying Objects, kurz UFOs, genannt. Die einzige Sichtung, über die an diesem Tag in der Presse berichtet wurde, war die des Privatpiloten Kenneth Arnold. Er beschrieb halbrunde Scheiben, die »sich wie fliegende Untertassen bewegten«. UFOs und »fliegende Untertassen« gehören seitdem zusammen.

Wie im 2. Kapitel dieses Buches gezeigt werden konnte, ist das UFO-Phänomen älter und geht in seinen Anfängen zumindest bis in die letzten Monate des Jahres 1944 zurück. Die von den alliierten Flugzeugbesatzungen gesichteten »Feuerbälle« machten hier ohne Zweifel den Anfang. Die wissenschaftlichen Experimente mit diesen unbemannten Antigravitationsflugzeugen wurden von den Deutschen bis in die letzten Kriegstage fortgesetzt. Daneben kam es zu Testflügen von Flugscheiben mit konventionellen Antrieben, wie sie Habermohl und Miethe konstruiert hatten. Nach dem Bericht eines Augenzeugen startete am 24. April 1945 eine Staffel von vier solchen Flugscheiben vom Typ V-7 von Berlin aus zu einem unbekannten Ziel. Für lange Zeit war das die letzte Information, die über die deutschen Flugscheiben nach außen drang. Fast schien es so, als sei mit dem Ende des Zweiten Weltkrieges auch deren kurzlebige Existenz beendet. Wie es sich erweisen sollte, war die eingetretene Ruhe jedoch trügerisch.

Auf den Tag genau ein Jahr nach der völkerrechtswidrigen Verhaftung der letzten Reichsregierung unter Großadmiral Dönitz, am 23. Mai 1946, kehrten die Flugobjekte vermeintlich unbekannter Herkunft zurück. So als sei ihr Wiederauftauchen Programm, durchquerten sie an diesem denkwürdigen Jahrestag erstmals wieder den europäischen Luftraum. Die ersten Berichte wurden aus Finnland und Schweden gemeldet (Abbildung 16). Die Sichtungsmeldungen konzentrierten sich auch in der Folgezeit auf Skandinavien. Über 300 Einflüge konnten in Norwe-

gen, Schweden und Finnland registriert werden. Schnell wurde klar, daß
es sich bei den Flugobjekten nicht um – wie zuerst vermutet – von den
Russen getestete Raketen der Typen V-1 und V-2 handeln konnte.
Dagegen sprachen die beobachteten Flugstrecken von über 1000 Kilometern Länge, ihre flachen Flugbahnen sowie in einigen Fällen die
kreisförmigen Flugbewegungen.

Zwei verschiedene Typen dieser unbekannten Flugobjekte schienen
in der Luft zu sein. Zum einen solche, die den Beschreibungen der
»Feuerbälle« entsprachen und zum anderen als massive »Zylinder« beschriebene Typen. (27)

Nachfolgend einige wenige Beispiele von dem, was über Skandinavien beobachtet wurde:

Am 9. Juni 1946 sahen viele Augenzeugen ein raketenartiges Ge-
schoß, das ein helles Licht ausstrahlte und eine Rauchfahne hinter sich
herzog.

Am folgenden Tag war es ein leuchtender Körper, der von einer hell
leuchtenden Wolke umgeben war. Das Objekt, von der Ostsee kom-
mend, habe eine Kurve gezogen und sei wieder zurückgeflogen – so die
Augenzeugen.

Am 9. und 10. Juli kam es zu Massensichtungen. An diesen zwei
Tagen wurden allein in Schweden mehr als 250 Beobachtungen gezählt.
Bei der Mehrzahl davon dürfte es sich um wiederholte Sichtungen
einiger weniger Objekte gehandelt haben. Am 10. Juli berichteten schwedische Tageszeitungen, daß über ganz Schweden kugelförmige, blaugrü-
ne, leuchtende Objekte mit gleichfarbiger Abgasflamme aufgetaucht
seien.

Am 11. August veröffentlichte die *New York Times* den Bericht eines
Astronomen und Meteorologen, der einen Flugkörper mit enormer
Geschwindigkeit beobachtet hatte. Das Fluggerät habe über eine Länge
von mindestens 30 Metern verfügt, torpedoförmig ausgesehen und me-
tallisch geglänzt. (17)

Aufgrund des großen Aufsehens, das diese Berichte aus Skandinavien
in der ganzen Welt verursacht hatten, und um eine öffentliche Unruhe
wegen der ungeklärten Urheberschaft des Phänomens zu vermeiden,
beschloß das schwedische Militär am 27. Juli, der Presse keine weiteren
Sichtungsorte mehr bekanntzugeben. Die Norweger begannen zwei Tage
später mit einer Nachrichtenzensur. Am 22. August meldete dann die
britische Zeitung *Christian Science Monitor*, daß inzwischen nicht nur

N. N. I. 96—1943

TOP SECRET

ISSUED BY THE INTELLIGENCE DIVISION
OFFICE OF CHIEF OF NAVAL OPERATIONS
NAVY DEPARTMENT

INTELLIGENCE REPORT

32
32B 32V
Y F12
Y2 ① Op601
FN
F2
F41
F411

Serial 39-S-46 (Start new series each year, i. e. 1—43, 2—43)

Monograph Index Guide No. 8C4—5900 (To correspond with SUBJECT given below. See O. N. I. Index Guide. Make separate report for each main title.)

From Naval Attache at Paris, France Date 13 Aug. 1946 (Ship, fleet, unit, district, office, station, or person)

Reference (Directive, correspondence, previous related report, etc., if applicable)

Source Official (At official, personal observation, publication, press, conversation with—identify when practicable, etc.)

Evaluation B-C (A-1 to E-O etc. A8/EN-3-10; SER. 431246—13-48-42)

Subject RUSSIA — GUIDED MISSILES (Nation reported on) (Main title as per index guide) (Subtitles) (Make separate report for each title)

BRIEF—(Here enter careful summary of report, containing substance succinctly stated; include important facts, names, places, dates, etc.)

Report on Guided Missiles sent from
Soviet Controlled Territories over
Scandinavian Territories.

Enclosure (A): Map of Itineraries.

The following official French report disseminated to the French President, the Chiefs of the General Staffs of the Army, the Navy, the Air Force, the top officials at the General Staff of National Defense and the Committee for Scientific Coordination which is based on reports made by the French Military Attaches in Scandinavian countries and from press and radio sources is forwarded as of interest.

"As early as the end of the month of May 1946, first apparitions 23 May 1946, the Swedish and Finnish press were mentioning luminous phenomenal observed mainly at sundown in the skies of these countries and the highly controversed question was to know whether they were meteors or jet propelled projectiles.

"Swedish opinion was fairly reserved on the question whereas in Finland, at the end of June, the opinion prevailed that they were meteors whose presence in the Finnish skies was nothing extraordinary at this time of the year (this was the opinion in particular of professors of the astronomical observatories, the Geodetic Institute and the Meteorological Institute of Helsinki.)

"Since that time, faced with the result of numerous observations made, and in particular those of 9 and 10 July (more than 250 in Sweden, a number which appears quite high and which must include engines counted several times) it is impossible to doubt that they are projectiles. The Swedish and Finnish staffs are now absolutely convinced; the certain proof which would constitute an almost intact projectile has nevertheless not yet been found. Indeed, there are relatively few falls in Scandinavian territory and the machines are evidently self-destroying (none, certainly, have caused any damage in Scandinavian territory).

Distribution By Originator: ONI; COMNAVEU; OMGUS (NAVAL ADVISOR); MA PARIS, ATTN: MAJOR SHARKEY AND COL. VALENTINE; ALUSNA SWEDEN; ALUSNA NORWAY.

Routing space below for use in O. N. I.

Use this form for page 1 (original and copies). Use the 8 by 13 inches plain fold-over as supplied for additional pages. Forward to ONI an original and a "Ditto Master" copy. In preparing and forwarding reports keep the last page of original and retained file copy of reports only. Submit copies of clippings, sketches, etc., when practical. If practicable, sketches or "Ditto Master" in a form suitable for black and white reproductions.

Abb. 16

die Sichtungsorte, sondern auch die Berichte selbst einer strengen Geheimhaltung unterlägen.

So als würden die unbekannten Flugobjekte darauf reagieren, verlegten sie ihre Einsatzorte in andere Teile Europas. Anfang September 1946 meldete die *New York Times* Sichtungen »unbekannter Raketen« über Griechenland. Hell leuchtende Flugobjekte tauchten im gleichen Monat auch über Frankreich, Portugal und Nordafrika auf. In der Zeit vom 22. bis 24. September sah man sie über zahlreichen Städten Italiens. (17)

Danach zog wieder Ruhe ein im Luftraum über Europa. Genauso plötzlich, wie sich das neue, unbekannte Phänomen am Himmel manifestiert hatte, verschwand es auch wieder. Bis – ja bis es am 24. Juni 1947 mit bis dahin nicht gekannter Macht wieder am Himmel, diesmal über Nordamerika, erschien. Sein Auftreten war jetzt interkontinental. Und seit diesem Tag hat das UFO-Phänomen die Erde auch nicht mehr verlassen.

»Am 4. Juli 1947 wurden am hellichten Tage überall silberne, diskusähnliche Scheiben am Himmel beobachtet. In Portland, Oregon, waren es fünf Scheiben, die am Mittag von Dutzenden von Bürgern und Polizeibeamten auf- und absteigend, kreisend und hin- und herfliegend gesehen wurden. In Hauser Lake, Idaho, waren es mindestens 200 Augenzeugen, die abends einen Diskus sahen, der etwa 30 Minuten lang am Himmel manövrierte und schließlich senkrecht nach oben verschwand. In Twin Falls, Idaho, sahen ungefähr 60 Personen drei Gruppen von jeweils mehr als 35 Scheiben, die in V-Formation flogen. Es waren also nicht nur Einzelsichtungen. Insgesamt wurden vom Juni bis zum 30. Juli 1947 850 UFO-Sichtungen allein in den USA gemeldet. ... Die Berichte vom 4. Juli 1947 kamen von Polizeibeamten, Urlaubern, Piloten, Farmern, von Wissenschaftlern, Hausfrauen, Busfahrern und anderen.

Niemand hatte damals Angst, sich durch seine Meldung lächerlich zu machen, jedoch immer noch Furcht vor der Erscheinung. Zu dem Phänomen hatten sich noch keine Meinungen, kein Konzept und keine Politik herausgebildet. Die Zeitungen berichteten so objektiv wie später kaum einmal wieder, ohne Vorurteil gegen die Zeugen und ohne diese lächerlich zu machen; sie waren damals noch wirklich an der Sache interessiert.

Die Welle der Berichte nahm am 5. und 6. Juli weiter zu und erreichte ihren Höhepunkt am 7. Juli 1947. Es gab 162 Sichtungen in

37 Bundesstaaten. Zwei Drittel der Beobachtungen wurden am Tage gemacht. Die Zahl der Zeugen belief sich auf rund 500. ... Damals, im Juli 1947, kamen UFO-Berichte auch aus Australien, Südafrika, Irland, Norwegen, Italien, Frankreich, Ungarn, Belgien und England. In San Juan, Puerto Rico, wurden am 8. Juli vier leuchtende Scheiben gesehen. Am 10. Juli brachten die Zeitungen in Rio de Janeiro Sichtungsmeldungen aus Brasilien. Aber auch in Guatemala, Chile, Argentinien und Uruguay tauchten im Juli UFOs auf. Zwischen dem 12. und 14. Juli war die größte Sichtungshäufung im Gebiet Santiago–Buenos Aires.

Die *Air-Force*-Untersuchungen wurden vom *Air Material Command* (AMC) in Wright Field, Dayton, Ohio, geheim durchgeführt. Ende Juli 1947 hatte die Air Force 156 Berichte, hauptsächlich von Piloten, gesammelt, und das AMC war mit den Untersuchungen allmählich überfordert. Der Befehlshaber des AMC, General Nathan F. Twining, schlug vor, der Untersuchung fliegender Untertassen einen Code-Namen und eine Geheimklassifikation zu geben ...« (62)

General Twining gab in diesem an Brigadegeneral George Schulgen, den Chef der *Air Intelligence Requirements Division* im Pentagon, gerichteten Schreiben vom 23. September 1947 auch den damaligen Erkenntnisstand der US-Militärs zum Thema UFOs wieder. Der Bericht zeigt, daß entgegen allen späteren, der Verschleierung des Phänomens dienenden Behauptungen die militärische Führungsspitze der USA sehr wohl von der realen Existenz der UFOs ausging. Nachfolgend einige Auszüge aus diesem überaus bemerkenswerten Informationsschreiben:

»1. Auf Anfrage des AC/AS-2 folgt nachstehend die Einschätzung dieses Kommandos zu den sogenannten fliegenden Untertassen. Diese Ansicht stützt sich auf Angaben aus Vernehmungsprotokollen, die das AC/AS-2 zur Verfügung gestellt hat, sowie auf vorläufige Studien der Abteilung T-2 und des *Aircraft Laboratory, Engineering Division T-3*. Diese Ansicht ist das Ergebnis einer Konferenz von Vertretern des *Air Institute of Technology, Intelligence T-2*, des *Office, Chief Engineering Division* und der *Aircraft, Power Plant and Propeller Laboratories of Engineering Division T-3*.

2. Es ist unsere Ansicht, daß:
   a. das berichtete Phänomen real ist und nicht erfunden oder eingebildet.
   b. es Objekte gibt, die in der Form vermutlich einer Diskus-

scheibe nahe kommen und von so erheblicher Größe sind, daß sie ebenso groß erscheinen wie ein von Menschen gebautes Flugzeug.

c. die Möglichkeit besteht, daß einige der Vorkommnisse durch natürliche Phänomene wie zum Beispiel Meteore verursacht sind.

d. die beschriebenen Flugeigenschaften wie zum Beispiel extreme Steiggeschwindigkeiten, Manövrierbarkeit (besonders beim Wenden) und ein Verhalten, das als ausweichend zu bezeichnen ist, sobald sie gesichtet werden oder von Flugzeugen oder Radarstationen eine friedliche Kontaktaufnahme versucht wird, Grund zu der Annahme geben, daß einige der Objekte von Hand automatisch oder ferngesteuert gelenkt werden.

e. die Objekte gemeinhin folgendermaßen beschrieben werden:

(1) Metallische oder schwach reflektierende Oberfläche.

(2) Fehlen einer Kondensspur, außer in wenigen Fällen, in denen das Objekt offenbar im Hochleistungsbereich arbeitete.

(3) Runde oder elliptische Form, flache Unterseite und kuppelförmige Unterseite.

(4) Mehrere Berichte sprechen von exakten Formationsflügen von drei bis neun Objekten.

(5) Normalerweise keine Geräuschentwicklung außer in drei Fällen, in denen ein lautes donnerndes Dröhnen bemerkt wurde.

(6) Reisegeschwindigkeiten wurden normalerweise auf über 550 Stundenkilometer geschätzt.

f. es mit dem gegenwärtig in den Vereinigten Staaten vorhandenen Wissen möglich ist – weitreichende und tiefgreifende Entwicklungsarbeiten vorausgesetzt –, ein bemanntes Flugzeug zu bauen, das der allgemeinen Beschreibung des Objekts in Absatz (e) oben entspräche und in der Lage wäre, eine annähernde Reichweite von gut 11 000 Kilometern bei Geschwindigkeiten unter Schallgeschwindigkeit zu erreichen ...« (63)

Der Twining-Report beweist drei Dinge:

1. Zu diesem Zeitpunkt, im Sommer und Herbst 1947, beschränkte sich das UFO-Phänomen in den USA anscheinend auf Flugscheiben konventionellen Charakters; von »Feuerbällen« war nicht die Rede.

2. Die beschriebenen Flugeigenschaften standen im Einklang mit dem offiziellen Wissen der damaligen Zeit, den Konstrukteuren der UFOs wurde allerdings ein gewisser zeitlicher Entwicklungsvorsprung zugestanden. Auf keinen Fall mußten weit überlegene außerirdische Intelligenzen als möglicher Hintergrund des Phänomens in Betracht gezogen werden.

3. Auf verblüffende Art und Weise ähneln die Beschreibungen der diskusförmigen Flugobjekte und ihre technischen Parameter denen des von Dr. Richard Miethe entworfenen deutschen Flugscheibenmodells V-7 (siehe Kapitel 2).

Interessant wäre zu erfahren, was die Grundlage von Twinings genauer Kenntnis über die mögliche Reichweite dieser Flugobjekte gewesen ist. Bestand sie vielleicht im geheimen Wissen über die wahre Herkunft der Flugscheiben? Es ist schon mehr als verwunderlich, daß eine Diskussion über die möglichen Verursacher des UFO-Phänomens in dem ansonsten detaillierten Bericht unterblieb, abgesehen von dem kurzen Hinweis auf die Möglichkeit einer den zuständigen Stellen nicht bekannten inländischen Geheimentwicklung sowie der allgemeinen Vermutung, daß eventuell ein anderes Land über eine Antriebsform atomarer Art verfügen könnte. 11 000 Kilometer – entspricht das nicht ungefähr der Entfernung von der Mitte des südamerikanischen Kontinents bis nach Nordamerika und zurück? Das würde bedeuten, den amerikanischen Militärs war frühzeitig klar geworden, wer sich in den zurückliegenden Monaten im eigenen Luftraum eine Demonstration technischer Überlegenheit erlaubt hatte. Dies öffentlich zuzugeben hätte jedoch bedeutet, daß der Kriegsausgang von 1945 in einem anderen Licht erschienen wäre. Wie noch zu zeigen sein wird, wurde in den folgenden Jahren und Jahrzehnten von daher alles unternommen, um die Öffentlichkeit über die tatsächlichen Urheber des UFO-Phänomens im Unklaren zu lassen. Eine Politik der Geheimhaltung, verbunden mit einer beispiellosen Desinformationskampagne, diskreditierte die Zeugen von UFO-Beobachtungen als Spinner, versuchte, die unerklärlichen Sichtungen allesamt auf natürliche Phänomene zurückzuführen, und steuerte dort, wo auch diese »natürlichen« Erklärungen nur allzu offensichtlich versagten, die Diskussion in Richtung einer angeblichen außerirdischen Urheberschaft.

Dabei existieren unter den Presseveröffentlichungen der damaligen

Zeit durchaus solche Berichte, die über die tatsächliche Herkunft der UFOs keinen Zweifel lassen. So erschien in der *Denver Post* vom 7. November 1947 ein Beitrag, der sich als Wiedergabe eines Agentenberichtes verstand. Ihm zufolge sollten deutsche Wissenschaftler im Spanien General Francos elektromagnetische Raketen entwickelt haben, die für die Welle von Beobachtungen fliegender Untertassen im Sommer des betreffenden Jahres verantwortlich gewesen seien. (27) Anderthalb Jahre später, am 14. Mai 1949, berichteten die *Washington Daily News* ohne den allerleisesten Zweifel anklingen zu lassen, daß »die *US Air Force* weiß, was sich hinter den fliegenden Untertassen verbirgt und woher sie kommen. … Es sind neue Flugmaschinen, die ihre Basis in Spanien haben … und die von aus Deutschland geflüchteten Wissenschaftlern und Technikern gebaut worden sind.« (27)

Diese amerikanischen Pressezitate überraschen nicht. Im 2. Kapitel dieses Buches konnte gezeigt werden, daß neben Argentinien vor allem Spanien das Ziel für die Evakuierungstransporte mit reichsdeutscher Hochtechnologie gewesen ist. Daß in den ersten Nachkriegsmonaten die Weiterentwicklung der deutschen Flugscheibentechnologie in erster Linie in diesem Land stattgefunden haben muß, darauf deuten auch die vorerst auf Europa beschränkten Sichtungswellen in Skandinavien und Südeuropa aus den Monaten Mai bis September 1946 hin. Im August und September 1946 begann dann aber der Exodus der Deutschen aus Spanien nach Argentinien (siehe 2. Kapitel), wo zuerst in Cordoba und später im *Centro Atomico* die Forschungen fortgesetzt werden konnten. Insofern mögen durchaus unmittelbar nach dem Ende des Zweiten Weltkrieges entscheidende Entwicklungsarbeiten an den deutschen Flugscheiben in Spanien stattgefunden haben; die Flugbasen der »fliegenden Untertassen«, die im Sommer 1947 in den Vereinigten Staaten gesichtet wurden, befanden sich jedoch – darauf deutet die Entfernungsangabe General Twinings hin – aller Wahrscheinlichkeit nach in Argentinien. Sicherlich nicht ohne Grund kam es zwischen dem 12. und 14. Juli 1947 zu einer Häufung von Sichtungen unbekannter Flugobjekte im Gebiet zwischen Santiago und Buenos Aires.

Im Dezember 1948 erlebten die UFOs vom Typ »Feuerball« ihre Renaissance. Beinahe täglich wurden diese nun von den US-amerikanischen Militärs beobachtet. Der mit der Untersuchung dieser grün leuchtenden und niedrig fliegenden »Feuerbälle« betraute Meteoritenspezialist Dr. Lincoln La Paz, Direktor des Meteoriteninstituts an der Universität von New Mexico, erklärte, daß es sich bei ihnen nach astronomischer Definition nicht um Meteore handelte. Diese Erklärung sorgte für Unruhe und Nervosität unter den Militärs. Die Ursache dieser Aufregung lag im Flugziel der Eindringlinge begründet. Sie flogen ausgerechnet die streng geheimen Installationen der *Atomic Energy Commission* in Los Alamos, New Mexico, an, wo Amerikas Atomphysiker an der Wasserstoffbombe arbeiteten. Sicherheitsbeamte beobachteten dort am 5., 6., 7., 8., 11., 13., 14., 20. und 28. Dezember 1948 sowie am 6. Januar 1949 grün leuchtende Feuerbälle, die sämtlich Los Alamos anflogen und sich dann in einem rot-orangefarbenen Blitz auflösten. In einem Schreiben des *Strategic Air Command* an das FBI vom 31. Januar 1949 wurde darauf hingewiesen, daß diese Objekte nirgendwo sonst zwischen Rußland und Los Alamos beobachtet worden seien. Ihre Größe wurde mit der eines Basketballs verglichen. Die Flughöhe lag zwischen zehn- und fünfzehntausend Metern. Die Geschwindigkeit wurde auf fünf bis 20 Kilometer pro Sekunde geschätzt. An nichts anderem als an den Kernwaffenanlagen der Vereinigten Staaten schienen diese Objekte Interesse zu zeigen. So besuchten sie unter anderem außer Los Alamos auch die Nuklearanlage in Hanford, die supergeheime Sandia-Basis bei Albuquerque und das Kernwaffenarsenal im Camp Hood. (62)

Nachdem es Anfang der 50er Jahre des letzten Jahrhunderts zu weiteren UFO-Sichtungswellen über dem Territorium der USA gekommen war, sah sich das US-Militär gezwungen, die alarmierte Öffentlichkeit zu beruhigen. Im Jahr 1952 rief die *US Air Force* das Untersuchungsprojekt *Blue Book* ins Leben. Der Sinn von *Blue Book* bestand darin, der Öffentlichkeit die Gewißheit zu vermitteln, daß das Phänomen der fliegenden Untertassen die nationale Sicherheit nicht bedrohte und daher auch keine Abwehrmaßnahmen durch die Luftwaffe erforderlich machte. Es gab die Anweisung, den Prozentsatz unidentifizierbarer Objekte möglichst gering zu halten. Erst in den 70er Jahren des letzten Jahrhunderts fanden zivile Forscher heraus, daß das beste Material über die UFOs, also die aussagekräftigsten Fotos, Filme und Berichte, an *Blue Book* vorbei sofort an andere Geheimdienststellen weitergeleitet wurde. Auf der gleichen Linie liegt ein Erlaß (AFR 200-2) aus dem November 1953, in dem verfügt wurde, daß der Öffentlichkeit ausschließlich unechte UFO-Berichte oder Falschmeldungen mitgeteilt werden dürften. (62) Am 28. Februar 1960 bestätigte der erste CIA-Direktor R. Hillenkoetter in der *New York Times* diese Vorgehensweise: »Insgeheim sind hochrangige Airforce-Offiziere ernstlich über UFOs besorgt. Doch infolge der offiziellen Geheimhaltung und Lächerlichkeit werden viele Bürger zu dem Glauben verleitet, daß unbekannte fliegende Objekte Unsinn wären … Die Airforce hat ihr Personal zum Schweigen verpflichtet und angewiesen, die Fakten abzustreiten.« Ziel war demnach keineswegs eine objektive Untersuchung des Phänomens, sondern eine Verschleierung der wahren Hintergründe.

Eine erste wissenschaftliche Analyse des aus den genannten Gründen nur bedingt aussagekräftigen *Blue-Book*-Materials wurde 1956 durch das *Battelle Memorial Institute* vorgenommen. Aufnahme in die Untersuchung fanden 2200 zwischen dem 1. Juni 1947 und dem 31. Dezember 1952 gesammelte Berichte. Unter diesen konnten, so die Bearbeiter des Materials, letztlich 434 Fälle als »unbekannt« eingestuft werden. Darunter befanden sich 71 als »exzellent« eingeschätzte Beobachtungen. Würde man diesen Prozentsatz von 3,2 Prozent aller Objektsichtungen auf die rund 12 000 Sichtungen hochrechnen, welche die *Air Force* am 15. Februar 1968 in ihren Akten hatte, so würde man die statistisch erwartete Menge von 360 »exzellenten« Sichtungen mit »unbekannt« erhalten. Der in das Projekt involvierte Astronomieprofessor J. Allen Hynek gab 1966 bekannt, daß zwischen zehn und 20 Prozent der gesammelten Berichte unidentifizierbar blieben, und zwar gerade solche, die von den besten Zeugen, also zum Beispiel von Piloten, kamen.

Auch die durch eine weiter steigende Zahl von UFO-Sichtungen Ende August 1966 im Auftrag der Luftwaffe durch die Universität von Colorado durchgeführte Untersuchung kam zu ähnlichen Ergebnissen. Von den 59 detailliert untersuchten Fällen blieben 33 unidentifiziert. (62)

Trotz dieser statistischen »Auffälligkeiten« wurde nach außen hin der Eindruck erweckt, daß eine weitere Untersuchung des UFO-Phänomens nicht erforderlich sei, da man die Masse der Beobachtungen durchaus einer vernünftigen Erklärung hätte zuführen können. Und selbst von den ungeklärten Fällen sei schließlich in den zurückliegenden 20 Jahren keine Bedrohung für die nationale Sicherheit ausgegangen.

Daß die Wirklichkeit ganz anders aussah, hatte unter anderem das zielgerichtete Aufsuchen sicherheitsrelevanter Einrichtungen durch die »Feuerbälle« Ende 1948 und Anfang 1949 gezeigt. Unabhängig von den öffentlichen Verlautbarungen, die den Zweck verfolgten, die Bevölkerung zu beruhigen, beschäftigten sich die Verantwortlichen in den USA durchaus ernsthaft mit dem Phänomen der UFOs und brachten hin und wieder ihre Sorge über die damit verbundenen Entwicklungen zum Ausdruck. So sandte am 2. Dezember 1952 Marshall Chadwell, Assistent Director of Scientific Intelligence, ein geheimes Memorandum an den Direktor des CIA, in dem er unter Punkt vier unter anderem schreibt: »... Derzeit überzeugen uns die Berichte über die Zwischenfälle davon, daß etwas vorgeht, was unsere sofortige Aufmerksamkeit verlangt ... Die Beobachtungen unerklärlicher Objekte in großen Höhen und mit hohen Fluggeschwindigkeiten in der Umgebung wichtiger US-Verteidigungseinrichtungen sind derart, daß sie sich natürlichen Phänomenen oder bekannten Flugkörpertypen nicht zuordnen lassen.« (63)

Welche Bedeutung dem Thema »UFOs« in den höchsten US-Regierungskreisen beigemessen wurde, beweist ein internes Memorandum des kanadischen Verkehrsministeriums, geschickt am 21. November 1950 von Wilbert B. Smith an den Leiter Nachrichtentechnik: »... Über das Personal der kanadischen Botschaft in Washington habe ich diskret Erkundigungen eingezogen, und es gelang ihnen, folgende Informationen für mich zu bekommen:

a. Die Angelegenheit (der UFOs; der Autor) ist das Thema mit der höchsten Geheimhaltungsstufe in den Vereinigten Staaten und rangiert sogar noch über der Wasserstoffbombe.

b. Es gibt fliegende Untertassen.

c. Ihre Funktionsweise ist unbekannt, aber eine kleine Gruppe unter Leitung von Doktor Vannevar Bush bemüht sich intensiv um Aufklärung.

d. Die Behörden der Vereinigten Staaten messen der ganzen Angelegenheit äußerste Bedeutung bei.« (63)

Daß sich bis Ende der 70er Jahre des letzten Jahrhunderts und damit im Grunde bis heute nichts am hohen Geheimhaltungsgrad bezüglich des UFO-Phänomens geändert hat, zeigte dann endgültig eine 1979 im Rahmen des »Freedom Of Information Act« (FOIA) eingereichte Anfrage der Organisation Citizens Against UFO Secrecy (CAUS).

»Unter Berufung auf den FOIA bat CAUS die CIA um Informationen über UFOs. Die CIA gab an, über keinerlei Material zu verfügen. Nach einer gerichtlichen Anforderung durch den Bundesrichter Gerhard Gesell legte die CIA schließlich doch Unterlagen vor, aus denen teilweise hervorging, daß auch andere Behörden, darunter die National Security Agency, relevante Akten verwahren. Eine Anfrage an die NSA mit der Bitte um Einsichtnahme in diese Dokumente wurde abschlägig beschieden. Trotz weiterer gerichtlicher Schritte weigerte sich die Behörde, auch nur ein einziges der insgesamt 156 unter Verschluß gehaltenen Einzeldokumente herauszugeben. CAUS bat Gesell daraufhin, die Unterlagen persönlich anzufordern und einzusehen, um zu überprüfen, ob die NSA rechtmäßig handelte. Die NSA ging jedoch selbst auf dieses Angebot nicht ein, sondern gab statt dessen eine eidesstattliche Erklärung über die Notwendigkeit der weiteren Geheimhaltung dieser Dokumente ab. Um diese eidesstattliche Erklärung überhaupt lesen zu dürfen, mußte Gesell zunächst eine Unbedenklichkeitsbescheinigung einholen, die ihm Einblick in Dokumente der höchsten Geheimhaltungsstufe erlaubte. Nachdem er die Erklärung gelesen hatte, war auch der Richter der Meinung, es sollte keinem Menschen – nicht einmal ihm selbst – gestattet werden, die bewußten Dokumente einzusehen! ... Damit ist zumindest eines bewiesen: Die fraglichen Dokumente beinhalten spektakuläre Informationen. Wir wissen nicht, welche Art von Informationen dieses beispiellose Maß an Geheimhaltung notwendig machen könnte. Die Angelegenheit muß sich jedoch von anderen Regierungsgeheimnissen unterscheiden.« (64)

Die spektakulären Informationen, die auf höchstrichterlichen Beschluß für immer der amerikanischen Öffentlichkeit vorenthalten werden sollten, dürften bei ihrer Veröffentlichung nicht nur die wahren Hintergründe des UFO-Phänomens offengelegt haben, sondern hätten auch mit Sicherheit die verschwörerischen Machenschaften der US-Regierungen seit 1945 entlarvt, die nichts unversucht gelassen hatten, ihre Bevölkerung über entscheidende historische Abläufe der jüngeren Geschichte zu täuschen.

Was allein kann denn Sinn und Zweck all der Maßnahmen gewesen sein, die zum Ziel hatten, das Thema der unbekannten Flugobjekte herunterzuspielen und systematisch zu vertuschen? Etwa die Existenz einer außerirdischen Intelligenz? Deren Vorhandensein, ja sogar die potentielle Absicht dieser ETs, in das Schicksal der Welt einzugreifen, könnte, falls sich dieses Szenario als wahr herausstellen würde, unter der Bevölkerung der westlichen Welt wohl kaum den von manchen befürchteten Zivilisationsschock auslösen. Dafür ist diese Möglichkeit durch eine Flut von Medienerzeugnissen – und das schon seit Jahrzehnten – zu fest im öffentlichen Bewußtsein verankert. Einem Schock gleich käme jedoch ohne jeden Zweifel das öffentliche Eingeständnis der Regierenden in den »Siegerstaaten« von 1945, daß der 8. Mai 1945 nicht das unwiderrufliche Ende des Nationalsozialismus mit sich gebracht hat, sondern daß im Gegenteil die Nachfolgeorganisation des Dritten Reiches, die Dritte Macht, heute alle militärischen Machtmittel in der Hand hält, um jederzeit eine Revision der Ergebnisse des Zweiten Weltkrieges herbeiführen zu können.

Und wenn dem so wäre, warum hat sie das dann nicht schon längst getan? Diese Frage ist berechtigt, eine Antwort darauf kann jedoch im Kontext des sonst üblichen machtpolitischen Denkens nicht gegeben werden. Es geht der Dritten Macht eben nicht schlechthin nur um die Macht. Wichtiger im Sinne ihrer Langzeitstrategie ist anscheinend die Fokussierung auf bestimmte bevölkerungspolitische Rahmenbedingungen. Darüber aber mehr im zweiten Teil dieses Kapitels.

Bislang wurde das UFO-Phänomen in seinen verschiedenen Facetten nahezu ausschließlich in bezug auf seine Wirkungen in den Vereinigten Staaten von Amerika betrachtet. Das auch deshalb, weil die USA in den Jahrzehnten nach dem Zweiten Weltkrieg die unangefochtene Führungsmacht der westlichen Welt waren. Würde daraus allerdings der Eindruck entstehen, daß sich die Aktivitäten der UFOs in entscheidendem Maße auf den nordamerikanischen Kontinent konzentriert hätten, so käme dieser Umstand jedoch einer Verfälschung der tatsächlichen Situation gleich.

Der Psychologe Professor David R. Saunders hatte ursprünglich im Team der Colorado Universität mitgewirkt, das im Auftrag der US-Luftwaffe in den 60er Jahren des letzten Jahrhunderts einige markante UFO-Fälle untersuchen sollte. Unzufrieden mit den Arbeitsbedingungen, verließ Saunders die Arbeitsgruppe und begann 1969, selbst eine Computerdatei über UFO-Berichte anzulegen. Zunächst sammelte Saunders alle ihm aus der ganzen Welt zugänglichen Berichte über UFO-Beobachtungen. Da manche Fälle auch mehrmals eingetragen waren, weil sie aus verschiedenen Quellen stammten, umfaßte seine Sammlung zunächst 59 237 Fälle. Eine Bereinigung der Daten erbrachte schließlich 18 122 Fälle, die für wissenschaftliche Analysen brauchbar waren. In Gestalt der Computerdatei UFOCAT konnten bis 1980 bereits mehr als 100 000 Einzeleintragungen registriert werden. Wurden die in mehreren Quellen zitierten, jedoch gleiche Fälle betreffenden Eintragungen als Einzelfälle zusammengezogen, so kam man 1980 schon auf 62 155 Fälle aus 280 Nationen, Staaten und Provinzen. (62) Damit dürfte klar geworden sein, daß das UFO-Phänomen keinen regionalen Beschränkungen unterworfen ist. Es manifestiert sich weltweit!

Und noch etwas hatten die Analysen von Saunders ergeben. Im Unterschied zu den anfänglich beobachteten charakteristischen Flugeigenschaften der scheibenförmigen Flugobjekte, wie sie auch der Twining-Report festgehalten hatte (nicht zu verwechseln mit den »Feuerbällen«), bewiesen die Berichte aus den späteren Jahren, daß eine technisch-technologische Evolution des UFO-Phänomens stattgefunden hatte. Diese Entwicklung führte weit über jene ersten UFO-Typen hinaus, die noch am ehesten mit der V-7 Miethes verglichen werden konnten.

Nachfolgend sollen einige der neuartigen, zum Teil revolutionären Eigenschaften dieser fortgeschrittenen UFOs aufgezählt werden:

- Sie manövrieren mit beliebigen Geschwindigkeiten in der Atmosphäre, ohne einen Überschallknall zu erzeugen;
- Sie scheinen der Gravitation und Trägheit nicht zu unterliegen;
- Sie sind nachts von einem selbst leuchtenden Halo umgeben und ändern die Farbe der Lichthülle (zumeist beim Beschleunigen);
- Ihre Felder oder Strahlungen schädigen die Umgebung und die Augenzeugen (Verbrennungen, Lähmungen, Übelkeit, Blindheit, Kopfschmerzen u. a.);
- Sie hinterlassen Abdrücke und Verbrennungen am Boden;
- Sie lassen Otto-Motoren stillstehen und unterbrechen Stromkreise aller Art;
- In ihrer Umgebung wurden gewaltige Magnetfelder registriert;
- Von ihnen gehen sogenannte »Solid Lights« aus, das sind leuchtende, strahlende Zonen, die eine endliche Länge besitzen, sich krümmen können und erst in einem bestimmten Abstand von den Objekten entstehen;
- Sie können sich in nichts auflösen;
- In ihrer Umgebung nimmt die Temperatur gelegentlich deutlich ab. (62)

Wird man nicht durch einen Teil der beschriebenen Eigenschaften unvermittelt an jene Effekte erinnert, die im Umfeld des Projekts *Die Glocke* registriert werden konnten bzw. im Zusammenhang mit den ersten Sichtungen der »Feuerbälle« gemeldet worden sind?

Daß dieser Schein nicht trügt, bestätigt auch der Vorsitzende der

MUFON-CES, Illobrand von Ludwiger, in seiner Einschätzung des UFO-Phänomens. In der von von Ludwiger geführten Organisation arbeiten im deutschen Sprachraum Wissenschaftler und Ingenieure interdisziplinär zusammen, um mit wissenschaftlichen Methoden die UFOs zu erforschen. Illobrand von Ludwiger kommt zu folgendem Fazit: »Daher lassen sich nur ganz allgemeine Schlüsse aus dem Gesamtbild aller Erscheinungen ziehen. Diese sollten allerdings bereits ausreichen, um erste qualitative Ansätze für das Verständnis des Antriebsmechanismus zu machen. Wir gehen von zwei Annahmen aus:

A. Es werden Gravitationswellen durch starke variable Magnetfelder generiert.

B. Durch einen unbekannten physikalischen Prozeß werden (vielleicht durch Umwandlung elektromagnetischer Strahlung oder durch Abspaltung aus bestimmten Elementen) Gravitationswellen generiert, die ihrerseits starke variable Magnetfelder induzieren.« (62)

Wenn auch von Ludwiger zum Zeitpunkt, als er diese Zeilen verfaßte, anscheinend keine Kenntnis von der Existenz des Nullpunkt-Energiefeldes hatte oder dieses nicht als wissenschaftlich relevant betrachtete, so war er doch zweifelsohne auf der richtigen Spur.

Es war der Dritten Macht demnach tatsächlich gelungen, das bis zum Ende des Zweiten Weltkrieges sich lediglich in den »Feuerbällen« manifestierende Prinzip auf strukturell feste Körper zu übertragen. Im vorangegangenen Kapitel wurde eine Quelle zitiert, die zu der Vermutung Anlaß gibt, daß spätestens 1951 die ersten bemannten Antigravitationsflugzeuge geflogen sind.

Zu Beginn der 80er Jahre des letzten Jahrhunderts wurden neben scheibenförmigen Flugobjekten und »Feuerbällen« zunehmend auch andere UFO-Formen beobachtet. Am meisten für Aufsehen sorgten dabei als riesige »Dreiecke« beschriebene UFOs. Von manchen Beobachtern wurden diese auch als »Boomerangs« bezeichnet. Die charakteristischen Flugeigenschaften dieser »Dreiecke« deuten darauf hin, daß sie genauso wie die anderen modernen UFO-Typen über Antigravitationstriebwerke verfügen.

Eine erste große Sichtungswelle ereignete sich in den Jahren 1983 und 1984 im Hudson Valley, im US-Staat New York. (65) Ende der 80er, Anfang der 90er Jahre kam es dann zu einer Reihe spektakulärer Sichtungen über Belgien. Mehrere tausend Menschen behaupteten, die riesigen »Dreiecke« am Himmel gesehen zu haben. Unter diesen Berichten waren mehr als 900, in denen die Objekte weniger als 300 Meter entfernt waren. Zunächst glaubte man an amerikanische Geheimflugzeuge, ließ diesen Verdacht aber spätestens nach den Ereignissen in der Nacht vom 30. zum 31. März 1990 fallen:

»Nachdem die Gendarmerie bei Brüssel in der Nacht vom 30. zum 31. März mehrere Anrufe von Zeugen erhalten hatte, die Lichter in einer Dreieckformation beobachtet hatten, entschloß sich das Luftwaffen-Hauptquartier, Abfangjäger zur Identifizierung der Objekte aufsteigen zu lassen. Die Radarstation Glons, eine NATO-Anlage, sowie die der militärischen und zivilen Flugüberwachung Semerzake bei Brüssel hatten bereits unidentifizierte Objekte registriert, die langsam flogen und häufig ihren Kurs und ihre Höhe wechselten. Um 0.05 Uhr des 31. März 1990 stiegen zwei F-16-Jäger auf. Diese erfaßten mit ihrem Bodenradar jeweils um 0.36 Uhr ein Objekt. Dann stellten sie an ihrem Gerät einen Marker auf das Ziel ein und schalteten die automatische Zielverfolgungseinrichtung der Bordwaffenanlage auf das Ziel auf (lock-on), was etwa sechs Sekunden beanspruchte.

Das unbekannte Objekt, das bisher mit 280 km/h geflogen war und sich in etwa 3000 Metern Höhe aufhielt, beschleunigte plötzlich auf 1800 km/h und sank innerhalb einer Sekunde auf eine Höhe von 1700 Meter, was einer Beschleunigung von 43 g entspricht. (Ein Pilot ist im allgemeinen nur in der Lage, 8 g auszuhalten, ohne das Bewußtsein zu verlieren!; der Autor) Das unbekannte Objekt setzte seinen Flug in einer Höhe von weniger als 200 Metern fort, wo es von Radargeräten nicht mehr erfaßt werden konnte. Die Beobachter am Boden schätzten seine Geschwindigkeit dort auf 40 km/h. Es sah wie eine Kugel aus, die von zwei großen, scharf nach hinten gebogenen Flügeln geteilt wurde (von daher auch der Vergleich mit einem Boomerang, der Autor). 18 Gendarmen und die Radaroperateure verfolgten, wie das Objekt erneut höherstieg. Wieder wurde es von den F-16-Jägern verfolgt. Die Piloten schalteten erneut auf lock-on, und abermals tauchte das Objekt auf unter 200 Meter ab. Noch ein drittes Mal wiederholte sich das Spiel im Verlauf von 75 Minuten. Zu keiner Zeit wurde ein Überschallknall gehört.«

Unter Bezugnahme auf die Ereignisse jener Nacht erklärte der Stabschef der Belgischen Luftwaffe, Oberst de Brouwer, am 22. Juni 1990 gegenüber der Presse:»Unser Verteidigungssystem (das der NATO; der Autor) ist gegen diese Maschinen machtlos.« (62) Dieses erste offizielle Eingeständnis eines führenden Militärs, der sich in aller Öffentlichkeit zur Unterlegenheit gegenüber der unidentifizierten Macht bekannte, gab auch den Anstoß für eine Resolution zur Schaffung eines europäischen Zentrums für UFO-Beobachtungen. Dieser auf Anregung des Europa-Abgeordneten und Kultusministers von Wallonien, M. Di Rupo, ins Europaparlament eingebrachte Vorschlag wurde allerdings von der Mehrheit der sozialistischen Mitglieder des Europäischen Parlaments zurückgewiesen. (66)

Die für manche vielleicht überraschende Tatsache, daß es sich bei den gesichteten unidentifizierbaren »Dreiecken« und »Boomerangs« anscheinend um Weiterentwicklungen von Flugzeugtypen handelt, wie sie von den Brüdern Reimar und Walter Horten im Dritten Reich und seit 1948 in Argentinien konstruiert worden sind, kann als zusätzliches starkes Indiz für die Verwicklung der Dritten Macht in das UFO-Phänomen gelten.

Die Gebrüder Horten waren die eigentlichen Pioniere bei der Entwicklung sogenannter Nurflügelflugzeuge, die auch als schwanzlose Flugzeuge bezeichnet wurden. Sie begannen ihre Entwicklungen mit der Konstruktion schwanzloser Motorsegler wie der Ho III (Abbildung 17). Im Januar 1945 flog dann der erste Prototyp der Ho 229. Angetrieben von zwei Strahlturbinen, erreichte diese Maschine eine Geschwindigkeit von 800 km/h und wäre damit allen feindlichen Flugzeugtypen überlegen gewesen (Abbildung 18). In der Schublade lagen zu dieser Zeit Pläne für eine Weiterentwicklung, deren Prototyp 1946 einsatzbereit sein und eine Geschwindigkeit von 1100 km/h erreichen sollte. (10) Das Kriegsende kam jedoch dazwischen, und wie so viele andere emigrierten auch Reimar und Walter Horten 1948 nach Argentinien. Dort setzten sie ihre Entwicklungsarbeiten fort und entwarfen unter anderem einen Flugzeugtyp in der Form eines länglichen Dreiecks mit einer Oberfläche von 48 Quadratmetern (Abbildung 19). Er erhielt die Bezeichnung I.Ae.37. Über mehrere Entwicklungsstadien entstand schließlich ein Flugzeug in Dreiecksform, das in der Lage war, Überschallgeschwindigkeiten zu erreichen. Merkwürdigerweise wurde über den Fortgang der Arbeiten an diesem Flugzeugtyp später nichts mehr bekannt. (27)

Erst viele Jahre später, in den 80er Jahren des letzten Jahrhunderts, erschienen die von den Brüdern Horten entwickelten Nurflügelflugzeuge wieder am Himmel, ausgestattet diesmal jedoch mit einer Antriebstechnologie, die den Entwicklungen der militärischen Supermächte USA und Sowjetunion um viele Jahre voraus war.

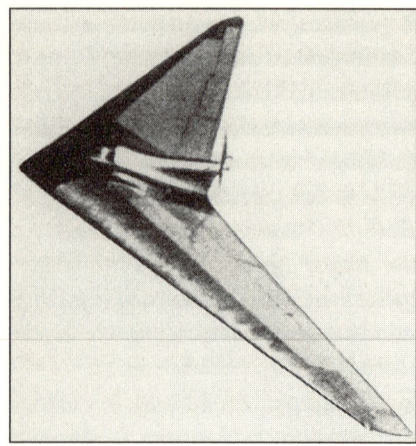

Abb. 17: Die Ho III

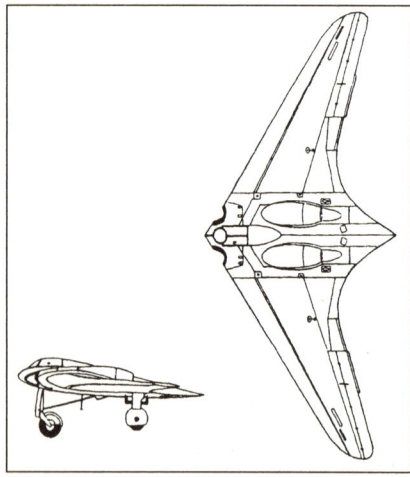

Abb. 18: Der Nurflügler Go 229

Abb. 19: Hortens argentinische I.Ae.37

Abschließend noch ein Blick auf die Ausmaße, welche die Präsenz der UFOs zwischenzeitlich angenommen hat. Darüber informiert wenigstens zum Teil das NORAD-Radar-Frühwarnsystem der USA. Das *National Track Reporting System* (NUTR) zeichnet die Spuren solcher unbekannten Flugobjekte auf. Zwischen 1971 und 1991 wurden allein zwischen dem Nordamerikanischen Kontinent und den Britischen Inseln rund 7000 solcher unidentifizierbaren Ziele registriert. (66) Weltweit dürfte ihre Anzahl damit um mehrere Größenordnungen höher ausfallen.

Der künftigen Forschung bleibt es vorbehalten, in Erfahrung zu bringen, ob solche von manchen als Teilaspekte des UFO-Phänomens aufgefaßte Erscheinungen, wie zum Beispiel die Tierverstümmelungen (Mutilations) und die auf den Feldern vieler Länder aufgetauchten seltsamen Muster (»Kornkreise«), mit den Aktivitäten der Dritten Macht in einem Zusammenhang stehen. Eine Verbindung zwischen diesen Phänomenen zu vermuten, erscheint zumindest nicht sonderlich abwegig.

Der Anschaulichkeit wegen sollen noch zwei Fotos von

UFOs Aufnahme in dieses Buch finden. Bei beiden handelt es sich um von Wissenschaftlern mit modernen Methoden der Bildauswertung untersuchte Fotografien. Die Ergebnisse dieser deren Echtheit bestätigenden Analysen blieben bis auf den heutigen Tag von fachkompetenter Seite unwidersprochen.

Abbildung 20 und Abbildung 21 (Ausschnittsvergrößerung, die eine Randunschärfe der Luftszintillation zeigt, wie sie typisch ist für Gegenstände, die aus großen Entfernungen aufgenommen werden): McMinnville, Oregon, 11.05.1950, 19.30 Uhr; Zeugen: Ehepaar Trent (zwei Fotos); Objektform: Scheibe mit Turmaufsatz; Durchmesser: rund 14 Meter; Entfernung: 500 Meter; Fotoanalysen: Prof. B. Hartmann 1968, W. H. Spaulding 1978, B. Maccabee 1988.

Abb. 20

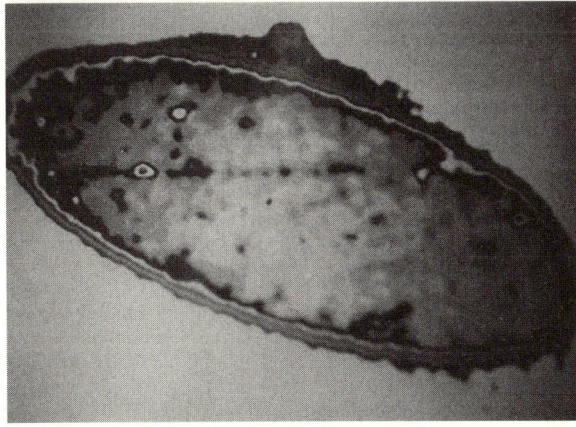

Abb. 21

Abbildung 22: Vancouver Island, British-Kolumbien, Foto vom
8.10.1981, 11.00 Uhr; Objektform: Diskusscheibe von 1,3 Grad Winkel-
durchmesser; Entfernung: größer als zehn Meter; Fotoanalyse: Dr. R. F.
Haines 1987. (62)

Abb. 22

Wie gezeigt werden konnte, gab es eine technische Evolution des UFO-
Phänomens seit dem erstmaligen Auftreten dieser unidentifizierbaren
Flugobjekte in den 40er Jahren des letzten Jahrhunderts.

Eine bemerkenswerte Entwicklung vollzog sich auch in bezug auf
jene Berichte, die uns Auskunft über die Besatzungen der UFOs, ihr
Aussehen und ihre Verhaltensweisen erteilen.

Die ersten Berichte stammen aus den 50er Jahren des letzten Jahrhunderts. Die Zeugen dieser Beobachtungen wurden »Kontaktler« genannt. Von diesen erhielten die US-amerikanischen Behörden unerwarteten Beistand, als es darum ging, das UFO-Phänomen zielgerichtet zu
verunglimpfen, erzählten diese Leute doch teilweise die unglaublichsten
Geschichten über ihre Begegnungen mit den »außerirdischen« Insassen
der Flugkörper. Als es später auch noch gelang, einige der vorgeblichen

Augenzeugen der bewußten Lüge zu überführen, waren damit nicht allein alle anderen »Kontaktler« diskreditiert, sondern hatte auch das UFO-Phänomen als solches in den Augen der Öffentlichkeit einen schweren Schaden erlitten.

War diese Pauschalverurteilung der »Kontaktler« berechtigt? Bei der Vielzahl der Sichtungen unbekannter, aber allem Anschein nach von intelligenten Wesen gesteuerter Flugobjekte mußte es aller Wahrscheinlichkeit nach irgendwann zu einem Kontakt mit deren Besatzungen kommen. Die Frage war nur, wann und unter welchen Umständen; aus purem Zufall oder von den Insassen der UFOs bewußt herbeigeführt?

Was diejenigen, welche die »Kontaktler« pauschal als Spinner verurteilten, hätte nachdenklich stimmen müssen, war die gemeinsame Basis der meisten Berichte. Diese kam zum Ausdruck in einer Reihe übereinstimmender Details:

- Die Besucher erklärten, von verschiedenen Planeten unseres Sonnensystems oder aber von fernen Planetensystemen zu kommen;
- Sie wollten ihr Wissen über das Universum mit uns teilen;
- Ihre Absicht sei, uns vor uns selbst zu schützen, besonders aber einen Atomkrieg zu verhindern;
- Sie nahmen die »Kontaktler« in ihren fliegenden Untertassen mit auf Reisen durch das Sonnensystem;
- Es gab – im Unterschied zu den Begegnungen in den folgenden Jahrzehnten – keine negativen Erfahrungen mit den »Außerirdischen«, den »Venusiern« oder »Marsianern«, so daß sie unter anderem auch als »Raumbrüder« bezeichnet wurden.

Die erstaunlichste Übereinstimmung der Berichte ergab sich aber hinsichtlich des äußeren Erscheinungsbildes der »Außerirdischen«. Diese hatten so gar nichts Außerirdisches an sich, im Gegenteil. Sie glichen vollkommen den Menschen, schienen etwas größer zu sein und wurden, Männer wie Frauen, nahezu ohne Ausnahme als blonde Wesen nordischen Typs beschrieben. (67)

Da auch in den 50er Jahren des letzten Jahrhunderts die Wissenschaft schon zu der Erkenntnis gelangt war, daß auf der Venus oder dem Mars menschenähnliches Leben unmöglich existieren konnte, müssen die Besatzungen der UFOs die von ihnen kontaktierten Menschen bewußt in die Irre geführt haben. Fast scheint es so, als hätten sie selbst ein Interesse daran gehabt, ihre wahren Absichten möglichst lange geheimzuhalten. Diese Strategie traf sich mit der Strategie derjenigen, die von der Existenz der Dritten Macht wußten und genausowenig ein Interesse verspürten, dieses ihr Geheimnis offenzulegen. Ein gemeinsamer Nenner war gefunden. Diese Identität der Interessen hält bis heute an. Man muß sich fragen, wie lange noch?

In den 60er Jahren wurde eine Entwicklung in Gang gesetzt, deren Tempo sich in den 80er und 90er Jahren des letzten Jahrhunderts ungeheuer beschleunigt hat. Die Kontakte zwischen den »Zeugen« und den Besatzungen der unidentifizierten Flugobjekte nahmen eine gänzlich andere Qualität an. Fortan sprach man nicht mehr von »Kontaktlern«, sondern von »Abduzierten«. Diese Bezeichnung kommt aus dem Englischen und ist abgeleitet von »abductions«, zu deutsch: Entführungen.

Der erste dokumentierte Fall, nach dessen Muster sich in den nächsten Jahrzehnten ungezählte weitere Fälle ereignen sollten, fand im Jahr 1961 in den USA statt. Verwickelt waren die gemischtrassigen Eheleute Betty und Barney Hill.

»Die Hills sagten, daß, während sie von Montreal nach Portsmouth im Bundesstaat New Hampshire unterwegs waren, kleine Wesen mit großen Köpfen und Augen sie aus ihrem Auto in ein gelandetes UFO entführt hätten. Die Wesen trennten sie und brachten sie in verschiedene Räume, wo sie medizinischen Untersuchungen unterzogen wurden. Sie führten eine Nadel in Bettys Unterleib ein und erklärten ihr, daß sie einen ›Schwangerschaftstest‹ durchführten. Sie entnahmen ihr abgeschabte Haut und führten weitere Tests an ihrem Körper durch. Ein größeres Wesen, das Betty für den Anführer hielt, kommunizierte durch Telepathie mit ihr. Nachdem die medizinischen Verfahren und weitere Ereignisse abgeschlossen waren, durften die Hills das Objekt verlassen und seinen Abflug beobachten. Sie vergaßen sofort, was ihnen widerfahren war, nahmen ihre Fahrt wieder auf und kamen etwa zwei Stunden später als geplant zu Hause an. Sie konnten sich nur noch daran erinnern, daß sie ein UFO ganz in der Nähe gesehen hatten. Sie konnten sich überhaupt nicht an die Entführung erinnern. Während der nächsten Monate hatten sie Alpträume davon, an Bord eines außerirdischen Raumschiffs zu sein. Sie litten unter ständigen Angstzuständen, die mit der UFO-Sichtung in Zusammenhang standen. Sie suchten Hilfe in psychologischer Beratung. Man verwies sie an Benjamin Simon, einen bekannten Psychiater, der auf Hypnose spezialisiert war. Durch Regressionen (Rückführungen; der Autor) unter Hypnose konnten sie sich wieder an das erinnern, was an diesem Abend passiert war. Obwohl John Fuller in seinem 1966 erschienenen Buch *Interrupted Journey* die Episode des ›Schwangerschaftstests‹ an Betty beschrieb, erwähnte er nicht, daß die Wesen Barney eine Spermaprobe entnommen hatten. Das war Mitte der 60er Jahre für die Hills und auch für Fuller zu peinlich. Er nahm dies nicht in sein Buch auf, damit nicht vom Wahrheitsgehalt des Berichts abgelenkt würde.« (68)

Der Bericht der Hills enthält eine Vielzahl von Elementen, die auch in späteren Entführungsfällen immer wieder berichtet worden sind und von daher gewissermaßen als Konstanten anzusehen sind. Dazu gehören:

– die Entführung in ein UFO,
– die medizinischen Untersuchungen, die größtenteils eine sexuelle bzw. genetische Komponente zu enthalten scheinen,
– kleine, menschenähnliche Wesen mit grauer Haut, großen Köpfen und großen Augen,
– telepathische Kommunikation zwischen diesen und den Abduzierten,
– die teilweise oder gänzliche Blockierung der Gedächtnisinhalte,
– »verlorene« Zeit – das bedeutet, man kann sich über diese Zeit keine Rechenschaft abgeben,
– in der Folge Alpträume und andere psychologische Beschwerden,
– die spätere Rekonstruktion von Gedächtnisinhalten durch hypnotische Rückführung.

Während aus den 1960er Jahren in der Folgezeit nur wenige andere dieser Entführungsfälle berichtet wurden, nahm ihre Anzahl in den 1970er Jahren deutlich zu, um sich in den 1980er und 1990er Jahren nahezu explosionsartig zu vermehren. Die anfänglichen Einzelfälle hatten sich zu einem weltweit verbreiteten Phänomen entwickelt. (62, 68)

In den späteren Jahren wurde von jenen, die diese Entführungsfälle mit wissenschaftlichen Methoden untersuchten, eine Vielzahl zusätzlicher spezifischer Merkmale registriert, die auf ein übereinstimmendes Muster hindeuten.

Dazu gehören:

- das Kidnapping von Personen aus Fahrzeugen, deren Motoren und elektrische Einrichtungen kurz vor der Entführung plötzlich und ohne erkennbaren Anlaß ihren Dienst versagen;
- das Abholen aus dem häuslichen Umfeld, wobei der Transport der Abduzierten durch Wände und geschlossene Fenster erfolgt;
- die Beförderung vom Ort der Entführung zum UFO in einem Lichtstrahl bläulicher Färbung;
- das »Abschalten« Unbeteiligter zu Beginn der Entführung, d. h. diese Personen werden in einen Zustand der körperlichen Starre versetzt, der bis zum Ende der Entführung anhält und einhergeht mit absoluter Erinnerungslosigkeit;
- verschiedene Varianten der psychologischen Beeinflussung während der Untersuchungen an Bord der UFOs, dazu zählen u. a.:
  - ein intensives Anstarren (Starring) aus kürzester Entfernung, das anscheinend den Zweck verfolgt, mittels Hypnose vom Bewußtsein der Entführten Besitz zu ergreifen;
  - die Visualisierung bestimmter Szenarien im Gehirn der betroffenen Personen, so zum Beispiel das Vorspielen von Bedrohungsszenarien infolge von Umweltzerstörung bzw. einer globalen kriegerischen Auseinandersetzung oder aber – und davon wird später noch zu sprechen sein – die bildhafte Wiedergabe fremd anmutender, anscheinend außerirdischer Landschaften;
- das Auftreten von charakteristischen Narben in Form runder oder löffelartiger Vertiefungen bzw. dünner, gerader, haarähnlicher Schnitte an bestimmten Körperstellen der Abduzierten;
- die Einsetzung von Implantaten, die anscheinend der Lokalisierung und Überwachung der Entführten dienen;
- die zum Teil auch außerhalb der UFOs, zum Beispiel im eigenen Schlafzimmer, vorgenommene künstliche Befruchtung einiger der vom Entführungsphänomen betroffenen Frauen mit einem penisartigen Gerät;
- bei anderen Frauen die Gewinnung von Eizellen mittels einer »Nadel« durch die Baudecke, wobei in diesen Fällen der von den UFO-Insassen künstlich erzeugte Embryo einige Zeit später in den Uterus der Frau eingepflanzt wird;
- die Entnahme der anscheinend gentechnisch manipulierten Embryonen und Föten Wochen und Monate später;

- ihre Aufzucht zu Hunderten in »Inkubatorenbatterien«;
- der herbeigeführte Kontakt zwischen den »Müttern« und ihrem Nachwuchs an Bord der UFOs oder anderswo, die sogenannte Babypräsentation;
- das Generationenproblem – was bedeutet, daß mehrere Generationen einer Familie von den Entführungen betroffen sein können. (68, 69, 70, 71, 72, 73, 74)

Unzweifelhaft, das zeigen die aufgeführten wichtigsten Charakteristika der durch die UFO-Insassen vorgenommenen Entführungen, besteht ein wesentliches Ziel dieses neuartigen Phänomens im Versuch biologischer oder besser gesagt genetischer Einflußnahme auf das Erbmaterial einer ausgesuchten Gruppe von Menschen. Die Berichte über vermeintliche genetische Manipulationen häufen sich seit Beginn der 80er Jahre des letzten Jahrhunderts. Mit welchen Hintergedanken diese Eingriffe vorgenommen werden, wird in der Folge noch zu klären sein. Zunächst gilt es jedoch sicherzustellen, daß sich hinter den Entführungen tatsächlich mehr verbirgt als ein neuartiger Massenwahn, wie die Kritiker des Phänomens oft einzuwenden pflegen.

Ein Schwerpunkt der Kritik richtet sich dabei auf den Einsatz der Hypnose, mit deren Hilfe versucht wird, die blockierten Gedächtnisinhalte zu aktivieren. Allein der Hinweis, daß in ca. 30 bis 40 Prozent der Entführungsfälle die Betroffenen sich wenigstens in Teilbereichen an ihre Erlebnisse auch ohne die Anwendung regressiver Hypnosetechniken erinnern konnten, läßt diese Form der Kritik als kaum gerechtfertigt erscheinen. (62) Akzeptiert werden kann sie vor allem dort, wo Hypnotiseure ohne tiefere Fachkenntnis ihre im wahrsten Sinne des Wortes als Opfer zu bezeichnenden Patienten mit »falschen Erinnerungen« versorgen, sie zu sogenannten dissoziativen Phantasien verleiten oder sie in der Hypnosesitzung auf unzulässige Weise »führen«. (69)

Unbestritten kann Hypnose, sofern sie von fachkompetenter Seite angewandt wird, traumatische Gedächtnisbarrieren einreißen. »Stark angstbesetzte Erlebnisse, die unaufgearbeitet verdrängt und kognitiv unzugänglich gemacht sind, damit sie nicht schmerzlich ins Bewußtsein dringen, lassen sich im hypnotischen Rapport zutage fördern.« (62)

Mehrere an Gruppen von Abduzierten durchgeführte psychologische Tests haben auch ein anderes, gegen den Wahrheitsgehalt der Berichte vorgebrachtes Argument entkräften können: daß es sich nämlich bei diesen um Personen mit einer speziellen Störung des Bewußtseins handeln könnte. (62)

Schließlich existieren über die Berichte hinaus auch materielle Belege, die für die Realität des Entführungsphänomens sprechen. So war es verschiedentlich tatsächlich nicht möglich, Personen zum Zeitpunkt ihrer behaupteten Entführung aufzufinden. (69, 75) In einigen Fällen hinterließen die UFOs Landespuren in der unmittelbaren Nähe des Entführungsortes. (71) Und sogar die von den UFO-Insassen eingesetzten Implantate konnten bei einigen Abduzierten auf deren Berichte hin durch medizinisches Fachpersonal geborgen werden. (76) Auf die an den entführten Personen häufig festgestellten charakteristischen Narben wurde bereits hingewiesen.

Um das erreichte Ausmaß der Entführungen durch UFOs festzustellen, führte man in den USA verschiedene Befragungen durch, die im wesentlichen zu sehr ähnlichen Ergebnissen gelangten. Die größte und repräsentativste Befragung erfolgte durch die Roper-Organisation im Sommer 1991. Insgesamt wurden 5947 Menschen nach einem ausgeklügelten System von Fragen interviewt. Die Endauswertung der Befragung ergab, daß eine Million Amerikaner möglicherweise Opfer des Entführungsphänomens waren. (69) Damit konnte statistisch abgesichert werden, was Entführungsforscher schon zuvor unabhängig davon aus den Berichten der Abduzierten geschlußfolgert hatten: daß es sich bei den Entführungen um ein Massenphänomen handelt. Oder mit anderen Worten und in Kenntnis der biologischen Komponente: Es handelt sich dabei um einen genetischen Großversuch.

Bevor dessen Zielsetzung näher untersucht werden soll, gilt es darzustellen, daß eine Erklärung der von den Abduzierten beobachteten und beschriebenen »technischen Wunder« ohne die Annahme eines Eingriffes durch außerirdische Intelligenzen möglich ist.

Wie erklärt sich, daß unmittelbar bevor eine Entführung aus einem Kraftfahrzeug stattfindet, dessen Motor und elektrische Einrichtungen ihren Dienst versagen?

Fälle von plötzlichem Motorversagen im Zusammenhang mit UFO-Sichtungen wurden schon in Saunders Datensammlung UFOCAT berichtet. Im Jahr 1988 enthielt sie 422 solcher Vorkommnisse. Im einzelnen schildern die Berichte, daß die Stromkreise folgender Systeme in Fahrzeugen von UFOs beeinflußt wurden:

Motor und elektrisches System	208
nur Motor	71
nur Radio	69
Motorleistung reduziert	33
nur Scheinwerfer	27
Radio und Scheinwerfer	14

In 35 Prozent aller Fälle war das UFO weniger als 30 Meter vom Wagen entfernt.

Als mögliche Ursache werden elektromagnetische Wechselwirkungen genannt. Wie Experimente ergaben, können hochfrequente Magnetfelder die Motorhaube, die als Faradayscher Käfig wirkt, durchdringen und Stromkreise unterbrechen. (62)

Es dürfte kaum noch überraschen, daß auch diese Technologie von den Deutschen zum Ende des Zweiten Weltkrieges in einer anscheinend ausgereiften Entwicklungsstufe beherrscht wurde.

Der Beweis hierfür liegt in den schon im 2. Kapitel zitierten *Lusty*-Akten.

Dort heißt es:

»Ziel: Daimler-Benz. Stadt: Unter-Türkheim/Stuttgart. Aktivität: Geheimwaffe. Aufgenommen: 25. April 1945. Bemerkungen: Stoppt Zündsystem eines Benzinmotors. Es gelang mit dem Apparat, ein Kraftfahrzeug mit magnetischer Zündung, nicht aber eines mit Batteriezündung, auf eine Entfernung von zwei bis drei Kilometern zu stoppen.« (18)

Wie erklären sich die beschriebenen psychologischen Effekte während der Entführungen?

Darunter zählen in erster Linie die »Besitzergreifung« vom Bewußtsein der Abduzierten durch das in der Fachliteratur als »Starring« bezeichnete Verfahren, die Blockade von Gedächtnisinhalten, die Visualisierungsszenarien sowie das »Abschalten« Unbeteiligter.

Nichts ist einfacher als das. Wer schon einmal in der zahlreich vorhandenen Literatur zum Thema Hypnose geblättert hat oder gar selbst Zeuge einer Hypnosevorführung geworden ist, wird auf diese Frage schnell eine Antwort finden.

Der erfolgreiche Bankräuber, der durch hypnotische Beeinflussung den Schalterangestellten »zwingt«, ihm das Geld der Bank ohne Widerstand auszuhändigen (Besitzergreifung), sowie der Show-Hypnotiseur, der seine Probanden genußvoll in eine Zitrone beißen läßt (durch Visualisierung zum Beispiel einer Orange), dieses Ereignis dann im Bewußtsein scheinbar zu löschen versteht (Blockade) und darüber hinaus noch in der Lage ist, mit einem Fingerschnippen gleich mehrere seiner Opfer »abzuschalten«, sind heute keine Einzelerscheinungen mehr.

Was ist eigentlich Hypnose?

»Man muß zugeben, daß eine genaue Definition noch immer schwierig ist, obwohl man ihre Phänomene inzwischen gut kennt. Die wahre Natur der Hypnose im Sinne einer gültigen Theorie ist auch heute noch unbekannt. Man hat jedoch festgestellt, daß es zwischen dem Wachzustand und dem Schlaf so etwas wie ein ›halbes Bewußtsein‹ gibt. In diesem Zustand sind die körperlichen Funktionen herabgesetzt, während die geistigen aktiviert sind.

Die *British Medical Association* definiert die Hypnose wie folgt: Die Hypnose ist ein vorübergehender Zustand veränderter Aufmerksamkeit beim Patienten, ein Zustand, in dem verschiedene Phänomene spontan oder als Reaktion auf verbale und andere Reize auftreten können. Diese Phänomene umfassen eine Veränderung des Bewußtseins und des Gedächtnisses, gesteigerte Empfänglichkeit für Suggestionen, Antworten und Gedanken beim Patienten, die ihm in seinem gewohnten Geisteszustand nicht vertraut sind. Unter anderem können im hypnotischen Zustand Phänomene wie Anästhesie, Paralyse, Muskelstarre und vasomotorische Veränderungen hervorgerufen und unterdrückt werden.« (77)

Auslöser des hypnotischen Zustandes ist immer eine Suggestion.

»Das Wesen der Suggestion besteht darin, daß in der eigenen Person oder in einem anderen Menschen auf irgendeine Weise in dessen Unterbewußtsein eine bestimmte Vorstellung erzeugt wird. Dadurch erreicht man eine Beeinflussung seiner Gefühle, seines Urteils und seiner Willensentschlüsse. Je deutlicher und je stärker diese Vorstellung erzeugt wird, desto leichter wird sie sich beim anderen durchsetzen und desto länger wird ihre Wirkung anhalten. Wird diese Suggestion in einem anderen erzeugt, sprechen wir von Fremdsuggestion. Erzeugen wir diese Vorstellung bei uns selbst, sprechen wir von Autosuggestion. Auch eine Fremdsuggestion muß jedoch, um wirksam werden zu können, in unsere Vorstellung aufgenommen und damit in Autosuggestion umgesetzt werden.« (77)

Es werden hauptsächlich drei Stufen der Hypnosetiefe unterschieden:

1. Leichte Hypnose: Hier besteht ein leichter Entspannungszustand, wobei das Bewußtsein jedoch noch voll aktiv ist. Einfache Suggestionen werden jedoch bereits angenommen und ausgeführt.
2. Mittlere Hypnose: Die Entspannung hat sich vertieft. Das Bewußtsein ist kaum noch aktiv. Alle Suggestionen, die nicht mit der Persönlichkeitsstruktur der Versuchsperson kollidieren, werden ausgeführt.
3. Tiefe Hypnose: Bei absoluter Entspannung ist das Bewußtsein nun völlig ausgeschaltet. Auch unlogische Suggestionen werden ausgeführt. Nach Aufhebung der Hypnose besteht keine Erinnerung mehr. (77)

Besondere Aufmerksamkeit verdient hierbei der Umstand, daß in der tiefen Hypnose auch unlogische Suggestionen ausgeführt werden. Damit werden die Beteuerungen der Hypnotiseure, daß Hypnose nicht alles vermag und zuletzt immer ihre Grenze in der Persönlichkeitsstruktur des Probanden finden würde, ad absurdum geführt. Letztendlich läßt sich mit Hypnose ein totales Abhängigkeitsverhältnis aufbauen, so wie es zwischen den UFO-Insassen und einiger ihrer Entführungsopfer zu bestehen scheint.

Auch das in der Entführungsliteratur als »Starring« beschriebene Verfahren, also das In-die-Augen-Starren aus einer Entfernung von nur wenigen Zentimetern, ist so ungewöhnlich nicht und findet seine Entsprechung in der klinischen Hypnose. Dort wird es als Faszinationsmethode beschrieben:

»Der Hypnotiseur setzt sich nun an das Kopfende der Versuchsperson, die bequem und möglichst gerade auf einer Couch liegt. Er beugt sich so herüber, daß sich seine Augen etwa 20 bis 30 Zentimeter über den Augen der Versuchsperson befinden.« (77)

Wie gezeigt werden konnte, scheint es eine unumstößliche Tatsache zu sein, daß während der UFO-Entführungen die Hypnose in einem bisher ungeahnten Ausmaß eingesetzt wird, um eine Reihe gänzlich verschiedenartiger Effekte zu erreichen. Von besonderer Bedeutung ist in diesem Szenario die Übermittlung posthypnotischer Befehle.

»Bei der Posthypnose handelt es sich um eine Suggestion, die während der Hypnose erteilt wird, jedoch mit dem Auftrag, diese erst zu einem späteren, genau vorbestimmten Zeitpunkt auszuführen. Die Ausführung eines posthypnotischen Auftrages erfolgt also – zumindest scheint es so – im normalen Wachzustand. Hierbei werden bestimmte Ideen zunächst ohne besondere Reaktion gespeichert und zum vorherbestimmten Zeitpunkt aktiviert …, selbst wenn die Versuchsperson weiß, daß es sich um einen hypnotischen Befehl handelt, wird sie diesen Befehl befolgen …« (77)

Nur so läßt sich zum Beispiel auch erklären, wieso Frauen, die auf die oben beschriebene Art und Weise künstlich schwanger geworden sind, in vielen Fällen anscheinend keinen Arzt aufsuchen, um sich die Schwangerschaft von diesem bestätigen zu lassen. Der posthypnotische Befehl hindert sie daran und dient damit gleichzeitig dem Schutz der gentechnisch veränderten Leibesfrucht.

Die alles entscheidende Frage in diesem Zusammenhang jedoch ist die, inwieweit sich für die Zukunft weiter reichende Implikationen aus dieser posthypnotischen Befehlsübermittlung ableiten lassen. Tragen die vielen in der Vergangenheit Abduzierten vielleicht in ihrem Unterbewußtsein ein Verhaltensmuster mit sich herum, das zwar gegenwärtig noch mit einer »Sperre« versehen ist, aber irgendwann in der Zukunft durch einen posthypnotischen Befehl aktiviert werden kann? Auf diese Möglichkeit wird mit Blick auf die finalen Ziele der Dritten Macht später noch genauer einzugehen sein.

Wie erklärt sich die angeblich auf telepathischem Weg vorgenommene Informationsübertragung?

Die Antwort auf diese Frage fällt viel prosaischer aus, als vielleicht im ersten Augenblick vermutet wird, und hat nichts mit Magie oder übersinnlichen Kräften zu tun. Bekanntermaßen operiert das Gehirn mit Elektrizität. Es hat ein schwaches elektromagnetisches Feld und gibt sehr schwache elektrische Stöße ab. Diese bewegen sich in einem Frequenzbereich von einem bis dreißig Hertz. Einer fortgeschrittenen Technologie müßte es demnach möglich sein, mit Hilfe von empfindlichen

Niedrigfrequenzsendern mentale und physische Funktionen zu übermitteln. (78)

In einem Report für das *US Air Force Scientific Advisory Board*, das sich mit der Kriegsführung der nächsten 50 Jahre beschäftigt, wird genau solches vorausgesagt: »Elektromagnetische Energie in gepulster, fokussierter und gestalteter Form kann mit dem menschlichen Körper in einer Art und Weise gekoppelt werden, daß jemand die Muskelbewegungen steuern, die Emotionen kontrollieren, Schlaf erzeugen, Anweisungen übertragen und mit dem Kurz- und Langzeitgedächtnis wechselwirken kann. Weiter kann damit ein Erfahrungsset erzeugt oder gelöscht werden.« (76) Sicherlich zu recht kann davon ausgegangen werden, daß die Dritte Macht auch diese Technologie um einiges früher erforscht und in die Praxis umgesetzt hat.

Wie erklärt sich der Transport der Abduzierten durch Wände und geschlossene Fenster?

Auch diese wirklich erstaunliche Fähigkeit der UFO-Besatzungen hat keinen magischen Hintergrund. Sie ist im Zusammenhang zu sehen mit der Art und Weise des Transports vom Ort der Entführung zum UFO. Die Beförderung erfolgt zumeist durch die Luft in einem Lichtstrahl bläulicher Farbe.

»Zu Beginn der nächtlichen Entführungen kommen die Wesen durch eine Lichtquelle, die vom Fenster kommt, ins Zimmer.« (68)

»Es kommt ein Licht unten aus dem Schiff, und wir stehen in dem Licht (in dem sie nach oben schweben). Und wir befinden uns im Schiff!« (79)

»Ich verließ meinen Körper ... Ich nahm die Form des Lichtes an ... Die Form, die ich annahm, hatte Farben ..., orange, gelb und eine verschwommene Farbe. Ich glaube, es war indigo, eine bläuliche Farbe.« (79)

»Ich weiß nicht, wo Bob ist ..., der Ort ist bläulich ..., wird lavendelblau oder ... (mein) ganzer Körper scheint zu Licht zu werden.« (79)

»Die Farbe der Lichtstrahlen wechselte von einem hellen Rot zu einem grellen weißlichen Blau, das aus dem Boden des ovalen Objekts (des UFOs; der Autor) drang. Dieses bewegte sich vom Gebäude weg und senkte sich dann bis zum Fenster einer Wohnung herab. Ich rief meinem Kollegen, der neben mir am Steuer des Streifenwagens saß, etwas zu, und er war genauso überrascht wie ich. Ich wollte mich vergewissern, was ich sah, und öffnete das Handschuhfach, um ein Fernglas herauszuholen. Wir bemühten uns beide, einen kühlen Kopf zu bewahren, und wollten aus dem Auto aussteigen. Doch was konnten wir für jenes arme kleine Mädchen oder jene Frau im weißen Nachthemd, die wir sahen, tun? Sie schwebte in einem hellen Strahl weißlichblauen Lichts in der Luft und sah aus wie ein Engel. Sie verschwand schließlich im Boden des großen Ovals.« (72)

Diese bei Entführungsfällen bezeugten Lichtstrahlen sind anscheinend identisch mit den sogenannten »Solid Lights«, strahlenden Zonen, die eine endliche Länge besitzen und sich sogar krümmen können. »Solid Lights« konnten unabhängig vom Entführungsszenario bei mehreren UFO-Sichtungen beobachtet werden. Wie weiter oben schon ausgeführt, brachte der Vorsitzende der MUFON-CES, Illobrand von Ludwiger, dieses physikalische Phänomen in einen Zusammenhang mit dem Antriebsmechanismus der UFOs. Brand vermutete die Erzeugung von Gravitationswellen als ursächlich für die beschriebenen ungewöhnlichen Eigenschaften der UFOs.

Die Beeinflussung der Gravitation stand auch im Mittelpunkt der im Projekt *Die Glocke* durchgeführten Experimente. Interessant ist, daß beim Betrieb dieser Anlage von einem bläulichen Licht, beschrieben auch als »blaues Glühen«, berichtet wurde. Den deutschen Wissenschaftlern war es mit diesem Projekt gelungen, ein »magnetisch geschlossenes« System zur Abschirmung der Gravitation zu erzeugen. Die praktische Anwendung dieser Grundlagenforschung erfolgte mit der Konstruktion der als »Feuerbälle« bezeichneten Fluggeräte. Physikalisch gesehen, basierte das Wirkprinzip der »Feuerbälle« auf der Bildung sogenannter Plasmoide oder, anders ausgedrückt, durch elektrischen Strom generierter Plasmawirbel. Begleiterscheinungen waren charakteristische Leuchteffekte sowie starke Magnetfelder (siehe 2. Kapitel).

Die Plasmoide verfügen noch über eine andere verblüffende Eigenschaft: Sie bleiben selbst nach Abschalten der Energiezufuhr einige Zeit als stabile Gebilde erhalten und können als solche feste Hindernisse durchqueren, ohne deren Struktur zu zerstören.

Erinnert sei an dieser Stelle an die vielen gleichlautenden Berichte über Feuerkugeln bzw. »Kugelblitze«, die anscheinend eine ähnliche physikalische Realität beschreiben. (27)

In den Jahren nach dem Zweiten Weltkrieg muß es den Wissenschaftlern der Dritten Macht gelungen sein, das beschriebene Prinzip weiter zu perfektionieren, so daß irgendwann sogar der Transport von Menschen im Inneren solcher Plasmawirbel möglich wurde.

Wie erklärt sich die Funktion der den Entführten eingesetzten Implantate?

Die bevorzugten Stellen für die Implantate liegen anscheinend im Innenohr, in der Nase sowie in den Nebenhöhlen unter den Augen. (68) Wird nach der Funktion dieser Fremdkörper gefragt, so sind mehrere Antworten möglich und in gleichem Maße wahrscheinlich.

Sie könnten dienen:

- als Sender zur Lokalisierung der Zielperson,
- zur dauernden Beobachtung und Überwachung,
- zur Vereinfachung der Kommunikation über elektromagnetische Wellen (siehe oben),
- als allgemeines medizinisches Überwachungsinstrument,
- zur Aufzeichnung hormoneller Veränderungen im Rahmen des genetischen Zuchtprogramms.

In einigen Fällen konnten Implantate, über deren Einsetzung die Abduzierten berichtet hatten, durch medizinisches Fachpersonal operativ entfernt werden. Die Untersuchungen erbrachten keine außergewöhnlichen Resultate. Diese wären dann zu erwarten gewesen, wenn tatsächlich Außerirdische hinter den Entführungen stehen würden. Die Zusammensetzung der untersuchten Materialien entsprach jedoch in jedem Fall irdischen Verhältnissen und ergab keinen Hinweis auf eine utopisch anmutende Fertigungstechnologie. (76)

Im übrigen existieren genügend Hinweise, daß auch von offiziellen Stellen Forschungen vorangetrieben werden, die einen sinnvollen Einsatz von Implantaten, ähnlich denen, wie sie von den Entführungsopfern beschrieben werden, ermöglichen sollen.

»Seit 1989 besitzt der Amerikaner Dr. Daniel Man ein Patent für ein Implantat, mit dem man vermißte Kinder aufspüren kann. Er entwickelte speziell für das genannte Problem einen über Telemetrie arbeitenden

Biochip. Das Implantat ist etwas größer als ein Reiskorn und wird dem Träger mit einem kleinen chirurgischen Eingriff implantiert. Dr. Man gibt an, daß die beste Stelle für die Lokalisierung seines Implantates der Ohrbereich ist. Man benötigt drei Satelliten oder Helikopter, um mittels Triangulation die vermißte Person wiederzufinden.« (76)

Ein anderes Beispiel:

Dr. Delgado war nach dem Zweiten Weltkrieg über viele Jahre Direktor der Neuropsychiatrie an der renommierten Yale-Universität. In dieser Zeit entwickelte er den sogenannten Stimoceiver. Dieses Gerät ist eine miniaturisierte Elektrode, die mittels modulierter Radiowellen elektrische Signale empfangen, aber auch senden kann. Da feine Drähte, die von den anfänglichen Geräten wegliefen, behindernd wirkten, ging man später auf drahtlose implantierbare Technologien über. Diese Stimoceiver besitzen keine Batterien und werden je nach Bedarf mittels Radiowellen aktiviert. Sie sind lebenslang einsetzbar. Dr. Delgados Forschungen ergaben, daß in den Hippocampus und Amygdala genannten Gehirnbereichen implantierte, mittels Radiowellen stimulierbare Elektroden die seltsamsten Effekte beim Menschen auslösen. Diese verursachten Entspannung, Konzentration, farbige Visionen und sogar ein Gefühl, als ob man schweben würde. Mit seinen Forschungen trat er den Nachweis an, daß zukünftig menschliche Empfindungen aus der Ferne beeinflußt und gesteuert werden können. Zu der Zeit, als Dr. Delgado den Stimoceiver erfand, wurden Implantate entwickelt, die es den Experimentatoren ermöglichten, kleine Transmitter durch die Nasenlöcher in das Gehirn eines Menschen zu implantieren. Mittlerweile ist diese transnasale Implantation in der Neurochirurgie eine allgemein anerkannte Methode. (76)

Wie die Aussagen der Abduzierten zu den Implantaten beweisen, verfügte die Dritte Macht auch in diesem Forschungsbereich über einen nicht unerheblichen Entwicklungsvorsprung und war einige Jahre früher in der Lage, solche Erkenntnisse in die Praxis umzusetzen.

Wie erklären sich die im Zusammenhang mit dem genetischen Zuchtprogramm stehenden medizinischen Prozeduren?

Die in das genetische Zuchtprogramm involvierten Frauen berichten zum einen, daß ihnen durch die UFO-Insassen ein künstlicher Gegenstand, ähnlich einem Penis, eingeführt worden ist. In anderen Fällen erfolgte die Befruchtung der weiblichen Eizelle jedoch anscheinend außerhalb des weiblichen Körpers. Zu diesem Zweck wurde ihnen mit einer langen »Nadel« durch die Bauchdecke eine Eizelle entfernt. Schon im ersten dokumentierten Entführungsfall, dem der Eheleute Betty und Barney Hill im Jahr 1961, kam eine solche »Nadel« zur Anwendung, damals angeblich, um einen »Schwangerschaftstest« durchzuführen.

Der Arzt Dr. Neal hat sich schon vor Jahren intensiv mit dieser Komponente des Entführungsphänomens beschäftigt. Er schrieb dazu in einem 1988 erschienenen Bericht:

»Verschiedene dokumentierte physische Spuren des Entführungs-erlebnisses stimmen ziemlich genau mit einigen unserer anerkannten medizinischen Verfahren überein. Besonders herausragend ist eines, das als Laparoskopie bezeichnet wird. Ein zylindrisches, schlauchähnliches optisches Instrument wird durch die Nabelregion einer Frau eingeführt zur Untersuchung von weiblichen Organen. Mit diesem speziellen In-strument kann ein Arzt alle weiblichen Organe betrachten, um festzu-stellen, ob es irgendwelche Abnormitäten gibt, und auch Ovula – Eizel-len – aus den Eierstöcken entnehmen.« (74) Damit werden die Aussagen der von der »Eiernte« betroffenen Frauen indirekt bestätigt.

Das offiziell erste »im Reagenzglas gezeugte Baby«, Louise Brown, kam am 25. Juli 1978 zur Welt. Seitdem ist die Anwendung der Laparoskopie zu einem Routineverfahren geworden. Die UFO-Insassen nahmen diese »offizielle Entwicklung« wiederum nur um wenige Jahre vorweg. Das entspricht nicht unbedingt den Erwartungen an eine uns weit überlegene außerirdische Zivilisation. Der Dritten Macht hingegen ist ein solcher technischer Vorsprung durchaus zuzutrauen.

Viele der betroffenen Frauen berichten, daß ihnen die außerhalb ihres Körpers gezeugten und wahrscheinlich genetisch modifizierten Embryonen später für einige Zeit wieder eingepflanzt worden sind. Anscheinend sehen sich die UFO-Insassen bisher nicht in der Lage, eine gedeihliche Entwicklung der Embryonen in der ersten Wachstumsphase mit Hilfe künstlicher, inkubatorähnlicher Gebärmütter sicherzustellen. Damit ist ein zusätzliches Argument gegen die Annahme einer außerirdi-schen Intelligenz gegeben, die über einen gar nicht abzuschätzenden technisch-technologischen Entwicklungsvorsprung verfügen sollte.

Nach einigen Wochen, spätestens bis zur zwölften Schwangerschafts-woche, so berichten die Frauen weiter, kommt es dann zur endgültigen

Entfernung der Föten. In den nächsten Monaten werden diese zu Hunderten in Inkubatorbatterien, vergleichbar mit durchsichtigen Tanks, aufgezogen. Das wiederum bedeutet, daß für die UFO-Insassen eine künstliche Aufzucht der Föten, nachdem bei diesen die Organe im wesentlichen angelegt sind, kein Problem mehr darstellt.

Zwischenzeitlich nähert sich auch die offizielle Wissenschaft diesem Entwicklungsniveau. Einem japanischen Wissenschaftlerteam unter Leitung von Yosinori Kuwabara ist es 1997 gelungen, den Prototyp einer künstlichen Gebärmutter zu entwickeln. In dieser können Föten gegenwärtig bis zu drei Wochen am Leben gehalten werden. Die Beschreibung der Aggregate gleicht auf verblüffende Weise jener der den entführten Frauen gezeigten Inkubatoren: »Ein durchsichtiger Tank aus Plastik in der Größe eines Brotkorbes, gefüllt mit einer Flüssigkeit.« (73)

Abschließend einige Worte zum sogenannten »Generationenproblem«. Die Entführungsforscher haben herausgefunden, daß in einigen Familien mehrere Generationen von den Entführungen betroffen sind. Vor dem Hintergrund der genetischen Komponente des Entführungsphänomens ergibt das durchaus einen Sinn. Vorsicht ist dagegen angebracht, wenn heute Angehörige der älteren Generation unter Hypnose über angebliche Entführungen im Kindesalter berichten, wird damit doch der Eindruck erweckt, als würden einzelne Entführungsfälle in eine Zeit noch vor Beginn des Zweiten Weltkrieges zurückreichen. Einerseits könnten solche »falschen Erinnerungen« durch inkompetente Hypnotiseure induziert worden sein, zum anderen wäre es aber auch denkbar, daß die UFO-Insassen sie vorsätzlich im Unterbewußtsein der Entführten verankert haben. Dann wären sie Teil der umfassenden Tarnung, wie sie gegenwärtig noch im Interesse der Dritten Macht zu liegen scheint.

Wie erklärt sich das Auftreten der kleinen menschenähnlichen Wesen mit grauer Haut und überproportional großen Köpfen?

Professor Dr. David M. Jacobs ist Professor für Geschichte an der renommierten *Temple University* in Philadelphia. Seit vielen Jahren gehört er zu den Forschern, die das UFO-Phänomen mit wissenschaftlichen Methoden untersuchen. Er gilt als einer der bedeutendsten Pioniere bei der Erforschung des Entführungsphänomens und leitet mit dem *International Center for Abduction Research* eine der wichtigsten Institutionen auf diesem Sektor. Nach mehreren Hundert von ihm selbst durchgeführten hypnotischen Regressionssitzungen war er in der Lage, Aussehen und Verhalten dieser kleinen Wesen, die er für Außerirdische hält, detailgetreu wiederzugeben:

Unterschieden werden kleinere und größere Wesen. Die kleineren von ihnen sind zwischen 60 Zentimeter und 135 Zentimeter groß, sehen dünn, zierlich, ja sogar zerbrechlich aus. Sie haben einen Kopf, zwei Arme, zwei Hände, Finger, zwei Beine, zwei Füße. Sie gehen und stehen wie Menschen. Die kleineren Wesen sind leicht. Die größeren Wesen sind zwischen fünf und fünfzehn Zentimeter größer. Beschreibungen der Haut reichen im Regelfall von dunkelgrau über grau zu hellgrau. Die Haut ist extrem glatt und fühlt sich an wie Leder, Gummi oder Plastik. Die Wesen sehen im Prinzip alle gleich aus. In ihren Gesichtern zeigen sie keine Gefühlsbewegungen, überhaupt scheinen sie nahezu emotionslos zu sein. Sie verfügen nicht über das, was man Individualität nennen würde. Die Köpfe sind für menschliche Begriffe unverhältnismäßig groß. Das auffälligste Merkmal aber sind die riesigen Augen (Abbildung 23). Sie reichen über die ganze Breite der Stirn. Sie haben weder Pupillen noch Hornhaut noch Regenbogenhaut, auch bewegen sie sich nicht von einer Seite zur anderen. Die große Mehrheit der Berichte deutet darauf hin, daß die Wesen weder Nasenlöcher, noch andere Öffnungen haben, die als Nasengänge zu interpretieren wären. Der

Abb. 23

schlitzähnliche »Mund« hat keine Lippen, die Entführten sehen auch keine Zähne und keine Zunge. Es gibt keine Hinweise auf ein Organ an den Köpfen, das, ähnlich wie Ohren, dem Empfang von Schallwellen dienen könnte. Anscheinend verfügen die Wesen nicht über Genitalien. In ihren Gliedern gibt es keinen sichtbaren Muskelapparat. Die Wesen atmen nicht auf die Art und Weise, wie die Menschen es tun, zumindest konnte ein Heben und Senken ihrer Brust bzw. ein Lufthauch vom Ausatmen bisher nicht bemerkt werden. Auch über die Aufnahme fester und flüssiger Nahrung liegen keine Berichte vor. Ihre »Kommunikation« erfolgt lautlos. Das Verhalten der Wesen ist rein geschäftsmäßig und scheint dem Ziel höchster Effizienz unterworfen zu sein. Daher gewinnen Entführungsopfer oft den Eindruck, sie seien Teil eines Fließbandprozesses. Die Wesen zeigen keinerlei Interesse am täglichen Leben der Entführten, abgesehen von ihrer Physiologie. (68)

Liest man diese Auflistung der charakteristischen Merkmale der von den Abduzierten beschriebenen fremdartigen Wesen, so entsteht unwillkürlich der Eindruck, daß es sich bei ihnen entweder um Roboter oder um kybernetische Organismen (KYBORGS) handeln muß.

In einem der am besten dokumentierten Entführungsfälle, dem der Betty Andreasson, berichtet die Zeugin über einen Vorgang, der als Bestätigung für diese Vermutung aufgefaßt werden kann. Wie vielen anderen Entführungsopfern begegneten Betty an Bord der UFOs neben den kleinen, grauen Wesen auch hochgewachsene Gestalten mit hellem Haar, die sich in ihrem Aussehen von den Menschen nicht unterscheiden. Sie erinnern stark an die »Außerirdischen«, die einige Jahre zuvor den »Kontaktlern« erschienen waren. An dieser Stelle soll vorerst nur das Verhältnis zwischen den Grauen und den Hellhaarigen von Interesse sein. Befragt nach der »außerirdischen« Befehlsrangfolge, antwortet Betty Andreasson:

»Sie sind ihre Diener. Die Grauen sind ihre Diener. … die Grauen arbeiten für sie. Und sie sehen alles durch die Augen der Grauen. Sie können ihnen befehlen, was immer sie wollen.« Betty konnte beobachten, wie die Hellhaarigen den Grauen die Augen auswechselten. »Warum nehmen sie die Augen?« Betty: »Sie benutzen sie, um Kontrolle über sie auszuüben. Durch sie werden sie … durch die Grauen sehen, handeln und aktiv sein.« (79)

Wird unterstellt, daß es sich bei den Menschen nordischen Typs um Vertreter der Dritten Macht handelt, kann damit das Rätsel der Grauen als gelöst betrachtet werden. Die deutschen Wissenschaftler hatten zum Ende des Zweiten Weltkrieges einen deutlichen Entwicklungsvorsprung gegenüber ihren Konkurrenten auch bei der Nutzung von Computern (der von Konrad Zuse entwickelte erste elektromechanische Computer mit der Typenbezeichnung Z3) und der Fernsteuerung über Kameras (Codename »Sprotte«) erreicht. (26) Selbst die spätere Entwicklung des Transistors basierte auf der deutschen Grundlagenforschung. (15) Damit waren frühzeitig alle grundlegenden Komponenten verfügbar, wie sie viele Jahre später zur Konstruktion eines roboterähnlichen Wesens benötigt wurden.

Darüber hinaus bieten sich noch andere Erklärungen für die häufigen »Sichtungen« der Grauen an. Mit dem Erscheinungsbild der Grauen konnte erreicht werden, daß die Tarnung der Aktivitäten der Dritten Macht eine weitere Perfektionierung erfuhr, gingen in den Augen der Öffentlichkeit UFO-Phänomen und Außerirdische doch damit eine noch festere Bindung ein. Um diesen Eindruck weiter zu verstärken, greifen die UFO-Insassen anscheinend einerseits zum Mittel der Hypnose, um den Abduzierten vorsätzlich »falsche Erinnerungen« zu induzieren. In anderen Fällen funktioniert die Tarnung dagegen auf viel einfachere, man könnte sagen, fast schon primitive Weise. Das Entführungsopfer Katharina Wilson wurde, von ihren Entführern scheinbar nicht beabsichtigt, in einer Militäranlage (siehe dazu auch weiter unten) Zeugin folgender Begebenheit: »Die Männer waren von durchschnittlicher Größe und trugen schwarze Overalls. ... Der UFO-Insasse trug denselben schwarzen Overall wie die Männer, die ihn eskortierten. Er war gleich groß wie seine Begleiter und machte einen männlichen Eindruck. Der Fremde war etwa 1,80 Meter groß. Er schien besorgt, daß man ihn entdecken könnte.« Seine Kopfform glich jener der grauen Wesen. Aufgrund der Kleidung und der menschenähnlichen Statur kann man spekulieren, ob sich die UFO-Insassen nicht hin und wieder nur als Graue maskieren. (76)

Die vorangegangenen Ausführungen dürften deutlich gemacht haben, daß es keiner außerirdischen Intelligenzen bedarf, um die von den Abduzierten beobachteten technischen »Wunder« einer Erklärung zuzuführen.

Wenn es sich beim Entführungsphänomen – und alle Anzeichen deuten darauf hin – im Kern um einen genetischen Großversuch handelt mit dem Ziel, eine bestimmte Spezies Mensch heranzuzüchten, so stellt sich unweigerlich die Frage, welchen Kriterien dieser »neue Mensch« genügen soll.

Ein Versuch, die Eigenschaften neugeborener Kinder zu prognostizieren, wird nicht fehlgehen, wenn er sich an die Worte hält, die der Volksmund für diesen Fall überliefert:

»Der Apfel fällt nicht weit vom Stamm!«

Auch im Sinne der Vererbungslehre bedeutet das völlig korrekt, von den Eigenschaften der Eltern auf die der Kinder zu schließen. Von daher sollten zuerst die Eltern mit ihren wesentlichen Eigenschaften im Mittelpunkt der Betrachtung stehen. Was hierbei die abduzierten Frauen und Männer angeht, deren Eizellen bzw. deren Samenzellen von den UFO-Insassen »geerntet« werden, so fällt eine klare Zuordnung der das Zuchtziel bestimmenden Eigenschaften schwer. Zu heterogen scheint die Gruppe der Abduzierten zusammengesetzt. Von Bedeutung könnte jedoch der Hinweis sein, daß sich Entführungen durch UFOs nahezu ausschließlich auf dem amerikanischen Kontinent, in Europa und Australien ereignen. Schwarzafrika und Asien dagegen sind, von einigen wenigen und zudem nicht ganz eindeutigen Ausnahmen abgesehen, von diesem Phänomen nicht betroffen. Des weiteren ist zu berücksichtigen, daß in einem Land wie den Vereinigten Staaten, dessen Bevölkerung sich aus mehreren Rassen zusammensetzt, anscheinend bevorzugt die Angehörigen der weißen Rasse abduziert werden. Kritiker sahen sich aus diesem Grund schon veranlaßt, die physische Realität des Entführungsphänomens überhaupt in Frage zu stellen, und vermuteten alternativ kulturelle Hintergründe, die sich auf unterschiedliche Art und Weise in der Psyche der Menschen verankern.

Betrachtet man jedoch nicht allein die Abduzierten, sondern erweitert den Blick auf das äußere Erscheinungsbild der UFO-Insassen, so wird eines schnell klar: Hinter dem Entführungsphänomen verbirgt sich kein kulturelles, sondern eindeutig ein Rassenproblem!

Erste, diese Behauptung unterstützende Indizien lieferten bereits die Begegnungen der »Kontaktler«, beschrieben diese ihre »Außerirdischen« doch ganz überwiegend als hochgewachsene Menschen mit blonden Haaren, die dem sogenannten nordischen Typus entsprachen.

Von der Zeugin Betty Andreasson konnte in Erfahrung gebracht werden, daß körperlich große Wesen in Menschengestalt mit weißer, blasser Haut und zumeist als weißlich beschriebenen, hellen Haaren die Schöpfer der kleinen Grauen mit den großen Köpfen sind.

Diese Wesen sind damit, so Betty, auch verantwortlich für die an den Menschen durchgeführten genetischen Experimente, bei denen ihnen die Grauen assistieren. (79)

Zu einer ähnlichen Einschätzung gelangte auch die brasilianische Psychologin Gilda Moura, die verschiedene brasilianische Entführungsfälle ausgewertet hat. Ihrer Aussage zufolge kommen auch in den von ihr untersuchten Fällen sowohl die Grauen als auch die großen Wesen vor, wobei in aller Regel beide Typen zusammenarbeiten. (80)

Bei der Entführung des amerikanischen Waldarbeiters Travis Walton im Jahr 1975 handelt es sich um einen weiteren klassischen Entführungsfall, der vor allem deshalb für großes Aufsehen gesorgt hatte, weil er sich im Beisein von sechs Zeugen ereignete und die großangelegte Suche nach Travis Walton fünf Tage ohne Erfolg geblieben war.

Nachdem ihn ein blaugrüner Lichtstrahl aus der Unterseite eines UFOs getroffen hatte, wurde Walton bewußtlos und wachte nach einiger Zeit im Inneren des UFOs auf. Dort machte er zunächst die Bekanntschaft der kleinen grauen Wesen. Diese ließen ihn schließlich allein. Kurz darauf passierte folgendes:

»... als ich ein schwaches Geräusch hörte. Ich wirbelte herum und sah zur Tür. Dort, im offenen Rahmen, stand ein Mensch! Ich stand wie angewurzelt da. Es war ein etwa ein Meter achtundachtzig großer Mann. Sein Helm hätte fast den Türrahmen berührt. Er war extrem muskulös und gleichmäßig proportioniert. Er schien ungefähr neunzig Kilo schwer zu sein. Er trug einen enganliegenden hellblauen Anzug aus einem weichen Material wie Velours. Seine Füße waren mit schwarzen Stiefeln bedeckt, ein schwarzes Band oder ein Gürtel war um seine Taille geschlungen. Er trug keine Geräte oder Waffen an seinem Gürtel oder in seinen Händen; keinerlei Abzeichen markierten seine Kleidung. ... Er hatte kräftiges, aschblondes Haar mittlerer Länge, das seine Ohren bedeckte. Seine Hautfarbe war dunkel, wie eine tiefe, gleichmäßige Bräune. Er trug keinen Bart oder Schnauzer. Tatsächlich konnte ich nicht einmal Stoppeln oder den dunklen Ansatz von Barthaaren sehen. Er hatte leicht durchfurchte, männliche Züge und seltsame Augen. Sie waren von heller, haselnuß-goldener Farbe – aber es gab neben der Farbe etwas Seltsames an diesen Augen, das ich nicht benennen konnte. ... Der Mann erwiderte nichts auf meine Fragen. Er lächelte nur freundlich und leicht nachlässig. ... Wir betraten einen weißen Raum ... Zwei Männer und eine Frau standen um den Tisch herum. Sie alle trugen samtige blaue Uniformen wie der erste Mann, nur daß sie keine Helme trugen. … Die beiden Männer waren ebenso muskulös und sahen genauso gut aus wie der erste Mann. Auch die Frau hatte ein Gesicht und eine Figur, die den Inbegriff von Weiblichkeit verkörperten. Sie hatten weiche, makellose Haut. … Das auffallend gute Aussehen des Mannes, den ich zuerst getroffen hatte, wurde noch offensichtlicher, als ich sie alle zusammen sah. Sie besaßen eine familienartige Ähnlichkeit, obwohl sie nicht identisch waren. Sie alle hatten dasselbe kräftige bräunlich-blonde Haar.« (75)

Der Fall Travis Walton wurde allein deshalb so ausführlich zitiert, weil er in besonderem Maße das allgemein menschliche Auftreten der blonden UFO-Insassen verdeutlicht.

Die Betrachtung von Einzelfällen birgt jedoch immer auch die Gefahr in sich, diese Fälle auf unzulässige Weise zu verallgemeinern.

Welche statistisch gültigen Aussagen bezüglich des Auftretens der Blonden können aus der Arbeit der Entführungsforscher abgeleitet werden? Einer der weltweit führenden Forscher auf diesem Gebiet, der Amerikaner Budd Hopkins, stellte 1989 fest, daß etwa 85 Prozent der im Verlauf der Entführungen beobachteten Wesen den kleinen Grauen zuzurechnen waren. Diese Aussage bezog sich allerdings nur auf die von ihm selbst untersuchten Fälle. (80)

Zu ähnlichen Ergebnissen gelangte der Amerikaner John Carpenter. Erst nachdem Carpenter auf einen besonders interessanten Fall der Zusammenarbeit zwischen den Grauen und den Blonden gestoßen war, zeigte er sich überhaupt bereit, die Präsenz der Blonden während der Entführungen zu akzeptieren. Selbstkritisch vermerkte er, daß in der Vergangenheit nicht nur von ihm, sondern auch von einer Reihe anderer Entführungsforscher in den USA die Anwesenheit und die Funktion der Blonden aus den verschiedensten Gründen ungerechtfertigt negiert bzw. heruntergespielt wurde. Endgültig aufgewacht sei er durch einen Diskussionsbeitrag der britischen Entführungsforscherin Jenny Randles, gehalten auf der »Abduction study conference« am *Massachusetts Institute of Technology* im Jahr1992. Randles hatte sinngemäß erklärt, daß im Unterschied zu den amerikanischen Entführungsfällen in Großbritannien bis zum Jahr 1989 nahezu ausschließlich die Blonden beobachtet worden waren und sie auch in den Folgejahren ihre, wenn auch eingeschränkte, Dominanz gegenüber den Grauen beibehalten konnten. (80, 81)

Diese in ihrer statistischen Verteilung unterschiedliche Wahrnehmung der UFO-Insassen könnte zu der Schlußfolgerung Anlaß geben, daß die Dritte Macht bei der Tarnung ihrer Aktivitäten auf regionale Besonderheiten Rücksicht nimmt.

Auch der schon weiter oben zitierte Professor David Jacobs mußte seine früheren Ansichten über das Vorkommen der Blonden einer Revision unterziehen, tat das allerdings auf eine sehr eigenwillige Weise:

»Da die meisten der beschriebenen Aliens vom Typ der kleinen Grauen sind, hielt ich die nordische Variante jahrelang für Produkte der Phantasie oder des Wunschdenkens, durch die kleine, häßliche Aliens in hübsche, blonde, blauäugige Menschenwesen verwandelt wurden. Nachdem ich mir jedoch viele (!; der Autor) Berichte über diese menschenähnlichen Aliens angehört hatte, kam ich zu dem Schluß, daß es sich bei ihnen um erwachsene Hybriden handeln könnte – dem Produkt aus Aliens und Menschen.« (69) Jacobs unterstellt verschiedene Entwicklungsstufen solcher Hybriden, wobei seiner Meinung nach die von den Menschen rein äußerlich nicht mehr zu unterscheidenden Hybriden erstmals vor wenigen Jahren in Erscheinung getreten sind. Er übersieht dabei freilich, daß diese Hybriden der letzten Entwicklungsstufe dann schon in den 50er und 70er Jahren des letzten Jahrhunderts existent gewesen sein müssen. Darauf deuten jedenfalls die Berichte der »Kontaktler« wie auch die der Betty Andreasson und des Travis Walton hin.

Was spricht eigentlich gegen die Annahme, daß sowohl die UFO-Insassen als auch der durch die genetische Veränderung des Erbguts der Abduzierten gezeugte Nachwuchs über bestimmte gewünschte, genetisch einheitliche Merkmale verfügen? Dann hätte Jacobs zumindest teilweise Recht. Wenn das genetische Zuchtprogramm der Dritten Macht, wie es den Anschein hat, frühestens Mitte der 70er Jahre des letzten Jahrhunderts begonnen hat, dann können die ersten erwachsenen »Hybriden« Anfang der 90er Jahre aufgetaucht sein. Das wiederum würde den Beobachtungen von Jacobs entsprechen.

Jacobs charakterisiert die erwachsenen »Hybriden« und damit auch die ihnen ähnlichen blonden UFO-Insassen wie folgt:

»Viele dieser Hybriden besitzen normal aussehende Augen. Ihre Haut sieht aus wie die eines Menschen, wirkt jedoch manchmal etwas zu ebenmäßig. Oft tragen sie einen Bürstenschnitt, manche bevorzugen jedoch auch langes oder gewelltes Haar. Manche haben keine Augenbrauen oder Wimpern, die meisten keine Körper- oder Schambehaarung. Manche wirken etwas mager, andere dagegen muskulös, aber niemals übergewichtig. Oft haben sie blonde Haare und blaue Augen, obwohl auch andere Variationen gesehen wurden. Die weiblichen Hybriden weisen die typisch menschlichen Geschlechtsmerkmale auf und tragen die Haare länger als die männlichen. Die meisten männlichen Hybriden sind mit normalen Geschlechtsteilen ausgestattet, wobei der Penis bei manchen etwas dünn wirkt. Die Männer sind nicht beschnitten. Diese Hybriden der höheren Stufen werden von Abduktionsopfern häufig als Außerirdische nordischen Typs beschrieben. Zudem verfügen sie über dieselben außergewöhnlichen mentalen Fähigkeiten wie die Aliens selbst. Sie können Gehirnscans und Visualisierungen (also Hypnose; der Autor) durchführen. Sie haben annähernd vollständige Kontrolle über die Abduktionsopfer … Die Hybriden höherer Stufen verfügen über eine herausragende Fähigkeit: Sie sind in der Lage, sich mit Menschen zu paaren. Sie können mit Menschen auf normale Weise den Geschlechtsverkehr vollziehen …« (69)

Man merkt die Verwirrung von Jacobs. Scheinbar will er unbedingt das in seinem ersten Buch (68) vertretene Szenario retten, in dessen Mittelpunkt die grauen Aliens stehen. Nur langsam gelangt er zu der Einsicht, daß diese Grauen nur eine untergeordnete Rolle spielen und das UFO-Entführungsphänomen vielleicht doch ein ausschließlich irdisches Phänomen ist.

Endgültige Gewißheit darüber, ob sich hinter einem Teil der erwachsenen Blonden der aus der Erbmasse der Abduzierten gezeugte Nachwuchs verbirgt, können nur Berichte bringen, die das Aussehen von »hybriden« Kindern beschreiben.

Einer der ersten Berichte über die Begegnung zwischen einer Frau und ihrem durch die UFO-Insassen genetisch manipulierten Kind wurde von Budd Hopkins veröffentlicht. Dieses später in der Literatur als Baby-Präsentation bezeichnete Ereignis fand während einer Entführung im Jahr 1983 statt:

»Und dann … kam ein kleines Mädchen in den Raum …, begleitet von zwei weiteren Wesen, Frauen. Und sie stand im Türrahmen … Sie sah aus wie eine Vierjährige und hatte etwa Tommys Größe. Er ist auch vier Jahre alt. Und sie sah nicht aus wie diese Männer, aber auch nicht wie wir. Sie war sehr hübsch; wie eine Elfe oder ein … Engel. Sie hatte große blaue Augen und ein winziges, perfekt geformtes Näschen. Und auch ihr kleiner Mund war perfekt, und sie war blaß; nur die Lippen waren rosa und die Augen blau. Und sie hatte weißes, wuscheliges, dünnes Haar …, feines Haar. Ihr Kopf war ein wenig größer als gewöhnlich, besonders an der Stirn und hier hinten … Die Stirn war ein wenig ausgeprägter …, aber sie war ein richtiges Püppchen.« (71)

Festgehalten werden kann: Das kleine Mädchen hatte blaue Augen und helle Haare; ihre Zeugung müßte etwa im Jahre 1978 stattgefunden haben.

David Jacobs schreibt über einen anderen Fall:

»Diane Henderson wurde in einen Raum geschafft, in dem sich sechs oder sieben weißgekleidete Kinder mit blauen Augen, wuscheligem Haar und kleinen Nasen aufhielten.« (69) Da Jacobs die von ihm als Hybriden bezeichneten Wesen als Außerirdische nordischen Typs beschreibt, ist davon auszugehen, daß diese Kinder neben den blauen Augen auch über das andere charakteristische Merkmal der Nordischen, die blonden Haare, verfügt haben.

In einem weiteren von Jacobs aufgezeichneten Fall wird geradezu exemplarisch auf einen kleinen Jungen verwiesen, der völlig überraschend einmal nicht dem gängigen Muster entspricht: »Und … da ist auch ein kleiner Junge, der hier herumklettert. … Ich glaube, er ist etwas älter. Und seine Haut ist dunkler, seine Haare sind dunkler. Er ist wie der Unterschied zwischen … einem skandinavischen Typ – blond und helle Haut – und einem der, äh … ich weiß nicht, vom Mittelmeer vielleicht.«

Dieser Junge entspricht nicht nur nicht dem ansonsten beobachteten skandinavischen oder, mit anderen Worten, nordischen Typ, nein, er ist auch anders angezogen als die übrigen Kinder, die in diesem Raum spielen. (69)

Abschließend noch die Schilderung der Zeugin Allison Reed, die während einer Entführung zusammen mit anderen Abduktionsopfern in einen Raum gebracht wurde, in dem ein großes, bildschirmartiges Gerät stand. Präsentiert wurde den Versammelten ein Teil des zu erwartenden Zukunftsszenarios:

»… Da gibt es Hybriden und es gibt Menschen – ich kann sie nicht einmal mehr Hybriden nennen – da gibt es diese Leute, die nicht durch die normale menschliche Evolution entstanden sind, und da gibt es uns. Sie wurden durch viele Jahre des Experimentierens geschaffen. … Im Hintergrund sind Geräusche – wie Lachen, aber es ist sehr leise. Wie aus weiter Entfernung. Alle sind weiß. Alles Kaukasier (ein anderer in

Amerika üblicher Ausdruck für die Nordischen; der Autor), keine Spanier, Schwarze oder Asiaten.« (69)

Damit ist das Zuchtziel der UFO-Insassen eindeutig beschrieben!

Hinter dem Entführungsphänomen verbirgt sich ein genetischer Großversuch, der das Ziel hat, Menschen zu schaffen, die in möglichst reiner Form über die Erbmerkmale der sogenannten nordischen Rasse verfügen.

Kommt einem das nicht irgendwie bekannt vor?

Oder anders gefragt, wer hätte nach der geschilderten Vorgeschichte des UFO-Phänomens etwas anderes erwartet?

Hinter der Absetzbewegung zum Ende des Krieges und damit hinter der Dritten Macht standen in erster Linie führende Vertreter der Schutzstaffeln der NSDAP, kurz SS genannt. Das wesentliche Ziel dieser Organisation ist schnell auf einen Nenner gebracht:

»Die SS ist ein nach besonderen Gesichtspunkten ausgewählter Verband nordisch bestimmter Männer. Das körperliche Wunschbild der nordischen Rasse bestimmt die Auslese.«

Im gleichen Sinne heißt es an anderer Stelle:

»Das Zuchtziel des deutschen Volkes wird durch die nordische Rasse bestimmt ... Daß die nordische Rasse allein das Zuchtziel des deutschen Volkes bestimmen kann, ergibt sich aus der Geschichte der arischen Völker. Sie hat die Kulturen dieser Völker geschaffen; solange sie die Geschicke derselben bestimmte, stiegen sie zu hoher Blüte auf; ihr Niedergang zog den Untergang der Völker und ihrer Kulturen nach sich, denn Entnordung bedeutet stets Kulturzerfall.« (82)

Als der eigentliche »brain trust« der SS kann das sogenannte *Ahnenerbe* angesehen werden. Der Kurator dieser sich als Forschungs- und Lehrgemeinschaft verstehenden Einrichtung, Walther Wüst, erklärte in seiner programmatischen Rede *Indogermanisches Bekenntnis*:

»Insbesondere aber befreie sich die nationalsozialistische Wissenschaft von jedem fremdvölkischen Ballast, der sie nur hindert, aufzusteigen zu den Hochzielen: der Neuschöpfung einer nordischen Herrenschicht, einer indogermanischen Gemeinschaft, einer Zukunft, die auf ihr Banner nicht ›Kapital und Krieg‹, sondern ›Kinder und Kultur‹ geschrieben hat.« (83)

Schon Adolf Hitler hatte in seinem Buch *Mein Kampf* dieses von der SS definierte Zuchtziel zum Mittelpunkt der nationalsozialistischen Weltanschauung erklärt:

»Sicher würde bei einer restlosen Vermengung unserer rassischen Urelemente ein geschlossener Volkskörper entstanden sein, allein er wäre, wie jede Rassenkreuzung beweist, von einer geringeren Kulturfähigkeit erfüllt, als sie der höchststehende der Urbestandteile ursprünglich besaß. Dies ist der Segen des Unterbleibens restloser Vermischung: daß wir auch heute noch in unserem deutschen Volkskörper große unvermischt gebliebene Bestände an nordisch-germanischen Menschen besitzen, in denen wir den wertvollsten Schatz für unsere Zukunft erblicken dürfen. ... Wer von einer Mission des deutschen Volkes auf der Erde redet, muß wissen, daß sie nur in der Bildung eines Staates bestehen kann, der seine höchste Aufgabe in der Erhaltung und Förderung der unverletzt gebliebenen edelsten Bestandteile unseres Volkstums, ja der ganzen Menschheit sieht.« (84)

Der Historiker Günther Deschner brachte die menschenzüchterischen Bestrebungen der Nationalsozialisten mit wenigen Worten auf den Punkt: »Die geschichtliche Vision eines rassisch geschlossenen Raumkernes, auf die sich die nationalsozialistische Zukunfts-Utopie zusammenfassen läßt, hatte in ihrem Mittelpunkt die Auslese eines Menschentyps, dessen äußeres Bild am griffigsten der Rassetheoretiker des Dritten Reiches, Hans F. K. Günther, als blond und hochgewachsen, als langschädelig und schmalgesichtig, mit ausgeprägtem Kinn, schmaler Nase mit hoher Nasenwurzel, weichem hellem Haar, zurückliegenden hellen Augen und rosigweißer Hautfarbe beschrieben hatte.« (85)

Von den Historikern der Gegenwart wird dabei leider allzuoft übersehen, daß den Rasseforschern im Nationalsozialismus die äußerlichen Merkmale eines Menschen lediglich Hinweis waren auf die als viel bedeutungsvoller erkannten seelischen Erbmerkmale. So formulierte der von Deschner zitierte Professor Hans F. K. Günther denn auch folgendes:

»Wären die Menschenrassen ungleich nur in bezug auf ihre leiblichen Erbanlagen, so käme der Betrachtung rassischer Erscheinungen eine viel geringere Bedeutung zu. Die seelische Erbungleichheit der Menschenrassen bedingt erst die augenfälligen Verschiedenheiten in Haltung und Auftreten, in Taten und Werken der einzelnen Menschen und der einzelnen Völker ...« (86)

Zu diesen als »besonders wertvoll« erkannten geistig-seelischen Eigenschaften der nordischen Rasse und ihrer Entstehung schrieb der Direktor des Institutes für Rassen- und Völkerkunde an der Universität

Leipzig, Professor Dr. Otto Reche, in seinem Buch *Rasse und Heimat der Indogermanen*:

»Es ist schon von verschiedenen Forschern der Versuch gemacht worden, aus den für die nordische Rasse besonders kennzeichnenden geistig-seelischen Erbeigenschaften Rückschlüsse auf ihre Heimat zu ziehen, und viele Forscher sind heute der Meinung, daß diese Eigenschaften ein Auslese- und Züchtungsprodukt der letzten Eiszeit darstellen: nur eine Rasse, die diese Eigenschaften und diesen Charakter erwarb, war fähig, die ungeheuer schwere Notzeit zu überwinden und nicht an ihr zu zerbrechen; vielleicht mußte sie sogar schon Ansätze zu diesen Eigenschaften, einen starken Widerstands- und Gestaltungswillen in diesen Kampf mitbringen, sonst wäre sie ihm ausgewichen und nach Süden abgewandert.

Die ungeheure Tatkraft und Zähigkeit in der Verfolgung eines Zieles, die Einsatzbereitschaft, das kühle Überlegen und Vorausdenken, die Entwicklung starker, in sich selbst ruhender Persönlichkeiten, all das kann wirklich nicht, wie uns ja zur Genüge Beobachtungen an Völkern in anderen Klimaten zeigen, etwa in den Tropen oder auch nur in der gemäßigt heißen Zone gezüchtet worden sein, aber auch nicht in der Steppe, die sowohl ihre Tiere wie ihre Menschen zu Herden formt. Das kann alles nur entstanden sein im harten, immerwährenden, in der Art stets wechselnden, den vollen Einsatz der Einzelpersönlichkeit erfordernden Kampf mit einem überaus feindlichen, zur Anwendung der letzten Kräfte zwingenden Klima, wie wir es uns eben in der Eiszeit vorzustellen haben.

Hier nur konnte sich auch das für die nordische Rasse kennzeichnende Bedürfnis bilden, den Menschen nach seiner Leistung zu werten, nach seinem Sein und nicht nach dem Schein, der zum Beispiel bei der einem weichlicheren Klima entstammenden Mittelmeerrasse eine so große Rolle spielt. Hier auch konnten schon früh Gedanken der Rassenpflege auftauchen, weil sie für den steten Lebenskampf notwendig waren: die Ausmerzung zu schwächlicher Kinder, unheilbar Kranker und siech gewordener Alter … Auch Erfindungsgabe und Schöpferkraft müssen in einer derartigen Umwelt regelrecht gezüchtet worden sein, denn der Erfolg im Kampf wird in zahllosen Fällen von diesen Gaben abhängig gewesen sein. Ebenso wichtig waren Selbstbeherrschung, Mut, Unternehmungslust.

Wir haben also eine große Anzahl besonders kennzeichnender geistig-seelischer Eigenschaften der nordischen Rasse, die uns darauf hinweisen, daß nur die Umwelt einer Eiszeit sie gezüchtet haben kann … Die so gezüchteten Eigenschaften mußten die nordische Rasse dazu befähigen, höhere Kulturleistungen zu vollbringen als Rassen, die Kinder, Züchtungsprodukte anderer Umwelten, Rassen, die – sozusagen – nicht zu Stahl gehämmert, sondern weiches Metall geblieben waren.« (87)

Auf welchen Wegen versuchte die SS vor 1945 das von ihr aufgestellte Zuchtziel zu erreichen?

Seit Beginn des Jahres 1932 wurde die Musterung aller Beitrittskandidaten vorbereitet und ab 1933 auch wirklich durchgeführt. Wer bereits vor 1933 Mitglied der SS gewesen war, mußte dem Rassenamt nachträglich seinen Nachweis der arischen Abstammung und der Erbgesundheit vorlegen – und zwar zurück bis zum 1. Januar 1800. Bei den SS-Neuaufnahmen gingen die Rassereferenten des Rassenamtes nach einem bestimmten Schema vor. Zunächst erfaßten sie die erscheinungsbildlichen Merkmale des Bewerbers in den Kategorien »Körperbau« – von Idealgestalt bis Mißgestalt in neun Abstufungen – und »Rassische Bewertung« – in fünf Gruppen von rein nordisch bis zur Vermutung außereuropäischen Bluteinschlages –, die dann im Urteil »Auftreten« zu einer Gesamtbewertung ergänzt wurden. Diese Wertung wurde zusammen mit den Ergebnissen eines Intelligenztests und einer Sportprüfung in einem Schlußurteil zusammengefaßt.

Daneben wurde bereits zum 31. Dezember 1931 der Verlobungs- und Heiratsbefehl der SS erlassen. Dieser verlangte mit Wirkung vom 1. Januar 1932 von allen unverheirateten Angehörigen der SS, vor einer beabsichtigten Eheschließung die Erlaubnis des Reichsführers-SS einzuholen. Mittels eines Abstammungsnachweises sowie einer rassischen und einer gesundheitlichen Untersuchung hatten der SS-Mann und seine Braut den Nachweis ihrer rassischen und erbbiologischen Wertigkeit zu erbringen. Ein Eheverbot des Reichsführers-SS wegen mangelnder rassischer Eignung der Braut sollte bindend sein. Heiratete der SS-Angehörige dennoch, drohte ihm der Ausschluß aus den Reihen der Schutzstaffel. So sollte die sogenannte SS-Sippengemeinschaft aus rassisch hochwertigen Frauen und Männern geschaffen werden, die ihrerseits wiederum die Gewähr für gutrassigen Nachwuchs boten. (88)

Der dritte Weg, der beschritten wurde, war der einer angestrebten künstlichen Einflußnahme auf das Erbgut. Der größte Teil der genetischen Forschung bis 1945 fand in Deutschland an den Kaiser-Wilhelm-

Instituten statt. Die Führungsrolle bei der experimentellen Mutationsforschung übernahm die genetische Abteilung des Kaiser-Wilhelm-Insti-
tutes für Hirnforschung in Berlin-Buch unter ihrem Abteilungsleiter
Nikolai W. Timofeeff-Ressovsky.

Zusammen mit seinen Mitarbeitern legte Timofeeff – der nach Aussage von Experten damals bei weitem die beste Arbeit auf dem Gebiet
der quantitativen Mutationsforschung leistete – einige der Grundlagen,
auf denen Watson und Crick bei ihren späteren Forschungen aufbauen
konnten, in deren Ergebnis 1953 die Erkenntnis von der ausschlag-
gebenden Bedeutung der DNS bei Vererbungsprozessen stand. (89)

Die unter der Ägide der SS arbeitenden Forscher müssen wohl
erkannt haben, daß bis zur angestrebten Möglichkeit einer direkten
Veränderung des menschlichen Erbguts noch ein weiter Weg vor ihnen
lag. Sie konzentrierten sich von daher in erster Linie auf zwei naheliegen-
de Forschungsziele, welche die »große Lösung« vorbereiten helfen sollten.

Anhand der Zwillingsforschung versuchten sie zum einen die Gesetz-
mäßigkeiten im Erbgang spezifischer Merkmale von einer Generation
zur nächsten nachzuweisen.

Zum anderen arbeiteten sie an einem serologischen Rassentest, mit
dessen Hilfe die rassische Zuordnung einer untersuchten Person vorgenommen werden konnte. Ziel war ein Schnellverfahren, mit dem innerhalb der europiden Großrasse nicht nur zwischen den Unterrassen nordisch, westisch, dinarisch, ostisch und ostbaltisch nach der von Prof.
Günther aufgestellten Rassensystematik unterschieden werden konnte,
sondern das darüber hinaus selbst die Unterscheidung sich so nahe
stehender Völkerschaften wie Kirgisen, Tataren und Usbeken auf Protein-
basis ermöglichen sollte. (90)

Wie weit konnten diese Forschungen bis zum Kriegsende noch
vorangetrieben werden? Schon auf den ersten Blick dürfte klar geworden
sein, daß ein praktikabler Schnelltest zur Bestimmung spezifischer Rasse-
eigenschaften von besonderer Bedeutung auch für das später von den
UFO-Insassen in Gang gesetzte Zuchtprogramm gewesen sein muß.

Die Arbeiten an der Zwillingsforschung wie auch die Suche nach
Methoden für einen geeigneten serologischen Rassentest wurden koordi-
niert am Kaiser-Wilhelm-Institut für Anthropologie in Berlin unter
Leitung von Prof. Dr. med. Otmar von Verschuer. Als anerkannte
Kapazität auf seinem Forschungsgebiet war Verschuer zwar selbst nicht
Mitglied der SS, beschäftigte als seinen »Lieblingsschüler« und wissen-

schaftlichen Assistenten jedoch einen Mann, dessen Name nach 1945 einen hohen Bekanntheitsgrad erreichen sollte: Josef Mengele.

Mengele, seit 1938 Mitglied der SS, hatte 1935 mit einer »Rassenmorphologischen Untersuchung des vorderen Unterkieferabschnitts bei vier rassischen Gruppen« summa cum laude zum Dr. phil. und 1938 mit gleichem Prädikat mit »Sippenuntersuchungen bei Lippen-Kiefer-Gaumenspalte« zum Doktor der Medizin promoviert. (91) Nachdem er 1941/1942 als »besonders begabter Truppenarzt« im Kampfverband der SS-Division »Wiking« seinen Dienst geleistet hatte, wurde er nach schwerer Verwundung und ausgezeichnet mit dem Eisernen Kreuz Erster Klasse an das Rasse- und Siedlungshauptamt der SS zurückversetzt. (92) Schließlich verfügte das SS-Führungshauptamt Ende Mai 1943 Mengeles Versetzung ins Konzentrationslager Auschwitz.

Dort, unter für einen Rassenforscher nahezu »idealen Bedingungen«, konnte Mengele seine vor dem Krieg in Zusammenarbeit mit Prof. Verschuer begonnenen Forschungen fortsetzen.

Befragt nach dem wissenschaftlichen Stellenwert der Arbeiten Mengeles in Auschwitz, äußerte sich nach dem Krieg die aus einer Familie des polnischen Hochadels stammende Anthropologin Martina Puzyna, die als Häftlingsärztin gezwungen war, mit Mengele zusammenzuarbeiten: »Selbst bei kritischster Würdigung seien die Arbeiten von Mengele für die Wissenschaft der Anthropologie unstreitig von höchstem Wert gewesen.« Auch wenn Mengele kein einziges Mal mit ihr über das Ziel seiner Forschungtätigkeit gesprochen habe, so hätte sie doch gerüchteweise erfahren können, daß eine Vermehrung der nordischen Rasse angestrebt worden sei. (91)

Die Mittel für Mengeles Genetikforschung in Auschwitz hatte im August 1943 die Deutsche Forschungsgemeinschaft bewilligt. Offenbar war es Professor Verschuer, der konkret die Zuschüsse seitens der Forschungsgemeinschaft sicherte. (92) In einem Fortschrittsbericht aus dem März 1944 schrieb Verschuer an diese Einrichtung: »Kennwort: Spezifische Eiweißkörper … Als Mitarbeiter in diesem Forschungszweig ist mein Assistent Dr. med. et Dr. phil. Mengele eingetreten. Er ist als Hauptsturmführer und Lagerarzt im Konzentrationslager Auschwitz eingesetzt. Mit Genehmigung des Reichsführers-SS werden anthropologische Untersuchungen an den verschiedensten Rassengruppen dieses Konzentrationslagers durchgeführt und die Blutproben zur Bearbeitung an mein Laboratorium geschickt.« (91)

Hinter dem Forschungsvorhaben mit dem Kennwort »Spezifische Eiweißkörper« verbarg sich jedoch nichts anderes als der schon oben erwähnte serologische Rassentest! (90)

Indem der Fortgang von Verschuers Arbeiten letztendlich von den Lieferungen Mengeles abhing, konnte die SS indirekt eine Kontrolle über die aus ihrer Sicht überaus bedeutsamen Forschungsprojekte Prof. Verschuers ausüben.

Nachdem ihm Mengele Blutproben von über 200 Personen verschiedener Herkunft zugeschickt hatte, bemühte sich Verschuer in den letzten Kriegsmonaten, jene spezifischen Eiweißkörper zu finden, auf deren Grundlage er hoffte, eine naturwissenschaftlich exakte Methode der Rassenidentifikation entwickeln zu können. Ab November 1944 erhielt er bei der Lösung der auftauchenden biochemischen Fragestellungen Unterstützung durch einen Mitarbeiter des späteren Chemie-Nobelpreisträgers Adolf Butenandt. (93)

Da nach dem Krieg nicht nur die von Mengele geschickten Präparate, sondern zudem alle entscheidenden Archivakten als verschollen galten, ist es müßig, Spekulationen darüber anzustellen, ob Verschuer ans Ziel gelangt ist. Indiz für einen erfolgreichen Abschluß des Forschungsprojektes »Spezifische Eiweißkörper« könnte jedoch ein Brief sein, den Verschuer Anfang Januar 1945 an den Chefarzt der Frankfurter Universitätskinderklinik, Professor Bernhard de Rudder, geschrieben hat. Darin heißt es: »Es wird Sie jeweils auch interessieren, daß nun endlich meine Forschungen über spezifische Eiweißkörper in ein entscheidendes Stadium getreten sind.« (91)

Was noch in den zur Verfügung stehenden vier Monaten bis zum Kriegsende erreicht werden konnte, darüber schweigen nicht nur die Akten, sondern auch Verschuer ließ später kein Sterbenswörtchen darüber verlauten.

Was passierte mit den Archivakten, in denen der Fortschritt der Arbeiten dokumentiert sein müßte? Wurden sie von Verschuer vernichtet, oder gelang es vielleicht einem Sonderkommando der SS, sie zu bergen? Auch auf diese Frage gibt es keine Antwort, genausowenig wie auf die nach dem späteren Verbleib von Mengeles Auschwitzer Forschungsunterlagen.

Mengele selbst tauchte nach dem Ende des Krieges unter. Im Jahr 1949 gelang ihm die Flucht nach Argentinien. Dort genoß er die besondere Protektion von Hans-Ulrich Rudel, auf den im 5. Kapitel noch zurückzukommen sein wird. Am 7. Februar 1979 kam Josef Mengele bei einem Badeunfall an der brasilianischen Atlantikküste ums Leben.

Unabhängig von den Forschungsinstituten und Universitäten verfolgte die SS auch ein eigenes Forschungsprogramm. Koordiniert wurden die Arbeiten von der Forschungs- und Lehrgemeinschaft *Ahnenerbe*. Im Jahr 1943 umfaßte das *Ahnenerbe* bereits über 40 wissenschaftliche Abteilungen. (37)

Am 1. November 1943 wurde in Lannach bei Graz das Institut für Pflanzengenetik unter Leitung des Dozenten und SS-Untersturmführers Dr. Heinz Brücher gegründet. Fast scheint es so, als wären in diesem Institut über die offiziellen pflanzengenetischen Forschungen hinaus noch andere Tätigkeitsfelder abgedeckt worden. So war in einem internen Schreiben der Geschäftsführung des *Ahnenerbes* an den Leiter der Fachsparte Biologie, Konrad Meyer, vom 30. September 1943 – also noch vor der offiziellen Gründung des Instituts – allgemein nur von einem »Institut für Genetik« die Rede. (89)

Zudem hatte der Leiter des Instituts, Heinz Brücher, zwar 1938 in Botanik promoviert, war anschließend jedoch an der Universität Jena als Assistent von Prof. Karl Astel am Institut für menschliche Erbforschung beschäftigt. Dort setzte er seine Untersuchungen über plasmatische Vererbung fort. Brücher war von daher kompetent genug, um sowohl auf dem Gebiet der Pflanzengenetik als auch auf dem der Humangenetik einen Beitrag zu den Forschungszielen der SS leisten zu können.

Wie es der Zufall will, auch Heinz Brücher ging wie Mengele 1949 nach Argentinien, wo er Universitätsprofessor wurde, zunächst in Tucuman, dann in Mendoza und schließlich in Buenos Aires. (89)

Es dürfte der Vermutung nichts im Wege stehen, daß sich Mengele und Brücher in Argentinien getroffen und sich über ihre Forschungsergebnisse ausgetauscht haben.

Gemeinsam könnten sie der Dritten Macht die wissenschaftlichen Grundlagen für den sich später im Entführungsphänomen manifestierenden genetischen Großversuch vermittelt haben.

Daß die Zielstellung der UFO-Insassen identisch ist mit der schon von Mengele bei seinen Forschungen in Auschwitz verfolgten, dürfte schon durch die Aussage der polnischen Anthropologin Martina Puzyna hinreichend bewiesen sein: Ziel war und ist eine Vermehrung der nordischen Rasse!

Dieser bisher im Geheimen verfolgten biologischen Zielstellung wird ohne Zweifel irgendwann eine öffentliche Demonstration nachfolgen, welche die Existenz und die Fähigkeiten der Dritten Macht vor aller Augen offenbart. Wann jedoch sich diese Machtdemonstration ereignen soll und auf welche Art und Weise, darüber kann nur spekuliert werden (siehe dazu mehr im 7. Kapitel). Einige wenige Anhaltspunkte über die machtpolitischen Ziele der Dritten Macht und den zu ihrer Verwirklichung erforderlichen Zeitplan können allerdings auch den Aussagen der Abduzierten entnommen werden.

Wenn der Entführungsforscher David Jacobs schreibt – allerdings immer noch unter der falschen Annahme, daß sich Außerirdische hinter dem Entführungsphänomen verbergen –, »Alle Beweise scheinen darauf hinzudeuten, daß das Endziel der Aliens darin liegt, sich in die menschliche Gesellschaft zu integrieren. All ihre Anstrengungen und Aktivitäten scheinen darauf angelegt zu sein, die gesamte Menschheit zu kontrollieren«, so hat er mit Bezug auf die Absichten der Dritten Macht zweifelsohne Recht.

Jacobs fährt fort und zitiert dabei auch die mit den Abduzierten aufgenommenen Gesprächsprotokolle: »Die Aliens haben selbst erwähnt, daß der Zeitpunkt in nicht allzu weiter Ferne liegt, an dem ihr Programm endet und sie ihre Ziele erreicht haben. Viele Abduktionsopfer meinen, daß bald etwas passieren wird und die Aliens somit unmittelbar vor der Verwirklichung ihrer Pläne stehen. ... Sie sind fast fertig, aber noch nicht ganz. Sie müssen noch einiges tun. ... glaubt, daß der Plan der Aliens in drei Stufen erfolgt – erst allmählich, dann beschleunigt, zuletzt überraschend schnell. Die Aliens bedeuteten ihr, daß derzeit die beschleunigte Stufe durchgeführt wird, und sie glaubt, daß es schneller gehen wird, als man denken sollte. ... Soweit es das genaue Datum betrifft, äußern sich die Aliens zumeist vage. Aber 1997 erfuhr auch Claudia Negron, daß die Wende bald, schon sehr bald kommen wird. Ob darunter die nächsten fünf Jahre oder die nächsten zwei Generationen zu verstehen sind, bleibt jedoch ungewiß.« (69)

Von Interesse in diesem Zukunftsszenario ist auch die Rolle der Abduzierten selbst. Haben viele von ihnen bisher lediglich als Spender von Erbmaterial gedient, so scheint ihnen bei der Übernahme dieses Planeten durch die Dritte Macht doch eine weitere, wichtige Funktion zuzufallen. »Einige Abduktionsopfer meinen, daß sie selbst die Wende einleiten sollen. Sie wissen nicht genau, worin ihre Rolle dabei besteht,

denken jedoch, daß sie es erfahren werden, wenn es an der Zeit ist.« Und:
»... wurde von den Aliens erklärt, daß sie zum Zeitpunkt der Wende
benachrichtigt würde, damit sie den anderen Menschen helfen kann,
sich an die neue Realität zu gewöhnen. ... Was wirst Du den Leuten
beibringen? Alles über ein neues Leben, nachdem die Welt sich verändert
hat. Den Leuten helfen, sich anzupassen. ... Daß sie an der Herbeifüh-
rung der Wende beteiligt sein sollen, mag erklären, warum viele
Abduktionsopfer meinen, über geheime Kenntnisse zu verfügen. Über
Jahre haben viele von ihnen behauptet, daß die Aliens ihnen solche
Kenntnisse verliehen hätten, diese jedoch im Verborgenen liegen würden. ... Die Aliens erklären den Abduktionsopfern, daß die Erinnerungen wieder auftreten, wenn es an der Zeit ist. ... Er erzählt mir von der
Zukunft. Es wird große Veränderungen geben. Ein großes Durcheinan-
der und Chaos ..., ich soll mit ihnen kooperieren – ich werde wissen,
was zu tun ist. Noch weiß ich nicht, was passieren wird, er erklärt es
nicht. Da ist jedoch etwas von globaler Bedeutung. In der Zukunft, ich
weiß noch nicht wann. Es wird schrecklich, aber ich werde wissen, was
ich zu tun habe. Sie haben es mir beigebracht. Er hat nicht programmie-
ren gesagt, aber ich würde es so nennen. Sie haben mich programmiert –
was immer auch passieren wird, ich muß mir keine Sorgen machen, weil
ich die Informationen habe, und obwohl ich sie nicht kenne, werde ich
wissen, was zu tun ist.« (69)

Deuten diese Aussagen der Abduzierten nicht auf ein Übernahmeszenario hin, in dem nicht unbeträchtlichen Teilen der Bevölkerung über
posthypnotische Befehle für den Tag der Wende ein bestimmtes Verhaltensmuster ins Unterbewußtsein eingepflanzt worden ist?

Und findet die bisher bekanntgewordene biologische Komponente
des Entführungsphänomens damit nicht ihre Ergänzung durch eine zu
einem späteren Zeitpunkt machtpolitisch wirksame Konditionierungsstrategie, welche die Übernahme der Welt durch die Dritte Macht
erleichtern helfen soll? Eine Antwort auf diese Fragen kann nur die
Zukunft erteilen.

Wenn, wie einige Abduzierte glauben, gegenwärtig schon die beschleunigte Phase des Übernahmeszenarios in Gang gesetzt worden ist,
so könnte diese Annahme ihre Bestätigung auch darin finden, daß die
Dritte Macht die Tarnung ihrer Aktivitäten mehr und mehr zu vernach-
lässigen scheint. Die Grauen treten bei den Entführungen zunehmend in
den Hintergrund, die angeblichen Hybriden (die Blonden) übernehmen

in den Augen der Abduzierten mehr und mehr die Initiative. David Jacobs schreibt zu diesem für ihn sicherlich überraschenden Umstand:

»Manchmal tragen Hybriden der höheren Entwicklungsstufen auch militärisch wirkende Kleidung wie etwa Overalls, die Fliegeranzügen ähneln. Da sie weitgehend wie Menschen aussehen, werden sie häufig fälschlicherweise für Angehörige des amerikanischen Militärs gehalten. Aus diesem Grund gelangten viele Abduktionsopfer zu der Überzeugung, daß das Militär in die Pläne verwickelt ist. Im Laufe der Jahre haben Abduktionsopfer häufig berichtet, daß Soldaten oder uniformierte Männer bei den Abduktionen zugegen waren. Manchmal bringen die Hybriden die Abduktionsopfer zu verlassenen Militärbasen oder nicht genutzten Bereichen aktiver Militärstützpunkte. … Doch gibt es in Wirklichkeit keine Beweise, daß die amerikanische oder andere Regierungen in das Abduktions-Projekt verwickelt sind.« (69) Letzteres war nach dem bisher Gesagten auch nicht zu erwarten.

Wie man sieht, sind selbst die bis vor kurzem noch doktrinär von einer außerirdischen Urheberschaft des Entführungsphänomens überzeugten Entführungsforscher zunehmend verunsichert und geraten in Erklärungsnot. Dabei spricht es schon für eine gehörige Portion Ignoranz, wenn die Erkenntnis, daß für die Entführungen eine durchaus menschliche Macht verantwortlich zeichnet, jetzt erst dämmert. Nicht allein die für eine überlegene außerirdische Intelligenz vergleichsweise primitiven Praktiken, zum Beispiel bei der Gewinnung von Erbmaterial, hätten wesentlich früher Anlaß zur Revision liebgewordener Ansichten geben sollen. Seit Jahren schon liegen zudem in großer Zahl Berichte vor, die die irdische Komponente des Entführungsphänomens unterstreichen.

So wurde am 3. Februar 1993 im College Park, Maryland, eine vom *Fund for UFO Research* gesponserte Konferenz über UFO-Entführungen abgehalten. Bei dieser Konferenz waren zwölf Personen mit UFO-Entführungserlebnissen anwesend. Die zwölf Personen wurden von den anwesenden Forschern, unter denen sich auch zwei Psychiater befanden, ausführlich befragt. Auf die Frage, wie viele Entführungsopfer sich erinnern konnten, ob sie während einer Entführung in eine Höhle oder eine unterirdische Anlage gebracht wurden, antworteten sieben mit Ja. Einige der Entführten behaupteten, daß sie in diesen unterirdischen Anlagen verschiedene Menschen in tranceähnlichen Zuständen sahen. (76) Damit deutet alles darauf hin, daß ein nicht unbeträchtlicher

Teil des Entführungsszenarios sich nicht an Bord der UFOs oder in den eigenen vier Wänden, sondern in unter der Erde liegenden Einrichtungen abspielt.

Folgende Charakteristika wurden für diese Art von Erlebnissen zusammengestellt:

— Militärisch Entführte berichten von großen metallischen Toren in Berghängen. Der Transport erfolgt mit einem Helikopter oder einem herkömmlichen Fahrzeug.
— Entführte werden zu Fuß oder mit einem Fahrzeug durch einen künstlich angefertigten Tunnel transportiert.
— Manchmal werden die gekidnappten Personen mit einem Lift in tiefere Etagen befördert.
— Die Opfer werden von Militärpersonal durch Gänge eskortiert. Die Türen lassen sich oft nur mittels elektronischer Erkennungsverfahren öffnen. Sie nehmen Generatoren und andere Maschinen wahr. Die Einrichtung erinnert an irdische Forschungslabors.
— Meistens werden die Entführten in einen Raum gebracht, wo sie von einem Arzt untersucht werden.
— Männer in Kampfanzügen, Männer in Militäruniformen, weibliche oder männliche Ärzte in weißen Labormänteln sowie zivile Personen in Anzügen und manchmal andere Entführte werden gesehen. (76)

Die Tarnung fällt – langsam. Die Beweise für ein ausschließlich irdisches UFO-Entführungsphänomen lassen sich nicht länger verdrängen.

Schon vor Jahren brachte der französische Astrophysiker und UFO-Forscher Jacques Vallee mit einem Schuß Ironie das Widersinnige in der anhaltenden Diskussion um die UFOs auf den Punkt:

»In gewisser Hinsicht gleicht das Studium der UFOs der amerikanischen Politik: Es gibt genau zwei Parteien zur Auswahl. In der Politik gibt es nur Demokraten und Republikaner. In der Ufologie sind es die Skeptiker, die überhaupt nicht an UFOs glauben, und diejenigen, die der Ansicht sind, es handele sich um Raumschiffe von einem anderen Planeten. Aber sind diese beiden wirklich die einzigen Möglichkeiten?« (94)

Nein, es gibt eine Alternative!

KAPITEL 4

DIE VERKANNTEN
PRÄ-ASTRONAUTEN

An dieser Stelle ist es an der Zeit, einen anderen Mythos aus der Welt zu schaffen: den von den Außerirdischen, die vor Jahrtausenden als Entwicklungshelfer auf die Erde kamen, den Menschen die Kultur brachten und danach wieder verschwanden, nicht ohne vorher jedoch das Versprechen abgegeben zu haben, in ferner Zukunft zurückzukehren.

Man sieht, wie eng die Verbindung ist zwischen der auf historische Aspekte konzentrierten Prä-Astronautik (modern: Paläo-SETI) und der überwiegend neuzeitliche Phänomene untersuchenden UFO-Forschung. Gerade deshalb wird dieses Kapitel notwendig. Gab es keine außerirdischen Prä-Astronauten, dann fehlt dem Gegenwartsphänomen der angeblich außerirdischen UFOs die historische Anbindung und damit die Legitimation einer kontinuierlichen Entwicklung vom Altertum bis zur Neuzeit. Es hieße, den Zufall gewaltig zu strapazieren, würde angenommen, daß es zu einem Kontakt mit einer außerirdischen Zivilisation ausgerechnet dann gekommen sein soll, als der Mensch um die Mitte der 40er Jahre des vergangenen Jahrhunderts seine ersten Schritte ins Raketenzeitalter unternahm. Dem Einwand, was es dann aber mit den Beobachtungen ungewöhnlicher Himmelserscheinungen vor dem Jahr 1944 auf sich hätte, kann leicht begegnet werden.

Bei einem nicht unbeträchtlichen Teil dieser zur damaligen Zeit unerklärlichen Manifestationen am Himmel wird es sich einfach um fehlgedeutete natürliche Phänomene gehandelt haben.

Daneben gab es ohne Zweifel eine prähistorische Luftfahrt, nur war diese eben hausgemacht, genauso wie die anderen »Rätsel der Menschheit«, deren außerirdischer Ursprung von den Vertretern der Prä-Astronautik behauptet wird. Im übrigen sind wir diesen zu Dank verpflichtet. Ohne deren Fragestellungen und ohne ihre Feldforschungen wären wir heute nicht in der Lage, auch auf dieses Kapitel der Menschheitsgeschichte einen revisionistischen Blick zu werfen.

Zu besonderem Dank verpflichtet bin ich einem über viele Jahre stark engagierten dieser Vertreter, der heute aber anderer Meinung ist und auf die berechtigten Fragestellungen der Prä-Astronautik irdische

Antworten kennt. Herr Mathias Kappel hat sich bereit erklärt, diesem Kapitel einen fundierten Inhalt zu geben. Am besten, wir lassen ihn von jetzt an selbst zu Wort kommen …

»Mein Interesse an den Fragestellungen jener Forschungsrichtung, die heute gemeinhin als Prä-Astronautik bezeichnet wird, erwachte schon im Schulalter, als Ende der 70er Jahre des vorigen Jahrhunderts über den Sender des damaligen *Radio Luxemburg* täglich eine fünfminütige Hörsendung mit dem Titel *Erich von Däniken liefert Beweise* ausgestrahlt wurde. Der Zugang zu den schriftlichen Veröffentlichungen dieses bekannten Erfolgsautors gestaltete sich in der DDR bekanntermaßen schwierig. Trotzdem gelang es mir binnen eines Jahres, im Deutschunterricht einen Vortrag zum Thema zu plazieren. Jahre später, als ich meine Quellenbasis systematisch erweitert hatte, konnte ich als Student auf eine regelmäßige Vortragstätigkeit in den Studentenklubs meiner Universitätsstadt Dresden verweisen. Der Andrang wißbegieriger Kommilitonen war groß, vor allem auch deshalb, weil das Thema von den Herrschenden bis dahin in Acht und Bann getan worden war. Trotzdem blieb ein Gefühl der Unzufriedenheit, konnte ich über die materiellen Spuren der außerirdischen Besucher doch lediglich an Hand von Zitaten und Bildübernahmen von anderen Autoren berichten. Dann kam 1989 die politische Wende, die bisher versperrten Grenzen wurden geöffnet, und schon im Jahr 1990 besuchte ich Ägypten und weilte zu Füßen der Pyramiden.

In den Folgejahren bereiste ich beinahe alle in der einschlägigen Literatur als rätselhaft beschriebenen Stätten, vom vorderen Orient über Nordafrika und Europa zu den Hochländern Asiens, in die Wüsten und Dschungel Mittel- und Südamerikas bis hin zur Osterinsel in den Weiten des Pazifiks. Als Extrakt dieser Forschungsreisen veröffentlichte ich eine Reihe von Beiträgen in diversen Fachzeitschriften, die dann zum Teil wiederum Eingang fanden in im Buchhandel erhältliche Anthologien zum Thema.

So hatte ich mich über Jahrzehnte mit ganzer Kraft einer Forschungsrichtung gewidmet, die den Spuren folgte, die außerirdische Intelligenzen vor Jahrtausenden auf diesem Planeten hinterlassen hatten, und mußte am Ende wahrnehmen, daß mir der eigentliche Forschungsgegenstand abhanden zu kommen drohte, daß die

Außerirdischen überflüssig wurden. Die Rätsel blieben, jedoch die Urheber waren andere. Man sieht, dieses Kapitel ist mit Herzblut geschrieben.

Ende der 1990er Jahre begann ich umzudenken, als ich begreifen mußte, daß die Crux der Prä-Astronautik in ihrer Methodik zu suchen war. Diese bestand darin, ein rätselhaftes Artefakt unserer Vorfahren hinsichtlich seiner technischen Machbarkeit zu hinterfragen. Dabei wurde dieses isoliert und somit herausgerissen aus dem historischen Kontext jener Zeit. An einem besonders augenfälligen Beispiel will ich das illustrieren. Die riesigen altägyptischen Obelisken, einige davon bis zu 30 Meter lang, wogen zum Teil mehrere hundert Tonnen. Es schien einfach unvorstellbar, daß die Ägypter den Transport und die Aufrichtung dieser Giganten mit den ihnen zugestandenen bescheidenen Mitteln zuwege gebracht haben sollten, zumal, von zwei Ausnahmen abgesehen, in den umfangreichen schriftlichen Überlieferungen keine diesbezüglichen Hinweise vorhanden waren. Hier mußte eine überlegene technische Macht Hilfestellung geleistet haben, genauso wie an den Pyramiden. (95) Gänzlich übersehen wurde bei dieser Argumentation – und das meine ich mit isolierter Betrachtung –, daß die alten Römer mit ihren technischen Möglichkeiten, die sich von denen der Ägypter des Mittleren und Neuen Reiches nicht unterschieden, Hunderte von ägyptischen Obelisken außer Landes brachten, über riesige Strecken, so auch per Schiff über das Mittelmeer. Und niemand hat bisher behauptet, die Römer hätten zu jener Zeit Besuch von Außerirdischen gehabt! Die vollbrachte Leistung war bei Ägyptern wie bei Römern einfach so alltäglich, daß sie keines Berichtes für wert erachtet wurde.

Umdenken ließ mich des weiteren auch die Tatsache, daß bei den Feldforschungen vor Ort die Vertreter der Prä-Astronautik oft nicht genau hingeschaut hatten, Rätsel dort behaupteten, wo eine Verifizierung des Gegenteils ohne große Mühe möglich gewesen wäre. Hierfür nur zwei Beispiele: So wurde behauptet, die Wasserleitungen, die in großer Zahl in der Ruinenstätte von Tiahuanaco in Bolivien zu besichtigen sind, seien keine Wasserleitungen, sondern wohl eher Schutzröhren für Energiekabel. (96) Und das nur deshalb, weil keine intakte Wasserleitung gefunden werden konnte und weil die Leitungsstücke zudem teilweise mit der Öffnung nach unten auf dem Boden lagen, was zu dem Schluß verleitete, daß ohne Unterteile wohl kein

Wasser geflossen sein könne. Schon bei meinem ersten Besuch in Tiahuanaco konnte ich jedoch eine intakte, funktionstüchtige Wasserleitung fotografieren, die zudem mit einer dicken Schicht Erde bedeckt war und den ursprünglichen Zustand erahnen ließ (Abbildung 24).

Das andere Beispiel liefert die Ebene von Nasca in Peru. Durch das Abtragen kleiner, den Wüstenuntergrund bedeckender Steine gelang es hier, großflächige Figuren und Muster entstehen zu lassen, die zweifellos in ihrer Gesamtheit nur aus größerer Höhe zu überblicken sind. Ob sie für imaginäre oder real existierende ›Himmelswesen‹ geschaffen worden sind, sei vorerst dahingestellt. Ihre technische Herstellung jedoch nur deshalb zu problematisieren, weil sie von den in der Wüste eifrig werkelnden Menschlein nicht zu überblicken waren und deshalb ›göttliche‹, sprich außerirdische Hilfestellung vorausgesetzt werden muß, ist zumindest ein logischer Fehlschluß. In einem Seitental der Hochebene liegt die Lösung des Problems, sozusagen die Schule der Schöpfer jener Scharrzeichnungen (Abbildung 25). Wie unschwer zu erkennen ist, wurde vieles ausprobiert, was dann auch leidlich gut gelungen ist. Kein Wunder, blieben alle Darstellungen von den benachbarten Hügeln aus doch schön unter

Abb. 24

optischer Kontrolle und konnten akustisch jederzeit eine Korrektur erfahren. Eine Übertragung der so gewonnenen Fertigkeiten in ebenes Gelände kann so schwer später nicht gewesen sein.

Kommen wir nach der Kritik an der Methodik zur Kritik der Voraussetzungen jener Prä-Astronautik genannten Forschungsrichtung. Diese muß im wesentlichen an zwei Punkten ansetzen:

1. an der prinzipiellen technologischen und – bisher vernachlässigten – biologischen Möglichkeit zur interstellaren Raumfahrt und

2. an der behaupteten künstlichen Intelligentwerdung des Menschen durch einen extraterrestrisch gesteuerten Eingriff ins menschliche Erbgut.

Für die Antwort auf die Frage, wie es einer außerirdischen Intelligenz gelingen konnte, die schier unermeßlichen interstellaren Räume zu überwinden, liegen mehrere Lösungsansätze vor. Abgetan scheint inzwischen davon der relativistische Ansatz, d. h. durch die Beschleunigung auf Geschwindigkeiten nahe der Lichtgeschwindigkeit und die damit einhergehende Zeitverschiebung es zumindest hypothetisch der Besatzung eines solchen Raumschiffes zu ermöglichen, innerhalb eines Menschenalters Entfernungen von Tausenden von Lichtjahren zurückzulegen. Der renommierte Radioastronom und

Abb. 25

SETI-Forscher Sebastian von Hoerner hat hier aus meiner Sicht das entscheidende Standardwerk abgeliefert, das dazu zwingt, nach anderen Alternativen Ausschau zu halten. (97)

Neben den Raumflügen mit relativistischen Effekten wurde lange Zeit die Durchquerung des interstellaren Raumes mit Generationenraumschiffen favorisiert, die mit einem Zehntel der Lichtgeschwindigkeit auskommen. Damit könnte unsere Galaxie in ungefähr 60 Millionen Jahren vollkommen kolonisiert werden. (98) Das scheint, gemessen an der Existenz unseres Sonnensystems von vier Milliarden Jahren, nicht lange, und es würde von jetzt an gerade einmal die Anzahl von Jahren beanspruchen, die seit dem Aussterben der Saurier vergangen ist.

Ohne Zweifel ist diese Variante der bemannten Raumfahrt in nicht allzu ferner Zukunft technisch realisierbar, vom Gesichtspunkt der Biologie jedoch treten unabsehbare Schwierigkeiten auf. Am Ende bedeutet ein Generationenraumschiff nichts anderes, als daß ein eng begrenzter Genpool über Jahrtausende einer absolut fremden und feindlichen Umwelt ausgesetzt wird. Gemessen an den fraglichen Zeiträumen werden nach vergleichsweise kurzer Zeit spontane und umweltinduzierte Mutationen ihr zerstörerisches Werk am Genom der Raumfahrer verrichtet haben.

Bleiben als letzte Hoffnung die sogenannten Wurmlöcher. Vermittels dieser soll eine Verbindung zwischen Regionen des Universums, die durch Milliarden von Lichtjahren getrennt sind, hergestellt werden können, und zwar zeitlich gesehen von einer Sekunde auf die andere. Was ist ein Wurmloch? In aller Kürze auf den Nenner gebracht nichts anderes als ›ein enges Stück extrem gekrümmter Raumzeit‹, das als Passage (Kanal) von einer Region des Universums in die andere dient. (99) Zeitlich stabile Wurmlöcher, die auf diese Weise als Durchlaß funktionieren können, kennt die Natur nicht. Das heißt, sie müßten von einer intelligenten Lebensform, die sie nutzen will, konstruiert und errichtet werden. Und hier liegt das Problem: Die Spannung (in Kilogramm pro Quadratzentimeter), die erforderlich ist, um das Wurmloch am Einsturz zu hindern und somit seine Stabilität zu gewährleisten, muß mindestens 10 hoch 17 mal größer sein als die Dichte (Masse pro Volumeneinheit) der Substanz, aus der das Wurmloch konstruiert ist. Soweit wir heute wissen, gibt es jedoch im Universum gegenwärtig keine Materie mit

Spannungen, die so viel größer als ihre Dichte ist. (99) Damit erweist sich die Wurmlochtheorie als ein Gedankenspiel, ohne Aussicht, jemals in die Realität umgesetzt werden zu können.

Ein anderer wesentlicher Fixpunkt im prä-astronautischen Ideengebäude ist die Behauptung, außerirdische Intelligenzen hätten durch eine künstliche Mutation am Erbgut der Hominiden die Intelligentwerdung des Menschen bewirkt. (96) Anders wäre der Sprung vom Vormenschen zum Homo sapiens sapiens (angeblich fehlendes missing-link) nicht zu erklären. Zudem wäre es geradezu unwahrscheinlich, daß die Außerirdischen im Verlauf der Jahrmillionen währenden Entwicklung des Lebens auf der Erde ausgerechnet dann als Kulturschöpfer präsent gewesen sein sollen, als unsere noch unzivilisierten Vorfahren gerade am Anfang ihrer Entwicklung standen. Der intelligente Mensch mußte demnach von den Außerirdischen erst geschaffen worden sein. Dieser letzte Gedanke mag in sich logisch sein, greift aber zu kurz, weil es die behauptete Sprunghaftigkeit bei der Herausbildung der typisch menschlichen Eigenschaften (z. B. Intelligenz) eben nicht gegeben hat. Schon der Homo erectus von Bilzingsleben verfügte vor 400 000 (!) Jahren über eine stattliche Anzahl geistiger Fähigkeiten: Er fertigte aus Gestein kleinformatige Spezialgeräte zur Holzbearbeitung sowie zum Schneiden und Durchbohren von organischen Materialien an. Mit deren Hilfe stellte er Hieb- und Jagdgeräte aus Hirschgeweihen her, bearbeitete Elfenbein und produzierte Gegenstände aus Holz, z. B. auch schon Stoßlanzen. Dieser europäische Homo erectus nutzte gezielt das Feuer, erstellte einfache Wohnbauten, und selbst frührituelle Verhaltensweisen konnten nachgewiesen werden. Auf einigen Artefakten wurden sogar rhythmische Folgen von Strichen sowie geometrische Muster gefunden – Beweise dafür, daß dieser Vormensch zu abstraktem Denken und zur Äußerung dieser Gedanken fähig war. (100) Die Zeitspanne von 350 000 Jahren bis zum Auftreten des Homo sapiens sapiens sollte ausgereicht haben, um die Entwicklung zum Jetztmenschen zu vollenden.

Gleichsam als Nebenprodukt der Behauptung von der durch Außerirdische geschaffenen Intelligenz des Menschen wurde dieser neue ›Kreationismus‹ dann konsequent zu Ende gedacht und die Entstehung des Lebens selbst, zumindest auf der Erde, als die Folge einer gelenkten Panspermie angesehen. (101, 102) Scheinbar beweiskräftig wurden hier die Argumente der echten Kreationisten, denen ihre theologischen Hintergedanken unschwer anzumerken sind, wie aber vor allem auch der inzwischen verstorbene britische Astrophysiker Fred Hoyle zitiert.

Ein Astrophysiker ist eben kein Biologe, kein Paläontologe und auch kein Genetiker, was heute, bei dem hohen Spezialisierungsgrad der modernen Wissenschaften, schon einen gewichtigen Einwand darstellt. Von daher sind die vor allem mit den Mitteln der Wahrscheinlichkeitsrechnung vorgebrachten Argumente gegen eine natürliche Entstehung des Lebens auf der Erde auch leicht zu widerlegen. Wen es interessiert, der lese Christian de Duves *Aus Staub geboren*. (103)

Welcher Art sind nun die materiellen ›Beweise‹ für das Eingreifen Außerirdischer im Verlauf der Menschheitsgeschichte? Wie sehen sie aus, die Fakten, auf die in der Literatur der Prä-Astronautik immer wieder hingewiesen wird? Zu unterscheiden sind drei Kategorien von sogenannten Indizienbeweisen:

Kategorie A umfaßt technische Rätsel, das heißt, unzeitgemäßes Wissen und praktizierte technisch-technologische Abläufe, die mit den Mitteln der damaligen Zeit nicht oder nur schwer vorstellbar sind. Unter die Kategorie B fallen bildliche Darstellungen, deren Inhalt sich herkömmlichen Deutungsversuchen zu entziehen scheint. In der Kategorie C werden alle alten Überlieferungen in schriftlicher oder mündlicher Form zusammengefaßt, die eine Interpretation im Sinne der Prä-Astronautik erlauben.

Hier die wichtigsten, weil scheinbar überzeugendsten ›Beweise‹:
Kategorie A:
  - **Die Pyramiden von Gizeh**
  - Die Anlagen von Sacsayhuaman oberhalb von Cusco
  - Die Steinbearbeitungen von Tiahuanaco
  - **Die Terrasse von Baalbek im Libanon**
  - Die Monumente der Megalithkultur (Dolmen, Menhire etc.)
  - **Die Karte des Piri Reis**
  - Die ›Glühlampen‹ von Dendera
  - Die Tilma von Guadeloupe in Mexiko
  - Die Scharrzeichnungen auf der Ebene von Nasca
Kategorie B:
  - Die Grabplatte von Palenque
  - Die Darstellungen auf Rollsiegeln aus dem Zweistromland
  - Die goldenen ›Flugzeugmodelle‹ aus Kolumbien

Kategorie C:

- Das Buch Hesekiel aus dem Alten Testament der Bibel
- Alte Sanskrittexte aus Indien mit der Beschreibung fliegender Wagen
- Die Überlieferungen zur sogenannten Manna-Maschine
- Das apokryphe Buch Henoch
- Das Sirius-Rätsel der Dogon

Um den Rahmen dieser kleinen, das eigentliche Thema dieses Buches lediglich ergänzenden Abhandlung nicht zu sprengen, soll beispielhaft nur auf drei dieser ›Beweise‹ eingegangen werden, jene, die oben fett gedruckt worden sind. Alle anderen werden in einem in Kürze erscheinenden Buch Berücksichtigung finden, das sich zum Ziel gesetzt hat, die irdische Urheberschaft dieser ›Rätsel‹ der Prä-Astronautik nachzuweisen.

Beispiel 1 – die Pyramiden von Gizeh

Die Größe der Pyramiden des Cheops und Chephren mit einer Höhe von etwas über 140 Metern sowie die hervorragende Qualität ihrer Bauausführung gaben Anlaß, sie als etwas besonderes unter den vielen ägyptischen Pyramiden zu betrachten. Scheinbar isoliert standen sie als unverstandene Weltwunder in der ägyptischen Wüste, so, als hätten sie keine architektonische Vorgeschichte. Sie mußten demnach mit fremder Hilfe, wenn nicht gar überhaupt von ›Fremden‹ errichtet worden sein. Sie paßten doch so gar nicht in die Zeit um 2600 v. u. Z., in der sie etablierte Ägyptologen errichtet sehen wollten. Nein, ihr Bau mußte, so wie schon arabische Chronisten berichteten, Jahrtausende früher erfolgt sein, nach manchen Spekulationen sogar vor mehr als 10 000 Jahren. (104)

Daß die großen Pyramiden von Gizeh sehr wohl in dem ihnen zeitlich zugeschriebenen Rahmen entstanden sind (nach neuer Datierung wahrscheinlich ca. 300 Jahre früher) und keineswegs ohne unmittelbare Vorläufer auf dem Wüstenplateau nahe Kairo präsent waren, läßt sich an drei architektonischen Besonderheiten nachweisen: ihrer Höhe, der Konstruktion von Kraggewölben sowie der Verwendung von Granit als Baumaterial.

Der Vorgänger von Cheops auf dem Thron der Pharaonen, sein Vater Snofru, errichtete insgesamt drei Pyramiden, die Stufenpyramide von Meidum, die sogenannte Knickpyramide sowie die Rote Pyramide von Dahschur. Der Rauminhalt der drei Pyramiden dieses einen Pharao betrug 3,84 Mio. Kubikmeter, der Rauminhalt der Cheopspyramide dagegen nur 2,4 Mio. Kubikmeter. Welche ist demnach die imposantere Bauleistung? Wohl die des Snofru!

Die Evolution des Pyramidenbaus machte mit Snofru einen weiteren bemerkenswerten Schritt: Erstmalig gelang es, Pyramiden mit glatten Außenflächen zu konstruieren. Die geplante Höhe der Knickpyramide blieb mit ihren 135 Metern nur ca. zehn Meter unter der Höhe der Cheopspyramide. Erst durch die im Bauverlauf notwendig gewordene Verkleinerung des Neigungswinkels kam es schließlich zur endgültigen Höhe von 104,70 Metern. Die erste regelmäßige, glatte Pyramide, die Rote Pyramide von Dahschur, erreichte dann eine Höhe von 109 Metern. (105)

Auch das zur Bewunderung Anlaß gebende Kraggewölbe, das sich über die ›Große Galerie‹ innerhalb der Cheopspyramide spannt, hat seine Vorgänger. Unter Kraggewölbe wird eine Art Satteldach mit stufenförmig aufgebauten Seitenwänden verstanden. Erstmals läßt sich diese bautechnische Besonderheit bei der Snofru-Pyramide von Meidum beobachten. Auch in den anderen Pyramiden, die unter Snofru errichtet wurden, findet sich das Kraggewölbe als beherrschendes Strukturelement. (105)

Die evolutionäre Entwicklung des Pyramidenbaus im alten Ägypten wird darüber hinaus auch an der Verwendung von Granit als Dekorationsgestein ersichtlich. Wurde Granit in der Cheopspyramide eher noch sporadisch verbaut, so lag sein Anteil beim Grabbau des Cheops-Sohnes Djedefre mit mindestens 10 000 Kubikmetern schon um ein Vielfaches höher.

Während der Regentschaften der Nachfolger Chephren und Mykerinos kam die Verwendung von Granit dann regelrecht in Mode. (106)

Wie unschwer zu erkennen ist, besteht kein Grund, die Errichtung der großen Pyramiden von Gizeh anderen Baumeistern zuzuschreiben als jenen, die zur Zeit der Pharaonen ihr Handwerk so hervorragend ausgeübt haben.

Beispiel 2 – die Terrasse von Baalbek

Innerhalb der von den Römern erbauten gigantischen Tempelanlage von Baalbek im Libanon ragt das wichtigste alte Heiligtum, der Jupitertempel, durch seine Dimensionen noch heraus.

Das Fundament dieses Tempels besteht zum Teil (!) aus Steinen, deren Ausmaße erstaunlich sind. Die drei größten wiegen zwischen

700 und 1000 Tonnen. Diese waren es auch, die in den 60er Jahren des letzten Jahrhunderts die Vermutung aufkommen ließen, daß die aus den großen Steinen erbaute Tempelterrasse das ursprüngliche Bauwerk sei, die Tempelbauten darüber dagegen eine Jahrhunderte, wenn nicht Jahrtausende später von den Römern zweckentfremdete Anlage. Wenn den Römern die Beförderung solcher Lasten schon nicht zugetraut wurde, wer sollten dann die Baumeister gewesen sein? Wieder boten sich die außerirdischen Kulturbringer an. Abgesehen davon, daß die Römer gleichwohl Lasten im Bereich von mehreren hundert Tonnen über große Strecken zu transportieren vermochten (siehe das Beispiel der ägyptischen Obelisken), so sprechen, ähnlich wie bei den Pyramiden, bautechnische Besonderheiten für eine gleichzeitige Entstehung von Plattform und Tempel.

Zum einen befindet sich der Steinbruch, in dem das Material zum Tempelbau gewonnen wurde, lediglich einen Kilometer von der Anlage entfernt. Der Beweis dafür, daß die drei riesenhaften Steine des Jupitertempels aus diesem Steinbruch stammen, liegt vor Ort in Gestalt eines zum Abtransport bereiten Riesensteins, der, aus welchen Gründen auch immer, nicht mehr befördert worden ist.

Zum anderen beweist ein einfaches Foto, daß große wie kleine Steine gleichzeitig verbaut worden sind (Abbildung 26). Unterhalb

Abb. 26

der Riesenquader sind als Fundament Schichten kleiner Steine verlegt, wie sie auch an vielen anderen Stellen der weiträumigen Tempelanlage vorkommen.

Beispiel 3 – die Karte des türkischen Admirals Piri Reis von 1513

Diese Karte erregte deshalb in der Fachwelt Aufsehen, weil auf ihr
Gebiete mit großer Genauigkeit eingezeichnet sind, die im Jahr 1513
nach unserem Geschichtsverständnis nicht bekannt sein konnten.
Das betrifft die Westküste Südamerikas, die erst Jahre später von den
Spaniern bereist wurde, sowie vor allem Küstenlinien und Inseln der
Antarktis, die heute unter einer dicken Eisdecke liegen.

Die Karte hätte demnach zum Ende der letzten Eiszeit vor ca.
11 000 Jahren angefertigt sein müssen. Eine hochentwickelte Kultur
hat in dieser Zeit nicht existiert. Somit mußten zwangsläufig die
Urheber außerhalb der Erde gesucht werden, so die Schlußfolgerun-
gen durch die Vertreter der Prä-Astronautik. (107)

Mußten sie wirklich?

Die erste Frage, die sich stellt, ist die nach der unserer Zeit
nächstliegenden Epoche, in der die eingezeichneten Gebiete tatsächlich eisfrei waren. Die letzte ›Warmperiode‹ in diesem Gebiet ging
vor 6000 Jahren zu Ende. (108) Man muß bei der Fahndung nach
diesen großartigen Kartographen also nicht weitere 5000 Jahre zu-
rückgehen. Vor 6000 Jahren kam die nord- und westeuropäische
Megalithkultur zu ihrem ersten Höhepunkt. Und hier finden wir sie:
hervorragende Vermessungstechniker und wagemutige Seefahrer, deren Relikte später weltweit gefunden werden sollten. (109)

Noch etwas spricht für die Megalithiker als Urheber der Karte:

Die im Mittelalter gebräuchlichen sogenannten Portolankarten
besaßen ein Gradnetz, das sich von dem heute üblichen völlig unter-
scheidet. Es besteht aus Zentren, ähnlich den Kompaßrosen, aus
denen Linien wie die Speichen eines Rades in regelmäßigen Abständen verlaufen und sich mit anderen kreuzen. Schon der Entdeckungs-
reisende und Spezialist für mittelalterliche Seekarten, A. E. Nordens-
kiöld, äußerte die Vermutung, daß es so etwas wie eine Urportolane
gegeben haben muß, deren Tradition weit ins Altertum zurück-
reicht. (108)

Der französische Gelehrte Xavier Guichard rekonstruierte um
1930 anhand gleichlautender Ortsnamen alteuropäische Vermessungsnetze, deren Ursprung er in der europäischen Jungsteinzeit vermutet.

Nach Guichard entsprechen diese Vermessungsnetze dem Liniennetz der Portolankarten. (110)

Somit kann zu Recht davon ausgegangen werden, daß die Megalithiker diese Netze nicht nur für die Vermessung von Landschaften nutzten, sondern darüber hinaus als die Begründer der Kartographie angesehen werden müssen. Sie konnten damit sehr wohl vor 6000 Jahren mit ihren Schiffen die südamerikanische Küste erreichen und in die noch eisfreien Gebiete der Antarktis vorstoßen. Als großartige Vermessungstechniker vergaßen sie auch nicht, ihre geographischen Entdeckungen auf ihren Erdkarten festzuhalten.

Wenn die bekannten Indizienbeweise der Prä-Astronautik damit auch ihre Beweiskraft verlieren, so bleibt den Anhängern dieser Forschungsrichtung doch noch eine letzte Hoffnung: die eigentlich ›harten‹, unumstößlichen Beweise, für die das abschwächende Wort Indizienbeweis nicht mehr gilt.

Bekannt sind hier vor allem die sogenannte ›Metallbibliothek‹, die Erich von Däniken in einer Höhle in Ecuador gesehen haben will, sowie die ›Zeitmaschine‹ oberhalb von Sacsayhuaman, die Walter Ernsting in seinem Buch *Der Tag, an dem die Götter starben* beschrieben hat. (111, 112) Außer den Berichten der angeblichen Augenzeugen existiert darüber hinaus nichts, was den Beweiswert dieser ›Funde‹ bekräftigen würde.

Im März 1971 will von Däniken vom Argentinier Juan Moricz in ein bis dahin unbekanntes Höhlensystem in Ecuador, in der östlichen Provinz von Morona-Santiago, geführt worden sein. In dieser von Däniken als ›unglaublichste, unwahrscheinlichste Geschichte des Jahrhunderts‹ bezeichneten Story sind es vor allem die Berichte über die ›Metallbibliothek‹ und den ›goldenen Zoo‹, die die öffentliche Aufmerksamkeit erregt haben. Die ›Bibliothek‹ wird beschrieben als bestehend aus ›Metallplatten, teils Platten, teils millimeterdünne Metallfolien‹, die meisten in der Größe von 96 mal 8 Zentimetern, wobei es ›nach langem kritischem Betrachten schleierhaft bleibt, welches Material eine Konsistenz hat, die das Aufrechtstehen so dünner und so großer Folien ermöglicht. Die Schriftzeichen auf den Metallplatten sind unbekannt.‹ (111) Die Beschreibung des goldenen Zoos ist dergestalt, daß sich spontan ein Vergleich zum goldenen Zoo der Inkas in deren Hauptstadt Cusco aufdrängt.

Was ist dran an dieser Geschichte?

Von Däniken selbst mußte sie später in entscheidenden Punkten revidieren. Unter dem Druck der durch den Argentinier Moricz gemachten Aussagen (113) mußte er zugeben, daß er mit diesem im Seiteneingang einer Höhle in der Nähe der Stadt Cuenca gewesen war. Der Schönheitsfehler daran: Cuenca liegt hunderte Kilometer von der Provinz Morona-Santiago entfernt. Die Schriftzeichen wurden in einem ersten Entzifferungsversuch als keineswegs außerirdisch, sondern als alt-brahmanisch gedeutet. (114) Zudem sind die Detailbeschreibungen Dänikens zur ›Metallbibliothek‹ stark in Zweifel zu ziehen, liest man seine Aussagen gegenüber Tatjana Ingold, die mit dem Aufbau eines Däniken-Archivs beschäftigt ist. (115) Danach sah er die ›Bibliothek‹ nur aus größerer Entfernung im verschwommenen Licht der Taschenlampen. Der Block aus Metallplatten wurde von ihm auf eine bescheidene Länge von etwa zwei Metern geschätzt. Damit bleibt von dieser ›Sensation‹ rein gar nichts übrig, was Anlaß für eine außerirdische Urheberschaft geben würde.

Die Lokalisierung von ›in der Nähe von Cuenca‹ findet ihre Bestätigung indirekt mit dem Hinweis auf die Existenz des ›goldenen Zoos‹. Einen solchen hat es außer dem bekannten in Cusco tatsächlich ein zweites Mal gegeben: in Tomebamba, das spätestens seit der Herrschaft des Inka Huayana Capac neben Cusco den Inka als zweite Reichshauptstadt diente. (116) Tomebamba aber ist das heutige Cuenca.

Walter Ernstings Bestseller *Der Tag, an dem die Götter starben* ist als solcher ein Roman. Trotzdem lassen sowohl der Autor als auch sein Protagonist, Erich von Däniken, im Vor- wie auch im Nachwort sowie in diversen Interviews keinen Zweifel daran, daß die wesentlichen Aspekte des Buches der Wahrheit entsprechen. (112, 115)

Bei dem im Buch beschriebenen außerirdischen Artefakt handelt es sich um eine Art ›Zeitmaschine‹, mit deren Hilfe eine Zeitreise angetreten werden konnte, die direkt ins Zeitalter der Astronautengötter vor ca. 23 000 Jahren zurückführte. Entdeckt haben soll dieses Gerät ein Mister Holmes, hinter dem sich anscheinend der französische Forscher Marcel Homet verbirgt.

Und wieder spielt ein System unterirdischer Gänge eine Rolle. Weit oberhalb der Inkafestung Sacsayhuaman, auf einem Felsplateau, einem Berg unmittelbar vorgelagert, befinden sich die verwitterten Überreste einer Pyramide. Unterhalb dieser verlaufen zum Teil glasierte Gänge, und hier befindet sich auch das Refugium der ›Zeit-maschine‹, eine hermetisch abgeschlossene Kammer, die nur mit einem besonderen Mechanismus zu öffnen ist. (112)

Die Wegbeschreibung im Buch ist eindeutig, und ich wundere mich, daß bei dem großen Interesse, das dieses Buch seit seinem erstmaligen Erscheinen in Deutschland im Jahr 1979 gefunden hat, niemand in der Lage war, dieser Beschreibung Folge zu leisten. Zuletzt weilte ich im Februar 2003 in Cusco und wollte meinen Aufenthalt unter anderem auch dazu nutzen, der geheimnisvollen Pyramide meinen Besuch abzustatten. Ich hielt mich dabei, wie gesagt, eng an den Text des Buches von Walter Ernsting. Der hinter dem Plateau mit der Pyramide gelegene Berg sollte sich in gerader Linie oberhalb der Festung Sacsayhuaman befinden und von dieser aus auch zu erkennen sein (Abbildung 27). Umgekehrt mußte es auch freie Sicht vom Plateau auf die Festung geben. Ausgangspunkt des Fußmarsches von Ernsting war eine oberhalb der Festung und direkt an der von Cusco nach Pisac führenden Straße gelegene, langgezogene Scheune. Von dort aus erreichte ich nach einer knappen Stunde zügigen Aufstiegs die ›Pyramide‹. Walter Ernsting hatte sie wie folgt beschrieben: ›Man konnte das Bauwerk in der Tat kaum als Pyramide bezeichnen … Eigentlich war es nur ein flacher, mit Gras bewachsener Hügel, aus dem da und dort bearbeitete Felsblöcke herausragten.‹ Und an anderer Stelle: ›Ich erreichte den gleichmäßig geformten Hügel. … Schwere Felsbrocken bildeten eine regelrechte Blockade, über die man hinwegklettern mußte …‹

Vom Plateau aus, ca. 4000 Meter über dem Meeresspiegel, dokumentierte ich den Anblick der ›Pyramide‹ mit der Kamera (Abbildung 28) Das Foto und die Beschreibung Walter Ernstings lassen keinen Zweifel: Die beiden Pyramiden sind identisch.

Was ist mit den unterirdischen Gängen, mit der Kammer, mit der ›Zeitmaschine‹?

All diese Dinge sind phantasievolle Zutaten eines Schriftstellers. Die Wegbeschreibung bis zur ›Pyramide‹ ist Dokumentation, danach beginnt der Roman.

Die ›Pyramide‹ kann keinesfalls, wie im Buch behauptet, Bestandteil einer ›Festung‹ Außerirdischer gewesen sein, gedacht, einen atomaren Vernichtungsschlag ihrer Feinde abzuwehren. Dagegen spricht schon die Beschaffenheit des Gesteins. Es handelt sich dabei

Abb. 27

Abb. 28

eben nicht zum Beispiel um harten Granit, sondern nur um weichen Kalkstein. Auch die beim Angriff durch die Explosion laut dem Buch ins Tal weggesprengten Gesteinsbrocken existieren nicht. Überhaupt bliebe zu prüfen, ob jene wenigen Steine, die im Umfeld der ›Pyramide‹ den Eindruck künstlicher Bearbeitung vermitteln, nicht vielleicht doch nur durch Wind und Wetter geglättete Steine sind.

Wenn auch die angeblich ›harten‹ Beweise der Prä-Astronautik nicht das halten, was sie versprechen, so bleibt eine Frage damit trotzdem unbeantwortet: Wenn keine Außerirdischen die Urheber der im Altertum berichteten Sichtungen ungewöhnlicher Flugobjekte waren, wer dann? Welche irdischen Lehrmeister besuchten mit ihren Flugschiffen die Völker rund um den Globus und hinterließen nachhaltige Spuren in deren Überlieferungen?

Eine Reihe detaillierter Beschreibungen führt zum einen die Behauptung ad absurdum, wonach die gesichteten Phänomene natürliche Ursachen haben könnten, läßt zum anderen aber auch keinen Zweifel, daß die verwendeten Technologien, mit den Augen unserer Zeit gesehen, relativ primitiv gewesen sein müssen. Dieser Aspekt nimmt der prä-astronautischen Hypothese dann die letzte Glaubwürdigkeit.

Einige wenige Beispiele mögen das belegen:

In den altindischen Schriften, hier besonders in den Veden, wird besonders häufig Bezug genommen auf fliegende Maschinen, auch Vimaanas genannt. Der Ursprung der Veden wird von den meisten Fachwissenschaftlern in die Zeit von 1500 bis 1000 v. u. Z. datiert. Die alten Texte sprechen von der Verwendung flüssiger Treibstoffe, wie Alkohol, Honig, gegärtem Reis und einem Extrakt der Somapflanze, was den Gedanken nahe legt, bei den Vimaanas könnte es sich um Heißluftballons gehandelt haben. (117)

Besonders interessant ist, daß auch immer wieder Quecksilber als Treibstoff Erwähnung findet:

›Durch die im Quecksilber ruhende Kraft, die den treibenden Wirbelwind in Bewegung setzt, kann ein Mann auf wunderbare Weise eine große Entfernung am Himmel zurücklegen. …

Vier starke Quecksilberbehälter müssen eingebaut werden. Wenn diese durch geregeltes Feuer aus den Eisenbehältern erhitzt werden, entwickelt die Vimaana durch das Quecksilber die Kraft des Donners und erscheint wie eine Perle am Himmel.‹ (101)

In der Natur tritt Quecksilber sowohl in freiem als auch in gebundenem Zustand auf. Wird Quecksilber erhitzt, entweicht es als Gas. Seine volumetrische Effizienz ist sehr hoch und ermöglicht eine enorme Schubkraft. In einem anhand der Veden-Texte gebauten Fahrzeug könnten 230 Liter Alkohol durch 2,5 Liter Quecksilber substituiert werden. (117)

Prof. Dr. Apel von der Hochschule Bremen, dessen Fachgebiet Raketenstrahlantriebe und Flugantriebe umfaßt, hält die Beschreibungen der Flugcharakteristika von mit Quecksilber betriebenen Vimaanas durchaus für Indizien einer einstigen Hochgeschwindigkeitsfliegerei. (118)

Im ersten Jahrhundert v. u. Z. schildert Kalidasa, ein zu jener Zeit bekannter Dichter auf dem indischen Subkontinent, in 30 Versen des *Raghuvamsa* eine Luftreise des ›Gottes‹ Rama von Ceylon bis zur Stadt Ayodhya. Der Flug dauerte, unterbrochen von zwei kurzen Zwischenlandungen, einen ganzen Tag. Zurückgelegt wurden in dieser Zeit etwa 2900 Kilometer. (117) Werden zwölf Stunden reine Flugzeit unterstellt (geflogen wurde sicher nur bei Tageslicht), ergibt das eine Durchschnittsgeschwindigkeit von 240 Stundenkilometern, was für Außerirdische eine eher blamable Leistung darstellen würde. Für einen durch die Kraft des Windes und die oben beschriebenen organischen Treibstoffe bewegten Ballon wäre freilich diese Geschwindigkeit wiederum zu hoch. Möglicherweise handelt es sich deshalb bei der Vimaana des Rama um ein mit Quecksilber betriebenes Luftschiff.

Anders dagegen die Schilderung im *Kebra Negest*, einem Buch, das die Taten der alten äthiopischen Könige verherrlicht. Dort wird beschrieben, wie Baina-lekhem, der Sohn des König Salomo und der Königin Makeda, um ca. 950 v. u. Z. die Bundeslade auf einem ›fliegenden Wagen‹ von Jerusalem nach Äthiopien entführt. An einem Tag wurde dabei eine Wegstrecke von 13 Tagen zurückgelegt. Wird für eine Reise des königlichen Gefolges über Land auf Kamelen eine durchschnittliche Tagesleistung von 40 Kilometern unterstellt, so ergibt sich daraus eine Fluggeschwindigkeit von etwa 50 Kilometern pro Stunde. Dieser Umstand sowie auch der Hinweis, auf dem Flugschiff habe sich eine große ›Küche‹ mit Feuerstellen und großen Kesseln befunden, lassen dabei wohl zu Recht an einen mit Heißluft betriebenen Ballon denken, zumal von einer Geräuschentwicklung wie beim Quecksilberantrieb innerhalb der Beschreibung nichts berichtet wird. (118)

Berichte über fliegende Wagen erreichen uns auch aus China. Das im dritten Jahrhundert verfaßte Buch *Po wy chih* vermerkt über die rätselhaften Flugwagen des Volkes der Chi-Kung:

›Die Chi-Kung sind ein kunstreiches Volk. Sie kennen viele Dinge, die anderen Völkern verborgen bleiben. Auf großen Wagen reisen sie mit Windeseile durch die Lüfte. Als der Kaiser T'ang die Welt regierte, trug ein westlicher Wind die fliegenden Wagen bis nach Yüchow, wo sie landeten.‹ Ein anderer Dichter schreibt: ›In Verbindung mit dem Winde strengte dieses Volk sein Gehirn an und erfand einen fliegenden Wagen.‹ Auch das ein Hinweis auf einen Heißluftballon? Angeblich reichen jene Berichte in eine Zeit zurück, von der uns Gegenwärtige fast 3800 Jahre trennen. (119)

Interessant sind in diesem Zusammenhang die ›westlichen Winde‹, was zu der Vermutung Anlaß geben könnte, daß das als Chi-kung bezeichnete Volk in Europa beheimatet war.

Wiederum aus Indien stammt ein ähnlicher Bericht. Berthold Laufer zitiert ihn in seinem Werk *The Prehistory of Aviation*: ›Also setzte sich der König ...in den himmlischen Wagen. Sie erreichten die Weite des Firmaments und folgten schließlich der Route der Winde. Der Himmelswagen umflog die Erde über die Ozeane und wurde dann in Richtung der Stadt Avantis gesteuert, wo gerade ein Fest stattfand.‹ (120)

Erinnert Avantis nicht verblüffend an Atlantis? Mußte auf dem Weg dahin nicht tatsächlich das Wasser der Ozeane überflogen werden? Und lag Atlantis nicht auch in Europa, genauso wie wahrscheinlich die Heimat der Chi-kung? Seit den umfangreichen Forschungen Jürgen Spanuths dürfte kein Zweifel mehr darüber bestehen, daß Atlantis sich in der Nordsee, im Gebiet von Helgoland und der Doggerbank befunden hat. (121) Die Kultur von Atlantis hatte sich direkt aus der nordischen Megalithkultur entwickelt, auf deren hochentwickelte Kenntnisse und Fertigkeiten schon kurz im Zusammenhang mit der Karte des Piri Reis eingegangen worden ist. Ich bin der Meinung, daß Spanuth die letzte wissenschaftliche Anerkennung nur deshalb verwehrt bleiben mußte, weil seine Auffassung von einer Hochkultur in der nordischen Bronzezeit auf den entschiedenen Widerstand der Political Correctness gestoßen ist. Nach 1945 war es einfach nicht legitim, den Germanen und ihren Vorfahren überhaupt so etwas wie Kultur zuzubilligen.

Spanuth datierte die Kultur von Atlantis in die Zeit von 2000 bis 1200 v. u. Z. und wies mit guten Argumenten darauf hin, daß die 9000 Jahre aus dem Atlantis-Bericht von Platon auf einem Mißverständnis beruhen.

Diese wenigen Beispiele für eine irdische Hochkultur, die ihre Errungenschaften auch auf dem Luftweg über die Welt verbreitete, haben eines gezeigt: Die Veden, die Berichte aus der Zeit des biblischen Salomo (laut Spanuth erhielt Salomo die Technologie von den nordischen Philistern), die über das Volk der Chi-kung wie auch über Atlantis sind alle in den Zeitraum der nordischen Bronzezeit zu datieren. Da aus der Zeit der Megalithkultur keine gleichlautenden Überlieferungen auf uns gekommen sind, kann sich die Kunst des Fliegens frühestens um 2000 v. u. Z. entwickelt haben. Es bedurfte dazu keiner außerirdischen Entwicklungshilfe.

Welchen weiteren Verlauf nahm die Geschichte dieser Hochkultur? Wie fand sie ihr Ende?

Wo lassen sich ihre Hinterlassenschaften noch heute finden? Muß auch als bekannt vorausgesetzte Geschichte einer neuen Interpretation unterzogen werden? Auf diese und andere Fragen mehr wird mein in Kürze erscheinendes Buch ausführliche Antwort geben.«

KAPITEL 5

DAS IRDISCHE HAUPTQUARTIER

Wo hat der »Generalstab« der Dritten Macht seinen Sitz? Irgendwo muß sich eine Operationszentrale befinden, von der aus die Befehle zur Ausführung der beschriebenen umfangreichen Aktivitäten ihren Weg nehmen. Dieses irdische Hauptquartier braucht nicht zwangsläufig identisch zu sein mit dem Ort, der als materielle Basis, z. B. als Produktionsstätte für die Flugscheiben, dient. »Kopf« und »ausführende Organe« dieser Organisation räumlich getrennt zu halten könnte ein einfaches Sicherheitserfordernis darstellen.

Spekulationen über die Lokalisierung dieses Hauptquartiers sind schon an anderer Stelle vorgenommen worden. (15) Vermutet wird es in Gebieten, die auch in der heutigen Zeit nur schwer zugänglich sind, so etwa in den Urwäldern Südamerikas oder aber in der Andenregion, wobei die Bezugnahme auf Wilhelm Landig nicht zu übersehen ist.

Im 2. Kapitel konnte die Frage nach dem Wahrheitsgehalt von Landigs Aussage, daß die Dritte Macht ihr Refugium außer in der Antarktis (Argentinien) auch in einem uralten, künstlich angelegten Höhlensystem unter den Anden gefunden habe, nicht zufriedenstellend beantwortet werden.

Zum einen scheinen diese von einer unbekannten Kultur geschaffenen Höhlen in Peru, Ecuador und Chile tatsächlich zu existieren, zum anderen deuten die bisher gewonnenen Fakten aber eher darauf hin, daß sich die wesentlichen Vorgänge um die Dritte Macht im Argentinien Perons ereignet haben. Dort ist von solchen Höhlensystemen nichts bekannt. Man könnte es sich leicht machen und behaupten, diese Höhlen würden ihre Entsprechung in den unterirdischen Anlagen von Huemul finden. In Anbetracht der vergleichsweise geringen Ausdehnung dieses Forschungskomplexes bliebe dabei aber zumindest ein ungutes Gefühl.

Die Wahrhaftigkeit Landigs steht und fällt mit der tatsächlichen Existenz von weitläufigen und zudem künstlich angelegten Höhlensystemen, in denen sich Aktivitäten der Dritten Macht nachweisen lassen! Gelingt es, diese Höhlen zu finden, so ist damit das Hauptquartier der Dritten Macht identifiziert.

Die Antwort auf die Frage nach dem irdischen Hauptquartier ist überraschend, vor allem überraschend einfach. Es befindet sich nicht in abgelegenen Gebieten, es benötigt auch keine Abschirmung durch hypermoderne Sicherheitsanlagen. Es liegt mitten unter uns, das heißt in der zivilisierten Welt, und seine Tarnung ist so simpel wie genial.

Wer käme schon auf die Idee, daß sich das Hauptquartier der Dritten Macht jetzt schon mehr als 40 Jahre unter dem Deckmantel einer kleinen religiösen Sekte verborgen hält?!

Wo? Hier ist die Wegbeschreibung:

Man fahre von der Hauptstadt Chiles, Santiago, auf der Panamericana südwärts. Nach etwa 450 Kilometern gelangt man an die Abfahrt zum Städtchen Parral, der Geburtsstadt des chilenischen Dichters Pablo Neruda. »Wer von hier nach Osten abbiegt in Richtung Anden, fährt durch drei kleine Dörfer, vorbei an armseligen Katen und windschiefen Hütten, 40 Kilometer über eine rote Sandpiste, erreicht das Dorf Termas de Catillo, einen Flecken, nicht mehr als ein Kurhotel, das um heiße Heilquellen gebaut wurde, und ein Dutzend Häuser. An der Weggabelung ein Hinweisschild zur ›Villa Baviera‹, zum bayerischen Dorf, eine Brücke, 20 Kilometer gut ausgebauter Sandpiste, rechts und links Viehzäune, dann eine Erhebung, auf einem Hügel ein 30 Meter hoher Wachturm, schließlich höhere Zäune, einige sauber gestrichene Stallungen, eine Schule, auch hinter den Zäunen, eine von Stacheldraht umgebene herausgeputzte Kapelle und ein riesiger Findling mit der eingemeißelten Schrift ›Villa Baviera‹.« (122) (Abbildung 29) Dieses bayerische Dorf, wie es sich heute nennt, wurde besser bekannt unter dem Namen Colonia Dignidad.

Eindeutig zu unterscheiden ist zwischen der offiziellen Geschichte der Colonia Dignidad, die ihren Zweck, das ganze Unternehmen zu tarnen, auf erstklassige Weise erfüllt hat, und der wahren Geschichte.

Die offizielle Geschichte liest sich wie folgt:

»Die Ursprünge der Colonia Dignidad sind ohne Zweifel christlich.« (123) Ihr Begründer, Paul Schäfer, geboren am 4. Dezember 1921, hatte die evangelische Sekte 1956 vom *Bund evangelisch freikirchlicher Gemeinden in Deutschland* abgespalten. In der Satzung des Vereins, der am 31. Dezember 1956 gegründet wurde, steht geschrieben: »Die private Sozialmission, Sitz Heide bei Siegburg, verfolgt ausschließlich und unmittelbar gemeinnützige und mildtätige Zwecke. … Sie setzt sich zur Aufgabe, Minderbemittelten und Erholungsbedürftigen äußere und in-

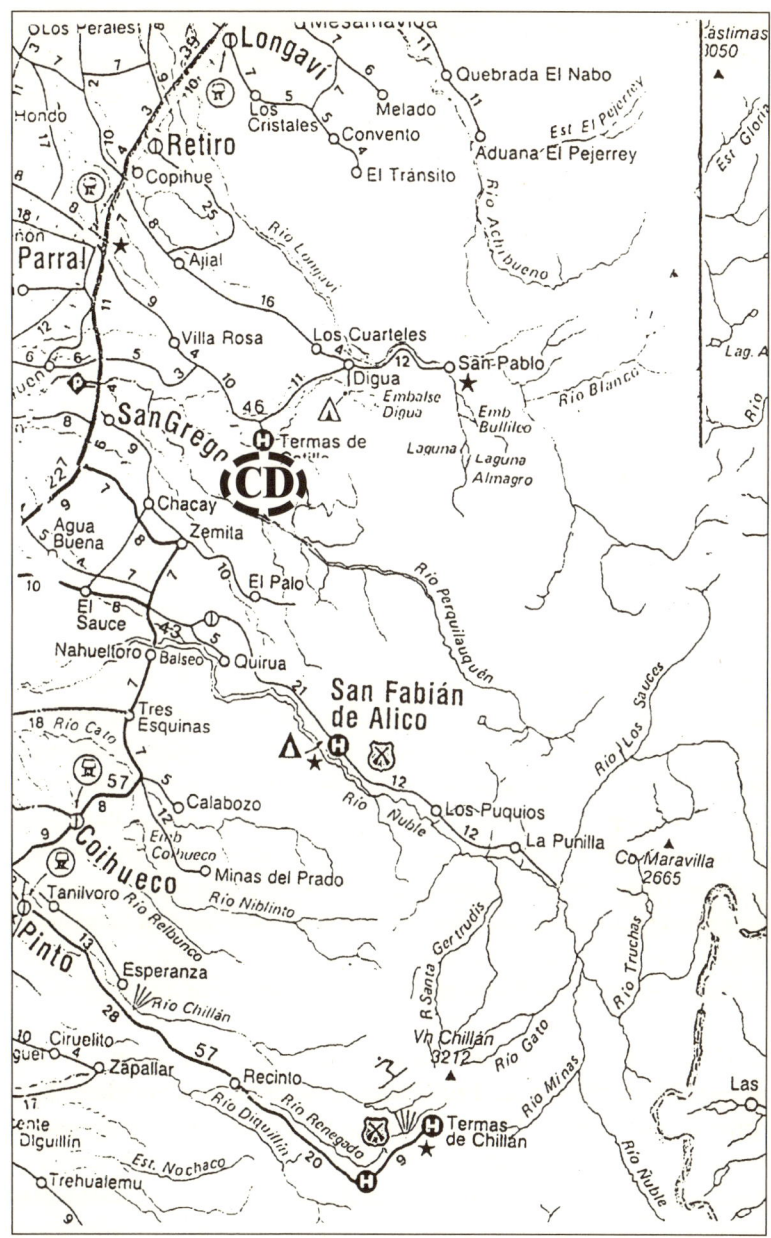

Abb. 29

nere Hilfe zu leisten; die Aufnahme von gefährdeten und bedürftigen Jugendlichen ins Missionshaus; Jugendlichen und Erwachsenen Ferien- und Freizeitaufenthalte zu vermitteln. Mit diesen Aufgaben verbunden ist die Verkündigung des Evangeliums.« (122) Unter dem Namen *Private Sociale Mission* gründete Schäfer später in Siegburg ein Erziehungsheim, in dem die Kinder der Mitglieder untergebracht waren. (60)

Im Jahr 1961 gelang es Schäfer unter der tätigen Mithilfe des damaligen chilenischen Botschafters in Bonn, Arturo Maschke, in kurzer Zeit alle notwendigen Formalitäten für eine Massenauswanderung der Sektenmitglieder von Deutschland nach Chile zu erledigen.

»Das Landgut, auf dem die Auswanderer ankamen, bestand aus einem halbverfallenen Steinhaus und einigen Holzhütten. Es war das Fundo El Lavadero, 1800 Hektar schlammiges, unwegsames Gelände entlang eine Flusses, der in den regenreichen Wintern über die Ufer tritt. Am 21. September 1961 wird mit Dekret Nr. 39490 des chilenischen Innenministeriums die *Sociedad Benefactora y Educacional Dignidad* zur juristischen Person und Eigentümerin des Geländes.« (122)

Die ordentlichen Deutschen waren in Chile gern gesehen. Aus den 1800 Hektar Missionsgelände aus dem Jahr 1961 wurden bis heute mehr als 14 000 Hektar. Schon bis Mitte der 70er Jahre des letzten Jahrhunderts war es gelungen, 871 Hektar Ackerland zu bestellen, 300 000 Bäume anzupflanzen, 131 Kilometer Straßen und 58 Brücken zu bauen, so eine interne Statistik der Kolonie. Die Volkszählung im Jahr 1992 registrierte auf dem Gelände 208 nicht in Chile geborene Bewohner, 94 Männer und 114 Frauen. Die offiziellen Angaben der Kolonie sprechen von insgesamt 329 Bewohnern. Die deutsche Botschaft in Santiago geht wiederum von 400 deutschen Staatsbürgern hinter den Zäunen des Lagers aus.

Die genauen Verhältnisse blieben undurchsichtig. (122)

Nach dem Militärputsch von 1973 entwickelte sich die Colonia Dignidad angeblich zu einem Folter- und Arbeitslager des ehemaligen chilenischen Geheimdienstes DINA. Gegen den Sektengründer, Paul Schäfer, wurden in den 1990er Jahren verschiedene Strafverfahren wegen sexuellen Mißbrauchs und Freiheitsberaubung, insbesondere von Kindern, eingeleitet. Der Wahrheitsgehalt dieser Anschuldigungen soll und kann an dieser Stelle nicht beurteilt werden.

Tatsache ist, daß nach Schäfer über den langen Zeitraum zwischen 1996 und 2005 erfolglos gefahndet wurde. Erst im März 2005 konnte er in Argentinien verhaftet werden. (60) Das Verhältnis zwischen den chilenischen Behörden und der Kolonie hat sich seit 2003 anscheinend normalisiert. Aufgrund einer stillschweigenden Übereinkunft zwischen der chilenischen Regierung, den Streitkräften und dem Stellvertreter Schäfers, dem Arzt Hartmut Hopp, soll sich die Kolonie in eine Agrarkooperative umwandeln. (60)

Die wahre Geschichte der Colonia Dignidad könnte sich auch ganz anders abgespielt haben.

Was wäre, wenn:

— wenige Jahre nach dem Zweiten Weltkrieg einige Führungskräfte der reichsdeutschen Untergrundorganisation unter dem Deckmantel einer evangelisch freikirchlichen Gemeinde eine konspirative Anlauf- und Koordinierungsstelle (eine unter vielen) gegründet hätten,

— als Reaktion auf den im September 1955 erfolgten Sturz Perons und der damit einhergehenden Unsicherheit im Rückzugsgebiet Argentinien (siehe 2. Kapitel) dieser »Gemeinde« mittelfristig eine andere Aufgabe zuteil geworden wäre und es deshalb, und um die völlige Handlungsfreiheit zu gewinnen, 1956 zur Abspaltung vom *Bund evangelisch freikirchlicher Gemeinden* in Deutschland gekommen ist,

— mit der Räumung des argentinischen Stützpunktes im Jahr 1961 (siehe 2. Kapitel) sich dann endgültig die Notwendigkeit eines neuen Refugiums ergeben hätte, das einzurichten im September 1961 mit der Gründung der Kolonie auf chilenischem Boden begonnen wurde,

— die perfekte Tarnung auch in den Folgejahren dadurch aufrechterhalten werden konnte, daß einige Hundert »nicht eingeweihter« Sektenanhänger als Aushängeschild für die Öffentlichkeit fungierten,

— darüber hinaus jedoch der Stützpunkt einen massiven Ausbau erfuhr und durch eine weitgehende wirtschaftliche Autarkie, eine solide Finanzierung sowie eine moderne militärische Infrastruktur die bisherigen Stützpunkte in Argentinien zu ersetzen in der Lage war,

— die Macht, die von jenem Hauptquartier ausgeht, zumindest bis vor kurzem absolut unangefochten war, so daß letztlich alle Angriffe gegen die Colonia Dignidad, wie sie unter verschiedenen Vorwänden vorgetragen worden sind, scheitern mußten?

Unglaublich? Alles nur eine willkürliche Konstruktion von Tatsachen, die keine sind?

Allein schon die Korrelation der Ereignisse im Jahr 1961 ist merkwürdig genug und sollte Anlaß geben, auch die anderen Punkte auf ihre Stichhaltigkeit zu prüfen.

Wer waren jene Männer, die führend auf die Geschicke der »Sekte« sowie der Kolonie Einfluß nahmen?

Als offizieller Präsident der Kolonie trat nicht Paul Schäfer nach außen in Erscheinung, sondern bis zu seinem Tod im Jahr 1995 Hermann Schmidt. Dieser war im Krieg Luftwaffenoffizier und zudem Mitglied der NSDAP.

In den Registern als Vertreter von Hermann Schmidt eingetragen wurde Kurt Schnellenkamp, ehemaliges Mitglied der Leibstandarte Adolf Hitler. Als Einkäufer für die Kolonie ist er durch die ganze Welt gereist, und auf seinen Namen wurden Autos und Flugzeuge angemeldet. Er hatte auch die Verfügungsberechtigung über alle Konten der Kolonie. Zudem war er der Verbindungsmann zur chilenischen Polizei und zum Militär.

Als Sicherheitschef fungierte Gerhard Mücke, der im Dritten Reich seine Ausbildung auf einer der Nationalpolitischen Erziehungsanstalten (NAPOLA), neben den Adolf-Hitler-Schulen eine der Eliteschulen, erhielt. (122)

Hugo Baar, Mitbegründer der Sekte und für zwei Jahrzehnte Schäfers lange Hand, diente im Krieg als Rußlanddeutscher bei der Wehrmacht und erhielt für seinen Einsatz die Nahkampfspange. (123)

Und der spiritus rector der Sekte, Paul Schäfer, selbst?

Nach seinen eigenen Angaben diente er im Krieg als Sanitäter. In seinem Wohnort in Deutschland geht das Gerücht um, er sei ein »hohes Tier in der Hitlerjugend« gewesen. Dem würde entsprechen, daß er nach 1945 die Methoden der nationalsozialistischen Jugendorganisation unter vermeintlich christlichem Vorzeichen fortsetzte und anfänglich eine Gruppe von bis zu 50 Jungen, keiner davon älter als 14 Jahre, um sich scharte. Als »Jugendpfleger« organisierte er ganz nach völkischem Vorbild Zeltlager, Wanderungen, Gesangsabende, Theatervorführungen und so ganz nebenbei auch Bibelabende.

Was er allerdings während des Krieges genau getan hat, weiß niemand. Belegen läßt sich nur, daß er 1940 in der Ringstraße in Troisdorf polizeilich gemeldet war. Das Bundesarchiv, das ehemalige *Berlin Document Center* und auch die Behörde des Bundesbeauftragten für die Unterlagen der Staatssicherheit der ehemaligen DDR verfügen über keine Unterlagen zu Paul Schäfer. Feststehende Tatsache ist: Fünf Jahre des Lebens von Paul Schäfer sind nicht zu rekonstruieren! (122) Die Variante mit der Hitlerjugend hat vieles für sich. Wurde er hier ausgewählt, um nach einem verlorenen Krieg in der Untergrundarbeit tätig sein zu können?

Ist das vielleicht die Ursache für die »gelöschten« Akten?

In diesem Zusammenhang interessant ist auch die Person jenes Mannes, der der »Sektenführung« bei der Klärung der notwendigen Formalitäten für die Auswanderung behilflich war. Arturo Maschke, schon dem Namen nach deutscher Abstammung, diente der chilenischen Regierung im Jahr 1961 als Botschafter in Berlin. Maschke machte aus seiner Meinung keinen Hehl, wenn er die chilenische Rasse gerne durch deutsches Blut aufgefrischt sehen wollte. Bezüglich seiner Weltanschauung scheint er sich von seinen »Schützlingen« in der Colonia kaum unterschieden zu haben. Auch später noch wußten diese das Patronat Maschkes zu schätzen, gewährte er als Chef der chilenischen Nationalbank und Finanzminister doch jene Zoll- und Steuerprivilegien, die maßgeblich zur soliden Finanzgrundlage der Kolonie beitrugen. (123)

Warum war Chile geradezu prädestiniert als neuer Standort für das Hauptquartier der Dritten Macht?

Die Rahmenbedingungen, die für die Auswahl wohl als entscheidend anzusehen sind, waren zum einen die unmittelbare Nachbarschaft zu Argentinien, zum anderen die starke deutsche Volksgruppe, die sich schon im 19. Jahrhundert etabliert und nach dem Zweiten Weltkrieg nochmals einen deutlichen Zuwachs erfahren hatte.

Und die chilenische Öffentlichkeit? Ahnte sie etwas von den geheimen Hintergründen der Colonia Dignidad?

Seit Gründung der Kolonie im Jahre 1961 wurden immer wieder Stimmen laut, die eine klare Verbindung zwischen ihr und dem Nationalsozialismus herzustellen wußten. Noch im Jahre 1966 zögerte die chilenische Presse nicht, die Siedlung als Nazifluchtburg zu bezeichnen.

In diesen Kontext lassen sich auch eine Reihe anderer Erklärungen einordnen.

Der ehemalige Gefangene Eduardo Garces sagte im Dezember 1978 im Bonner Prozeß der Colonia Dignidad gegen *amnesty international* aus, ein Mitarbeiter des Geheimdienstes habe zu ihm gesagt: »Da Sie hier ja nicht mehr lebend herauskommen, kann ich Ihnen sagen, daß es hier eine Menge von Leuten gibt, die im Zweiten Weltkrieg mit der GESTAPO zusammengearbeitet haben.«

Ähnlich liest sich die Aussage des ehemaligen Geheimdienstagenten Rene Munoz Alarcon, die er im Juni 1977 kurz vor seiner Ermordung ablegte: » … sie schickten mich zur Colonia Dignidad, etwa 40 Kilometer landeinwärts von Parral. Dort war ein Ausbildungszentrum des nationalen Geheimdienstes, geleitet von Deutschen, die heute auch die chilenische Staatsangehörigkeit besitzen. Es sind alte Deutsche, die nach dem Krieg hierher kamen.« Und dann kommt eine Aussage, die – sofern sie wahr ist – in ihrer Beweiskraft kaum noch zu überbieten ist. Bezugnehmend auf die alten Deutschen: »… und haben ein richtiges Regiment in der Colonia Dignidad.« (!!!) (123)

Der katholische Pfarrer Vinzenz Gottschalk aus der südchilenischen Stadt Osorno wollte und konnte das Beichtgeheimnis nicht brechen, gab aber immerhin soviel zu Protokoll: »Meines Erachtens gibt es Verbindungen von Dignidad hier in den Süden. Ich kenne Menschen, die ich Ihnen nicht nenne, um sie zu schützen: Diese Menschen waren früher bei der SS. Jetzt leben sie hier. Ich bin davon überzeugt, daß es Verbindungen zwischen diesen Menschen und der Colonia Dignidad gibt.«

Und noch in den 90er Jahren des letzten Jahrhunderts erklärte der christdemokratische Politiker Gabriel Valdes: »Nach dem Zweiten Weltkrieg waren viele Deutsche, die nach Chile ausgewandert sind, alte Nazis. Ich kenne verschiedene dieser Herrschaften persönlich. …, daß die Colonia Dignidad auf sehr viele Neonazis in Chile faszinierend wirkt. Heute gibt es unbestreitbar eine enge Verbindung zwischen Neonazis und der Kolonie.« (122) Warum wohl, darf gefragt werden.

Fest steht: Die chilenische Öffentlichkeit wußte offenbar recht gut über den wahren Hintergrund der Colonia Dignidad Bescheid. Nur war es eben nicht legitim, die Wahrheit an die große Glocke zu hängen. Wer dies tat, mußte, wie im Fall des Geheimdienstagenten Rene Munoz Alarcon deutlich wurde, mit den allerschlimmsten Konsequenzen rechnen.

Zudem wachten die in einflußreichen Stellungen befindlichen Mitglieder des chilenischen »Freundeskreises« der Kolonie über die Beibehaltung des Status quo. Die Schweigespirale konnte somit nur selten aufgebrochen werden. Dieser »Freundeskreis« hatte sich 1978 gegründet und umfaßte an die tausend Mitglieder. (123)

Die bei alledem entscheidende Fragestellung ist jedoch die nach den harten Fakten, die ein für allemal beweisen, daß die Colonia Dignidad kein gemeinnütziger religiöser Verein ist, sondern daß sich auf ihrem Gebiet die Infrastruktur für das Hauptquartier der Dritten Macht befindet.

Über die Größe der Kolonie existieren vielfach falsche Vorstellungen. Es handelt sich bei ihr nicht etwa nur um ein kleines Dorf mit eigenem Krankenhaus und ein wenig Ackerland. Die Grundfläche der Colonia Dignidad hat sich in den 30 Jahren zwischen 1961 und 1991 beinahe verfünffacht, von 3000 Hektar auf fast 15 000 Hektar. Das entspricht 150 Quadratkilometern und damit, vereinfacht dargestellt, einem Quadrat von zwölf mal zwölf Kilometern. Platz für jegliche Art geheimer Aktivitäten war demnach mehr als genug vorhanden.

Während an der Oberfläche die »Siedler« ihrer scheinbar friedlichen Tätigkeit nachgingen und mit einer extensiven Landwirtschaft ihren Teil zur wirtschaftlichen Autarkie des Gemeinwesens beitrugen, entstand unter der Erde ein weitverzweigtes System künstlich angelegter, bunkerähnlicher Höhlen und diese verbindender Tunnels.

Wie war es zur Entdeckung dieser unterirdischen Anlagen gekommen?

Nach dem Ende der Militärdiktatur in Chile wurde im Zusammenhang mit den schon erwähnten Strafprozessen gegen Paul Schäfer mehrfach eine Untersuchung des Sektengeländes vorgenommen. Schäfer zu fassen gelang damals freilich nicht. Die guten Kontakte des »Freundeskreises« verhinderten immer wieder die Geheimhaltung einer solchen Aktion. Von daher blieb jede Inspektion des Geländes eine Farce, und Paul Schäfer konnte sich der Verhaftung entziehen. Der zuständige Ermittler in Sachen Schäfer, Sonderstaatsanwalt Hernan Gonzales, faßte das Ergebnis der Ermittlungen vor Ort zusammen: »Ein paar Mal war die Polizei mit sogenannten Georadar-Geräten im Einsatz. Die in einem klassischen Bergbauland wie Chile selbstverständliche Top-Technologie förderte ein weitverzweigtes Tunnel- und Bunkersystem im Boden tief unter der Colonia Dignidad zutage.« Aber auf die Erlaubnis aus dem Regierungspalast in Santiago, mit Ausgrabungen beginnen zu können, wartete auch der mit den Ermittlungen vor Ort beauftragte Kripo-Chef Luis Henriquez vergeblich. An anderer Stelle bezeichnete Anwalt

Fernandez das Bunkersystem auch als »unterirdische Stadt«. Die Abschirmung des Geländes mit einem Kamera-, Infrarot- und Lausch-
system ist von einer technischen Aufwendigkeit und Raffinesse, wie es
sich Zivilisten nicht leisten können. (124)

Auch einer der gründlichsten Rechercheure bezüglich der wahren
Hintergründe der Colonia Dignidad, Friedrich Paul Heller, schreibt in
einem seiner Bücher über das »ausgedehnte System getarnter unterirdischer Tunnels und Bunker«: »Damals wurde die Siedlung mit unterirdischen Bunkern, Kommandozentralen (als Hauptquartier eben; Anmer-
kung des Autors), einem umfassenden geheimen Warn- und Überwa-
chungssystem und einem unterirdischen Flugplatz ... ausgestattet. ...
Zu den unterirdischen Installationen gehören hydraulische Aufzüge, mit
denen offenbar Flugzeuge in Startposition gebracht wurden.« (125)
Dazu passend berichteten Campesinos in der Umgebung der Colonia
Dignidad, daß Flugzeuge in Berge innerhalb der Siedlung hinein- und
auch wieder herausfliegen. (60)

Nebenbei gesagt: Waren es wirklich immer nur herkömmliche Flugzeuge? Chile ist eines der Länder mit der größten Häufigkeit von UFO-
Sichtungen. Aber dazu später mehr.

Fest steht: Friedrich Paul Heller kam der Lösung des Rätsels um die
Colonia Dignidad mit Sicherheit ziemlich nahe, ließ sich aber anfänglich
doch mit einer Geschichte abspeisen, die – bei den zwischenzeitlich
bekanntgewordenen Fakten – die letzte Aufklärung verhindern sollte.
Demnach wäre der Ausbau der Colonia Dignidad zu einem »chilenischen Peenemünde« (!) durch den deutschen Oberst Hans-Ulrich Rudel
erfolgt, und das zu einem Zeitpunkt, als nach dem chilenischen Militärputsch von 1973 ein Krieg mit Argentinien unausweichlich schien. Die
Kolonie wäre einer von insgesamt fünf errichteten geheimen Militär-
stützpunkten gewesen. (60) Die Zielrichtung dieser zur Tarnung in die
Welt gesetzten Erklärung des bis heute nicht enden wollenden Versteck-
spiels um die Colonia Dignidad dürfte klar sein. Nachdem jetzt alles
über die Taten und Untaten der chilenischen Militärdiktatur bekannt
geworden ist, ja wenn sogar die Existenz dieses angeblich *Andrea* genannten Projekts kein Geheimnis mehr darstellt, wieso sollte dann die offizielle Besichtigung eines nicht mehr genutzten, konventionellen Militär-
stützpunktes Schwierigkeiten bereiten? Ähnliche Militärstützpunkte mit
unterirdischen Abschußeinrichtungen gibt es auf der ganzen Welt. So
kommt auch Friedrich Paul Heller letztlich zu dem Schluß, daß es mit

den Tunnels eine besondere Bewandtnis haben muß und schreibt an anderer Stelle: »Die Existenz dieser unterirdischen Anlagen und vor allem der Tunnels war der Mehrzahl der Bewohner der Colonia Dignidad lange unbekannt. Wann, wie und von wem sie gebaut wurden, bedarf einer zukünftigen Klärung.« (142)

Im Zusammenhang mit den unterirdischen Anlagen der Colonia Dignidad steht noch eine andere Behauptung. Nach dieser hätten die Bewohner der Kolonie einen Tunnel bis nach Argentinien gegraben. (122) Nachprüfen läßt sich das nicht, ergibt aber einen tieferen Sinn, wenn man sich die Vorgeschichte der Colonia Dignidad vergegenwärtigt.

Und Hans-Ulrich Rudel? Könnte er tatsächlich involviert gewesen sein, wenn auch nicht so, wie sich das Friedrich Paul Heller vorstellt? Ist eine Mitwirkung Rudels am Ausbau der Kolonie zum irdischen Stützpunkt der Dritten Macht denkbar?

Oberst Rudel (1916–1982) war der höchstdekorierte Soldat der deutschen Wehrmacht. Er, als der einzige Träger des Goldenen Eichenlaubs mit Schwertern und Brillanten zum Ritterkreuz des Eisernen Kreuzes, konnte als Stuka-Flieger geradezu phantastische Erfolge vorweisen. Zwei Zahlen mögen hier beispielhaft vorgestellt sein: 2530mal flog er gegen den Feind. Dabei gelang es ihm, 519 sowjetische Panzer abzuschießen.

Nach dem Krieg setzte auch er sich nach Argentinien ab und trat dort in den Dienst des argentinischen Luftfahrtministeriums. In den Flugzeugwerken von Cordoba wurde er der Konstruktionsgruppe zugeteilt. (23)

Neben dieser, seiner offiziellen Tätigkeit, begründete er 1948 das sogenannte *Kameradenwerk*, dessen Vorsitz er bis 1955 führte. Diese Organisation hielt nicht nur den Kontakt zu den gleichfalls in Argentinien beschäftigten reichsdeutschen Technikern, sondern verhalf darüber hinaus auch anderen durch die Siegermächte des Zweiten Weltkrieges Verfolgten zu einer zweiten Existenz, so auch zum Beispiel Dr. Mengele (siehe 3. Kapitel). Nach dem Machtwechsel in Argentinien ging Rudel nach Paraguay, wo er unter Diktator Stroessner eine ähnliche Rolle spielte wie zuvor unter Peron.

Am 21. November 1952 schrieb eine anscheinend gut informierte Zeitschrift über das *Kameradenwerk:* »Rudel ist zum Führer proklamiert worden …« (28) Ohne Zweifel nahm die Öffentlichkeit Rudel als den prominentesten und aufgrund seiner vielfältigen Geschäftskontakte umtriebigsten Vertreter der nach Argentinien exilierten Reichsdeutschen wahr. Aber auch im internen Kreis schien seine Führungsrolle unumstritten.

Daß mit der Proklamation Rudels auch ein sehnlicher Wunsch Adolf Hitlers in Erfüllung gegangen war, werden allerdings nur die wenigsten wissen.

Einer der Stararchitekten Hitlers, Hermann Giesler, gibt in seinem Buch *Ein anderer Hitler* ein vertrauliches Gespräch wieder, das die Frage einer Nachfolge Hitlers zum Inhalt hatte.

Hitler äußerte sinngemäß folgendes: »Seit langem bin ich mir bewußt: Nur ein Soldat von großem Format ist berechtigt, die Nation einmal zu führen, wenn ich mich nach dem durchgestandenen Krieg zurückziehe. ... Zur besonnenen Kühnheit und der Tapferkeit mußte die Ausstrahlung kommen. Dabei war kluges und logisches Denken unerläßlich, verbunden mit Interesse für moderne Technik bei kultureller Aufgeschlossenheit. Ich suchte den phantasievollen Soldaten mit Führungsqualitäten. Gerade das sprach natürlich für einen Offizier mit spürbarer Autorität. Er mußte überzeugt sein, daß dieser Kampf nicht nur für Deutschland, sondern für Europa geführt wird. Standhaft sollte er sein, vor allem mußte er Charakter haben. ... Ich fand ihn – der Stukaflieger Rudel!« (126)

Weilte Rudel in der Colonia Dignidad? Laut Friedrich Paul Heller sagte im Mai 1999 der zuständige Sachbearbeiter im Auswärtigen Amt ihm gegenüber am Telefon: »Der Rudel war auch auf dem Gelände.« Während des anschließenden Gesprächs im Auswärtigen Amt, an dem ein anderer Zeuge teilnahm, blieb diese Aussage unstrittig. (60)

Rudel als »Führer« der Dritten Macht? Was ist mit Hans Kammler oder Karl Hanke? Ohne Zweifel hatten diese sich Rudel untergeordnet, da nur er – frei von jeglicher Verfolgung – ungehindert über die notwendige Bewegungsfreiheit verfügte.

Was geschieht in den Katakomben unterhalb der Colonia Dignidad wirklich? Anwalt Fernandez sprach gar von einer unterirdischen Stadt! Dient diese allein als Kommandozentrale, als Aufenthaltsort jenes deutschen Regiments, von dem Rene Munoz Alarcon berichtete, sowie als Basis für die Fluggeräte? Oder passiert hier noch mehr?

Einen Hinweis auf weitere mögliche Aktivitäten im Untergrund der Kolonie könnten jene Berichte der von UFOs Entführten enthalten, die – wie im 3. Kapitel geschildert – nicht in den UFOs selbst den beschriebenen medizinischen Tests und reproduktiven Verfahren unterzogen worden sind. Diese Abduzierten gaben an, daß ihnen ihre erstaunlichen Erlebnisse in unterirdischen Einrichtungen, irdischen Militärbasen zum Verwechseln ähnlich, widerfahren sind. Daß eine Verbindung zwischen dem Entführungsszenario und der Colonia Dignidad tatsächlich existiert, wird später noch zu zeigen sein.

Kaum anzunehmen ist hingegen die Nutzung der Kolonie als Produktionsstätte, zum Beispiel bis hin zur kompletten Montage der Flugscheiben. Hierfür dürfte die vorhandene Infrastruktur nicht ausreichen. Trotzdem könnten weniger aufwendige Herstellungsprozesse in der Kolonie realisiert werden. Denkbar wäre unter anderem die Bereitstellung von Rohmaterialien.

Nur so ist zu erklären, wieso sich die Kolonie, die nach außen doch nichts weiter als eine funktionierende religiöse Gemeinschaft sein will, in den Besitz von Schürfrechten verschiedener strategischer Metalle gebracht hat.

In der Nähe des Dörfchens Trovolhue (Provinz Cautin) erwarb die Kolonie Schürfrechte auf 99 Jahre für die Metalle Titanium und Molybdän. Angeblich unternahmen die Colonia Dignidad und ihre geschäftlich mit der Brüsseler Firma ABRACOR verbundene Tarnfirma ABRATEC hier nur Versuchsbohrungen. Angeblich …

Auch über zwei Goldminen verfügt die Kolonie, zum einen in der Nähe des südchilenischen Temuco, zum anderen bei dem südlich von Concepcion gelegenen Tirua.

Im Norden von Chile betreibt sie zudem eine Schwefel- sowie eine Quecksilbermine. (123)

Und dann gibt es da noch das Interview mit dem Vater eines Luftwaffenoffiziers. Befragt zu den Verbindungen, die die Colonia Dignidad unterhält, antwortete er wörtlich: »Sie sind sehr mächtig, haben jedwede Hilfe seitens ihres Landes und stehen in direkter Verbindung mit Kanada, wo es ein großes Zentrum für wissenschaftliche Nuklearexperimente gibt und wohin sie einige halbverarbeitete Rohstoffe liefern.« (123) Das könnte die Vermutung über die mögliche Produktion von Rohmaterialien in der Kolonie bestätigen, wenn auch die Bezugnahme auf Kanada wieder einmal als der Tarnung dienend aufgefaßt werden sollte. Die Behauptung des genannten Zeugen ist zudem materiell abgesichert: Die Kolonie schürft in Chile auch den strategisch wichtigen Rohstoff Uran! (122)

Der Luftwaffenoffizier arbeitete angeblich als Aufklärungsoffizier beim chilenischen Generalstab und hielt anscheinend dauernde Verbindung zur Kolonie, denn insgesamt soll er 14 Monate dort geweilt haben.

Eine weitere von ihm übermittelte, hochinteressante Information lautet wie folgt:

»Offenbar arbeiten sie an irgendetwas Großem, und einen Teil der Experimente, nur einen Teil des Laboratoriums, machen sie dort, aus Sicherheitsgründen gibt es mehrere Laboratorien in verschiedenen Teilen der Welt.«

Was könnte dieses »Große« sein, woran in der Kolonie gearbeitet wird?

Könnte nicht eventuell ein Zusammenhang bestehen mit den im 2. Kapitel erwähnten Projekten *Die Glocke*, *Laternenträger* und *Chronos*, für deren Realisierung anscheinend Quecksilber und Titanium eine besondere Rolle gespielt haben? Wenn die auf der Grundlage der Antigravitation funktionierenden Flugscheiben schon seit längerem existieren, so hätte zumindest das Projekt *Chronos* mit Sicherheit noch Entwicklungspotential. Verbirgt sich hinter dem »Großen« vielleicht die Zeitmaschine? Gut, das bleibt vorerst eine Spekulation.

Wie ist es um die wirtschaftliche Situation der Kolonie bestellt?

Zur ökonomischen Absicherung ihrer Machtposition bemüht sich die Colonia Dignidad um weitestgehende Unabhängigkeit in wirtschaftlicher Hinsicht. »Die Kolonie ist autark. Allein Salz und Reis müssen von außen eingeführt werden. Ansonsten versorgen sich die Kolonisten selbst. Auf dem Gelände wurden Rinder- und Schweineställe für intensive Tierzucht errichtet und eine Hühnerfarm; Obst, Gemüse, Kartoffeln, Salat, Getreide werden angebaut. In einem Wildgehege werden Hirsche und Rehe gehalten. Die Kolonie betreibt eine eigene Getreidemühle, eine Bäckerei, eine Schlachterei, eine Käserei, Honigschleudern und einen ›Saftladen‹, in dem Limonaden, Obstsäfte und Marmeladen hergestellt werden, eine Lederwerkstatt, ein Sägewerk, eine Schreinerei, eine Elektronikwerkstatt, eine Schmiede, eine Dreherei, Autowerkstätten, eine Flugzeugwartungshalle, Malerwerkstätten und Lager- und Kühlräume für Getreide, Kuchen, Fleisch, Wurst und Konserven.« Außerdem verfügt die Kolonie noch über ein Krankenhaus, ein Restaurant mit Freizeitpark, eine Schotteranlage und ein Betonwerk für den Straßenbau, eine eigene Fischfangflotte aus drei hochseefähigen Kuttern, einen Holzhandel, eine Rapsmühle sowie einen Lebensmittelvertrieb. (122)

Damit klärt sich zum Teil auch gleich die Frage, wie sich die Colonia Dignidad finanziert.

Die Kolonie vermarktet die gesamte Vielfalt ihrer landwirtschaftlichen Produktion als »deutsche Produkte« und zudem als unverfälschte Öko-Ware mit großem Erfolg landesweit, den Andenhonig »Tres picos« (man merke sich diesen Begriff!) sogar bis nach Deutschland. (122)

Zuschüsse in Millionenhöhe wurden von der chilenischen Regierung auch an das Krankenhaus der Kolonie gezahlt, da dieses unter bestimmten Bedingungen auch Bewohnern aus der Umgebung der Kolonie offensteht.

Wie schon weiter oben erwähnt, trug zur soliden Finanzgrundlage der Kolonie das vom früheren chilenischen Finanzminister und Chef der chilenischen Nationalbank, Arturo Maschke, gewährte Zoll- und Steuerprivileg maßgeblich bei. Dieses befreite die Kolonie gänzlich von allen Steuern und Zöllen. Bei der Vielfalt und dem Umfang der wirtschaftlichen Aktivitäten kann der daraus entstandene zusätzliche Gewinn nur geschätzt werden. Er muß immens gewesen sein.

Die Zollfreiheit brachte einen weiteren angenehmen Effekt mit sich: Der Im- und Export von Waren, die in kolonieeigenen Überseecontainern verschifft wurden, konnte als karitativer Vorgang ohne jegliche Kontrolle bearbeitet werden. Damit konnte sich das Hauptquartier der Dritten Macht ungehindert mit allem versorgen, was zur Ausübung der offiziellen wie geheimen Aktivitäten notwendig war! Daß dem tatsächlich so war, dafür gibt es zumindest ein Beispiel. Wenn die von den Strafverfolgungsbehörden auf der Suche nach Paul Schäfer angestrengten Untersuchungen des Koloniegeländes auch nie von Erfolg gekrönt waren, so unterlief den »Kolonisten« einmal doch eine Panne. Anscheinend wurden sie zu spät gewarnt, und es gelang in der verbleibenden Zeit nicht mehr, einige auf dem Gelände befindliche Container rechtzeitig in den Untergrund zu verbringen. In den betreffenden Containern befanden sich Werkzeugmaschinen, Fabrikeinrichtungen, Drehbänke und andere Ausrüstungsgegenstände, deren Zweck die Polizisten nicht erkennen konnten und die rein gar nichts mit den gemeinnützigen Tätigkeiten der Sekte zu tun hatten. (122)

In der Zeit nach Pinochet wurde der Kolonie die Gemeinnützigkeit aberkannt. Das Vermögen der Kolonie, damals geschätzt auf mehr als 100 Millionen US-Dollar, wurde privatisiert. Als Holding für alle Firmen fungiert jetzt die *Abratec S.A.* (122) Auf den Geschäftsverlauf konnte diese Entwicklung keinen negativen Einfluß nehmen.

Sind die aufgeführten Belege schon beweiskräftig genug, um eine

Identität der Colonia Dignidad mit dem Hauptquartier der Dritten Macht behaupten zu können?

Selbst wenn, die Kette der Beweise soll um weitere Glieder verlängert werden.

Die UFOs – unter diesem Begriff geistern die vermeintlich unbekannten Flugobjekte seit dem Jahr 1947 um die Welt, und es gibt wohl kaum eine Nation der Erde, in dem sie nicht gesichtet worden sind. Verfolgt man die einschlägigen Veröffentlichungen, so ist zu bemerken, daß das Gebiet Südamerikas anscheinend besonders häufig von diesen Eindringlingen aus der Luft frequentiert wird. Chile macht hier keine Ausnahme.

Trotzdem dauerte es bis zum 3. November 1997, daß die chilenische Luftwaffe ihre UFO-Geheimhaltung beendete und sich bereiterklärte, mit zivilen UFO-Forschern zusammenzuarbeiten. An diesem Tag wurde seitens der Luftwaffe das Untersuchungskomitee für anomale Weltraumphänomene (CIFAE) ins Leben gerufen. Der Stab der CIFAE besteht aus Militärs und Mitgliedern der privaten chilenischen UFO-Organisation AION. (127)

Die UFOs waren plötzlich eine untersuchungswürdige Angelegenheit. Vorausgegangen war eine der größten UFO-Sichtungswellen der Geschichte. Das zeigt: Es besteht tatsächlich wie erwartet ein Zusammenhang zwischen einer erhöhten UFO-Aktivität und dem Hauptquartier der Dritten Macht! Auch die Berichte der Campesinos in der Umgebung der Colonia Dignidad, die in die Berge auf dem Gelände der Kolonie Flugzeuge hinein- und wieder hinausfliegen sahen, besagen nicht, daß es sich dabei ausschließlich um herkömmliche Flugzeuge gehandelt haben muß.

Wenige Monate, nachdem das chilenische Militär den Schritt in die Öffentlichkeit gewagt hatte, erklärte Hauptmann Cristian Puebla, Professor für Aeronautik an der Luftwaffenakademie der Chilenischen Luftwaffe und einer der Koordinatoren des UFO-Projektes, bei einem Interview mit dem chilenischen Fernsehen: »Ja, diese UFOs erschienen überall über unserem Land, und aufgrund der Art und Weise, wie sie manövrieren, kann ich nur sagen, daß sie außerirdischen Ursprungs sind. Es ist unmöglich, daß diese UFOs von Menschenhand geschaffen wurden.« (128) Eigentlich dürfte es einer solchen Kapazität nicht verborgen geblieben sein, daß Fluggeräte mit einem Antigravitationsantrieb durchaus zu solchen Flugmanövern in der Lage sind. Nur kann er einfach nicht glauben, was er sieht: Der in seinen Augen revolutionäre Antigravitationsantrieb ist ein irdisches Erzeugnis!

Im 3. Kapitel wurde darüber berichtet, wie die Dritte Macht die noch im letzten Weltkrieg von reichsdeutschen Wissenschaftlern entwickelte Flugscheibentechnologie nach 1945 in großem Stil in die Praxis umgesetzt hat. Ein wesentlicher Bestandteil dieses sogenannten UFO-Phänomens sind die Berichte der von UFOs zum Zwecke der genetischen Reproduktion der nordischen Rasse entführten Menschen. Von daher steht zu erwarten, daß nicht allein ein Zusammenhang zwischen dem Hauptquartier der Dritten Macht und den Aktivitäten der UFOs besteht, sondern daß auch eine Verbindung mit dem UFO-Entführungsphänomen hergestellt werden kann. Schon weiter oben wurde vermutet, daß die unterirdischen Anlagen der Kolonie den Hintergrund für jene Entführungsberichte abgegeben haben könnten, nach denen die beschriebenen genetischen Experimente in unterirdischen Einrichtungen stattgefunden haben sollen.

Darüber hinaus existieren weitere Hinweise, die eine solche Verbindung nahelegen.

Bei der Wiedergabe der offiziellen Geschichte der Colonia Dignidad wurde schon auf die Ungereimtheiten bezüglich der genauen Anzahl der Koloniebewohner aufmerksam gemacht.

Der Autor Gero Gemballa schreibt dazu in seinem Buch: »Ein großes Geheimnis ist bis heute die Anzahl der Kinder in der Kolonie. Experten haben versucht, auf bisher zugänglichen Fotos und Filmen aus der Kolonie die Zahl der tatsächlichen Bewohner des Lagers zu ermitteln – und stießen auf ein Rätsel. Es gibt anscheinend deutlich mehr Kinder, als nach den offiziellen Statistiken der Kolonie über Geburten und Adoptionen zu erwarten gewesen wäre. Der landwirtschaftliche Berater der Colonia Dignidad, ein Holländer mit dem Namen Kollonaji, antwortete auf die Frage, wie viele junge Menschen unter 18 Jahren es in der Kolonie gibt, mit: ›Ungefähr, glaube ich, die Hälfte …, so ungefähr 50, 60.« Diese Zahl überrascht einigermaßen und läßt jeden Kritischdenken aufhorchen, ist von den offiziellen Sektenmitgliedern doch bekannt, daß zwischen ihnen Eheleben und Familie gar nicht stattfinden kann und auch keine Möglichkeiten existieren, Menschen des anderen Geschlechts intim zu begegnen.

Befragt zu ihren deutschen Spielkameraden berichteten chilenische Kinder aus der Kolonie übereinstimmend, daß die deutschen Kinder nicht wissen, wer ihre Eltern sind, und behaupteten, die deutschen Kinder hätten überhaupt gar keine Eltern!

Bestätigt werden diese Berichte durch die Aussage des damals 18-jährigen Zalo Luna gegenüber dem chilenischen Parlament: Sexuelle Kontakte seien in der Kolonie streng verboten. Es gebe aber einen Kindergarten voller Kinder, von denen niemand wisse, woher sie stammten. Und dann der entscheidende Satz: In der Kolonie hätten Experimente mit künstlicher Befruchtung stattgefunden. Dazu paßt die Mitteilung von Adrian Bravo, bis 1996 Vorsitzender des Patientenkomitees der Kolonie: »In der Kolonie wird die künstliche Befruchtung bei Tieren angewandt. Das weiß ich. Dazu wird tiefgefrorener und auch frischer Samen benutzt. Damit wurden gute Erfolge erzielt. Sie kennen sich gut mit der Methode aus. Bei vielen Kindern kennt man ja die Herkunft nicht. Sie sind weder im Standesamt von Catillo noch in der Botschaft von Santiago gemeldet. Deswegen kommt man auf den Gedanken, daß die auch beim Menschen angewandt haben, was sie bei Tieren getan haben.«

Bei alledem hat Herr Bravo anscheinend übersehen, daß auch bei künstlicher Befruchtung ein Elternteil, die austragende Mutter nämlich, bekannt wird. Ausdrücklich behaupten jedoch unabhängig voneinander mehrere Zeugen, beide Eltern dieser Kinder wären unbekannt. Fast hat es den Anschein, als wüßte Adrian Bravo doch mehr, als er anfänglich zuzugeben bereit war. Vor der chilenischen Parlamentskommission sagte er später aus, daß er Genexperimente in der Kolonie für möglich halte.

Verdächtig, bei diesen Experimenten mitgewirkt zu haben, ist Gisela Seewald, die Ärztin im Lager. Sie hat 1957 in Deutschland promoviert und sich in ihrer Doktorarbeit eingehend mit der Veränderung von Erbgut und der Beeinflussung der Fortpflanzungsfähigkeit durch Chemikalien und Röntgenstrahlen auseinandergesetzt. (122)

Gero Gemballa schreibt zu diesen Vermutungen: »Die Genforschung ist kein einfaches Wissenschaftsgebiet. Das menschliche Erbgut zu verändern verlangt ein hohes Maß an wissenschaftlicher Kompetenz, ein Maß an Professionalität, das den Menschenforschern in der Kolonie nicht zuzutrauen ist.« Weit gefehlt, kann man da nur sagen! Würde er um die wahren Hintergründe der Colonia Dignidad wissen, käme Herr Gemballa sicherlich zu einer anderen Einschätzung.

Bedarf es noch eines weiteren Beweises für die hier geäußerte Vermutung, die Colonia Dignidad sei der Ort (zumindest ein Ort), an dem die genetischen Experimente der Dritten Macht stattgefunden haben?

Der zu den Kindern in der Kolonie befragte landwirtschaftliche Berater Kollonaji wurde noch mit einer zweiten Frage konfrontiert: Und wie sehen sie aus? Sehen sie aus wie Chilenen? Oder sind sie blond und haben blaue Augen? Die Antwort: »Das wissen Sie doch!«

Was ist hier so selbstverständlich, daß man es einfach wissen muß?

Der sozialistische Parlamentsabgeordnete Jaime Naranjo zog ein bemerkenswertes Fazit:

»In der Kolonie werden keine Kinder akzeptiert, die starke Latino-Merkmale aufweisen, zum Beispiel dunkelhäutig sind. Sie interessieren sich dort nur für Kinder mit heller Haut, blonden Haaren und entsprechenden Genmerkmalen. Kinder oder Erwachsene mit Latinomerkmalen sieht man aber in der Kolonie so gut wie nie. Nur Menschen mit heller Haut und hellen Haaren. Das ist doch merkwürdig.« (122)

Mit dem Blick auf das Wissen um die Aktivitäten der Dritten Macht war – ganz im Gegenteil – gar nichts anderes zu erwarten! Bestätigt werden die Aussagen zu diesem Sachverhalt zusätzlich durch ein Foto, auf dem einige Kinder aus der Colonia Dignidad abgebildet sind (Abbildung 30).

Abb. 30

Zurück zu dem Interview mit dem Vater eines Luftwaffenoffiziers, nach dessen Worten in der Kolonie an etwas »Großem« gearbeitet wird. Er gab noch eine weitere erstaunliche Aussage zu Protokoll. Bezugnehmend auf das angebliche Folterlager in der Kolonie sagte er: »An den Gefangenen werden Experimente vorgenommen, die als Reinigung der Seele bekannt sind. Im Keller (besser wäre wohl: in den unterirdischen Anlagen; der Autor) ist eine Spezialklinik eingerichtet worden, wo sie Dinge unterworfen werden, die von Hypnose bis zu Experimenten mit Medikamenten, Operationen gegen die Aggressivität, der Anwendung experimenteller Strahlen … reichen.« (123) Wird hier das Wort »Gefangene« als Synonym für die von UFOs Entführten verstanden, so bekommt diese Aussage sofort einen tieferen Sinn. Was passiert denn im Verlauf der UFO-Entführungen anderes, als daß die Entführungsopfer mittels Hypnose »falsche Erinnerungen« eingepflanzt bekommen, wahre Erinnerungen unterdrückt (im Sinne von die Seele reinigen), sie mit Medikamenten ruhig gestellt und ihnen Implantate operativ eingesetzt werden und daß wahrscheinlich mit elektromagnetischen Niedrigfrequenzsendern ein anderer als der orale Weg der Kommunikation gesucht wird?

Am Ende bleibt die berechtigte Frage, ob die Gerüchte über Folterungen und Kindesmißhandlungen größtenteils nicht den Zweck verfolgen, die bei dem Umfang des Entführungsszenarios nun einmal nicht gänzlich zu unterdrückende Wahrheit weitestgehend zu verschleiern. Die unangenehme Folge davon, die deswegen angestrengten Strafprozesse, wurden billigend in Kauf genommen. Ein Gerücht macht noch keine Wahrheit. Zwar verurteilte am 16. November 2004 der chilenische Richter Hernan Gonzalez nach siebenjährigen Ermittlungen Paul Schäfer in Abwesenheit wegen Kindesmißbrauchs und weitere 20 führende Siedler wegen Beihilfe und wegen Verdunkelung der Straftaten zu bis zu fünf Jahren Haft, der Anwalt Roberto Saldias kündigte jedoch sofort Berufung gegen einige der Urteile an. (60) Damit scheint jetzt in erster Linie den Forderungen der öffentlichen Meinung Genüge getan und die »Enthüllungen« über die Colonia Dignidad zu einem vorläufigen Abschluß gebracht worden zu sein. Ob der im März 2005 in seinem argentinischen Exil verhaftete Paul Schäfer, bei seiner Festnahme immerhin schon 83 Jahre alt und schwer herzkrank, seine Haftstrafe tatsächlich antreten muß, bleibt abzuwarten.

Nachdem seit 1989, in der Zeit der sogenannten Demokratisierung in Chile, mehreren polizeilichen Inspektionen auf dem Koloniegelände aus den oben genannten Gründen der Erfolg verwehrt geblieben ist und auch Paul Schäfer lange Zeit nicht gefunden werden konnte, wurde schließlich zwischen der chilenischen Regierung und der Colonia Dignidad eine stillschweigende Übereinkunft erzielt. In deren Ergebnis ging die Umwandlung in eine scheinbar normale Agrarkooperative einher mit größerer Freizügigkeit für die eigentlichen Sektenmitglieder. Daß sich damit im wesentlichen nichts geändert hat, beweist die Personalie des führenden Mittelsmannes seitens der Siedlung. Der Arzt Hartmut Hopp ist ein Angehöriger der Nachkriegsgeneration und war als 13jähriger Junge zur Gruppe um Paul Schäfer gestoßen. Die Kolonie bezahlte ihm ein Studium in den Vereinigten Staaten, und in der Folge fungierte Hopp nicht nur als Chefarzt, sondern auch als »Außenminister«. Als solcher konnte er über den mit ihm befreundeten Sohn des chilenischen Geheimdienstchefs Manuel Contreras erstklassige Verbindungen knüpfen und avancierte zum Hausgast bei den Pinochets. Zuletzt war er für die Belange der Kolonie der offizielle Vertreter Paul Schäfers. Unter den neuen Rahmenbedingungen dürfte damit zumindest die personelle Kontinuität der Colonia Dignidad gewahrt bleiben.

Ab Mitte der 90er Jahre des letzten Jahrhunderts schwand in Chile der Einfluß der herrschenden Militärs von einst, deren Protektion sich die Kolonie immer sicher sein konnte. Gleichzeitig fokussierte sich das öffentliche Interesse verstärkt auf die angeblichen Mißbrauchstatbestände. Unter diesen Umständen könnte die Aufrechterhaltung des irdischen Stützpunktes für die Dritte Macht einfach unbequem geworden sein. Die demonstrative Öffnung der Kolonie nach außen sowie die gewährte Freizügigkeit für die »Sektenanhänger« sind möglicherweise Indizien dafür, daß zwischenzeitlich eine Verlegung des Hauptquartiers stattgefunden hat. Auch die große UFO-Sichtungswelle in Chile in den Jahren 1997 und 1998 könnte ein Anhaltspunkt dafür sein. Eine Räumung des Stützpunktes hätte mit Sicherheit eine große Anzahl entsprechender Aktivitäten nach sich gezogen. Außerdem könnte im Unterschied zu den 60er und 70er Jahren die Notwendigkeit eines irdischen Hauptquartiers nicht mehr zwingend erforderlich gewesen sein. Es gab andere, bessere Ausweichmöglichkeiten. Siehe dazu mehr im nächsten Kapitel.

Am Anfang der hier beschriebenen Suche nach Beweisen für die Existenz eines irdischen Hauptquartiers der Dritten Macht wurde die folgende Aussage getroffen:

Die Wahrhaftigkeit Landigs steht und fällt mit der tatsächlichen Existenz von weitläufigen und zudem künstlich angelegten Höhlensystemen, in denen sich Aktivitäten der Dritte Macht nachweisen lassen! Gelingt es, diese Höhlen zu finden, so ist damit das Hauptquartier der Dritten Macht identifiziert.

Mit den weitverzweigten Anlagen unterhalb der Colonia Dignidad sind die Höhlen gefunden, und alle für die Dritte Macht charakteristischen Aktivitäten haben sich in ihrem Umfeld nachweisen lassen. Wilhelm Landig hat die Wahrheit erzählt.

Man wird Wilhelm Landig nicht vorwerfen wollen, daß er die Antarktis als Synonym für Argentinien benutzt hat. Genausowenig konnte von ihm verlangt werden, daß er das unterirdische Hauptquartier der Dritten Macht mit seinem Klarnamen Colonia Dignidad benennt.

Zum Glück jedoch hat Wilhelm Landig sein Wissen um die wahre Funktion der Colonia Dignidad in seinem Tatsachenroman *Wolfszeit um Thule* auf einfache wie durchdachte Weise verschlüsselt. Ein Zweifel ist gänzlich ausgeschlossen.

Wie weiter oben schon erwähnt, nennt sich der Exportschlager der Kolonie, der berühmte Andenhonig, »Tres picos«.

In der Vergangenheit wurden ausgewählte deutsche Besuchergruppen am Eingang der Colonia Dignidad mit folgendem abzulesenden Text empfangen:

»Erlauben Sie uns, Ihnen ein sehr interessantes und schönes Naturereignis bekanntzumachen. In Bayern, Deutschland, liegt in den Alpen neben der Zuspitze ein Berg mit dem Namen Dreitorspitze, das heißt, daß dieser Berg drei herausragende Spitzen hat, weithin sichtbar. Was hat das mit Chile zu tun, fragen Sie. Lassen Sie sich überraschen: In Chile gibt es den gleichen Berg, in der Kordillere von Parral.« (123) »Tres picos« eben.

Außer der Tatsache, daß es diesen Berg in der Nachbarschaft der Kolonie tatsächlich gibt, haben die drei Bergspitzen noch ein Vorgängersymbol, das die Verbindung von Colonia Dignidad und Dritter Macht zusätzlich unterstreicht. Es ist das Emblem der früheren chilenischen NSDAP-Auslandsorganisation.

Die Abbildung der »Tres picos« auf Postkarten war auch Teil der durch die Kolonie betriebenen Öffentlichkeitsarbeit (Abbildung 31).

Und was haben die »Tres picos« mit Wilhelm Landig zu tun?

Der verschlüsselte Abschnitt über die »Tres picos« in *Wolfszeit um*

Thule befindet sich in jenem Abschnitt des Buches, der sich mit den alten Höhlensystemen und ihrer angeblichen Entdeckung durch Edmund Kiss befaßt. Wörtlich heißt es da: »Eine alte Legende, die nie verstummt, berichtet auch von einem Inkaschatz in der Gegend von Los tres picos und ebenso von Schätzen beim Pez Chico. Abenteurer sollen da bereits Eingänge zu diesem Höhlensystem gefunden haben, aber sie verschwanden dann, und man hat nie wieder etwas von ihnen ge-

Abb. 31

hört.« (1) Im Klartext dürfte diese Aussage wohl wie folgt verstanden werden:

In der Gegend von »Tres picos« sind die Eingänge in das Höhlensystem schon gefunden, die Geheimhaltung soll jedoch bis auf weiteres gewahrt bleiben.

Der Kreis der Beweisführung hat sich damit geschlossen.

Der Journalist Gero Gemballa schrieb schon beinahe resignierend am Ende eines seiner Bücher über das Ergebnis der von ihm unternommenen umfangreichen Recherchen zur Colonia Dignidad: »Die Geschichte ist ohne Ende. Irgendein großes Geheimnis ist noch dahinter.« (124) Das große Geheimnis ist jetzt keines mehr, die Wahrheit wurde offenbar.

Am 20. Juli 1989 fand auf einem Hügel in der Nähe der chilenischen Hauptstadt Santiago die weltweit bedeutendste Feier zu Ehren von Adolf Hitlers 100. Geburtstag statt. Mit einer Selbstverständlichkeit ohnegleichen, die zeigt, wie tief die Rolle Chiles bei der Wiedererweckung des Nationalsozialismus schon im Unterbewußtsein mancher Chilenen verankert ist, rief der Festredner an diesem Tag, der chilenische Diplomat a. D. und Schriftsteller Miguel Serrano, über das Auditorium hinweg:

»Von hier aus beginnt die Rückkehr unseres Führers, Kameraden, von diesem magischen und mystischen Land, von diesem geheimnisvollen Gebiet, das Chile heißt.«

Und ergänzend dazu sagte ein spanischer Delegierter in seinem Grußwort, von Chile gehe die Überlebensstrategie der Hitler-Nachfolger aus. (125)

Dem bleibt nichts hinzuzufügen.

Nachtrag:

Kurz nach Fertigstellung des Manuskriptes und Einreichung beim Verlag kam die Colonia Dignidad noch zweimal in die Schlagzeilen der internationalen Presse.

Mitte Juni 2005 hieß es: »Chile: Riesiges Waffenlager in Colonia Dignidad entdeckt.« (60) Sichergestellt wurden in drei Containern Raketenwerfer, Sturmgewehre, Minen ausländischer Bauart sowie große Munitionsvorräte. Einige der gefundenen Waffen seien 40 Jahre alt. Damit war der öffentlichen Meinung erneut eine »Beruhigungspille« verabreicht worden. Alle diejenigen, welche hinter der »Sekte« schon immer eine kriminelle Vereinigung gewittert oder sie einer Zusammenarbeit mit den Militärs beschuldigt hatten, sahen sich jetzt in ihrer Meinung bestätigt. Gleichzeitig gelang es mit diesem vergleichsweise lächerlichen Fund das ganze Ausmaß der auf dem Gelände der Kolonie stattgefundenen Maßnahmen – nun wohl endgültig – zu verschleiern. Da die Waffen nicht in den unterirdischen Anlagen, sondern in drei Containern gefunden wurden, scheint es nicht unwahrscheinlich, daß selbst diese zum Teil technisch veralteten Waffen nicht originär im Besitz der Kolonie gewesen, sondern erst im Nachhinein auf das Gelände der Colonia Dignidad verbracht worden sind.

Ende August 2005 schließlich titelten die Nachrichtenagenturen:

»Chilenische Regierung macht Schluß mit Colonia Dignidad«. Und weiter: »Mit einem polizeilichen Großaufgebot, an dem Panzerwagen, Wasserwerfer und ein Hubschrauber beteiligt waren, beendete der chilenische Staat am 26.08.2005 den Sonderstatus der deutschen Foltersiedlung Colonia Dignidad. ... Nach der Verhaftung ihres Führers Paul Schäfer im März 2005 in Argentinien und dem anschließenden Fund großer Waffendepots und Archive trat ein 1999 vom Rat zur Verteidigung des Staates (CDE) eingeleitetes Untersuchungsverfahren wegen Bildung einer kriminellen Vereinigung in das entscheidende Prozeßstadium. Dieser Prozeß gab einer Richterin die Handhabe, einen staatlichen Konkursverwalter, Herman Chadwick, für die Sektensiedlung und ihre zahlreichen Tarnfirmen einzusetzen. Die Führungsclique, die Schäfers Nachfolge angetreten hatte, ist nun weggefegt, das Tor der Colonia Dignidad bleibt offen und Telefonate in und aus der Siedlung werden nicht mehr kontrolliert. ... Die medienwirksam inszenierte Großaktion kam 15 Jahre nach Ende der Pinochet-Diktatur, aber rechtzeitig zu den chilenischen Parlamentswahlen im Dezember.« (60)

Neben den üblichen Übertreibungen wie »Foltersiedlung«, »Fund großer Waffendepots und Archive« bringen derartige »Enthüllungen« nur das zum Ausdruck, was schon an anderer Stelle in diesem Kapitel vermutet wurde. Wahrscheinlich im Zusammenhang mit der großen UFO-Sichtungswelle kam es Ende der 90er Jahre des letzten Jahrhunderts zur Verlegung des Hauptquartiers der Dritten Macht. Wohin? Das nächste Kapitel zeigt eine der denkbaren Ausweichmöglichkeiten.

KAPITEL 6

DIE VERBINDUNG ZUM MARS

Im Unterschied zu den vorangegangenen Kapiteln scheint dieses auf den ersten Blick einen mehr spekulativen Charakter zu tragen. Die kaum auszudenkende Möglichkeit, die Dritte Macht hätte in den letzten Jahrzehnten den bemannten Weltraumflug zum Mars beherrschen gelernt, ja auf diesem Planeten sogar eine Kolonie begründen können, scheint tatsächlich die Phantasie überstrapazieren zu wollen.

Trotzdem existieren gewichtige Indizien, die diesem Gedanken eine gewisse Wahrscheinlichkeit zubilligen, und zudem scheint das Vorhandensein einer jenseits unseres Planeten gelegenen Operationsbasis eine schiere Notwendigkeit, um den Umfang der durch die Dritte Macht ausgelösten Aktivitäten sinnvoll erklären zu können.

Die räumlichen und materiellen Beschränkungen, denen das irdische Hauptquartier, die Colonia Dignidad, unterworfen ist, lassen dort eine entwickelte Logistik – zum Beispiel für die Fertigung und Wartung der Flugscheibenflotte – undenkbar erscheinen.

Theoretisch könnte die außerirdische Basis sich auch auf dem Mond oder einem anderen Planeten befinden. Die Spuren führen aber, wie im folgenden gezeigt werden soll, eindeutig zum Planeten Mars. Zudem wäre z. B. der Mond nur ein bedingt sicheres Refugium, ist er doch schon seit über drei Jahrzehnten mit der Technologie der Amerikaner und Russen auch bemannt erreichbar.

Offiziell wurde am 10. Oktober 1960 erstmalig der Versuch unternommen, die Entfernung von der Erde zum Mars mit einem irdischen Raumflugkörper zurückzulegen. Die russische Sonde *Mars A* konnte jedoch nach Versagen der dritten Raketenstufe in 120 Kilometern Höhe ihren Flug nicht fortsetzen. Auch die Sonden *Mars B*, gestartet am 14. Oktober 1960, sowie *Mars C*, Startdatum 24. Oktober 1962, scheiterten schon im Erdorbit.

Erst *Mars 1*, gestartet am 1. November 1962, gelangte in die Nähe des Mars. Der Verlust der Funkverbindung am 21. März 1963 war dann der Auftakt zu einer schon beinahe »verdächtigen« Reihe technischer Pannen bei Marssonden, eine Pannenserie, die bis in die jüngste Vergangenheit kein Ende gefunden hat und auf die noch einzugehen sein wird.

Gezeigt wird damit, daß das technische Know-how, den Mars zu erreichen, Anfang der 60er Jahre bei den Russen unzweifelhaft vorhanden war. Die Amerikaner konnten erst 1964 mit der Sonde *Mariner 4* einen ähnlichen Erfolg verbuchen.

An dieser Stelle drängt sich die Frage auf, ob die Dritte Macht mit ihren technischen Fähigkeiten, wie sie im dritten Kapitel beschrieben worden sind, nicht schon viel früher den Weg zum Mars gefunden haben könnte. Sei es nun mit den Mitteln der Antigravitation oder aber mit atomgetriebenen Raumschiffen. Gibt es hierfür unabhängige Zeugnisse?

Tatsächlich vermittelt ein 1958 geschriebenes Buch mit dem Titel *Yo he estado on en marte* den Eindruck, als seien wichtige Informationen zu den Aktivitäten der Dritten Macht, auch gerade bezüglich der Erforschung des Planeten Mars, an die Öffentlichkeit durchgesickert.

Andererseits enthält das Buch auch Behauptungen, die entweder absichtlich irreführend sind oder aber das gerüchteweise Gehörte phantasievoll verdichten sollen. So ist z. B. im Zusammenhang mit fliegenden Untertassen auch von Außerirdischen die Rede. Die Einführung solcher dient somit auch hier der Verschleierung der wahren Tatsachen!

Nachfolgend seien diejenigen Hinweise aufgeführt, die eine Bestätigung für die schon in den 1950er Jahren durch die Dritte Macht erfolgte Kolonisierung des Mars abgeben können (zitiert nach 17 und 59):

»… eingeweihte Gruppe …, die sich nur der wissenschaftlichen Forschung gewidmet hat. Sie ist völlig frei von Zugeständnissen und Verpflichtungen gegenüber Regierungen oder Machthabern, verfügt jedoch über einen unbegrenzten finanziellen Rückhalt«;

»Da es der Gemeinschaft dank der Kriegsschätze Benito Mussolinis und Adolf Hitlers nicht an Mitteln fehlte, errichtete sie in Südamerika eine unterirdische Stadt …«;

»… Studienzentrum in der Andenregion …«;

»Seit 1946 verfügt es über einen großen Sammelspiegel für kosmische Energie …«;

»Es begleiteten mich bei diesem Besuch vier deutsche Wissenschaftler …«;

»1951 haben wir an Bord einer Maschine, der der Treibstoff praktisch nicht ausgehen konnte, alle Meere und Länder bereist«;

»Das Schiff arbeitete völlig geräuschlos, außer einem leichten Summen …«;

»Der Mond, der für sie nur eine Zwischenstation bedeutete …«;

»… schildert eine Reise zum Mars …«;

»… eine ständige Mars-Basis aufzubauen …«;

»… genaue Beschreibung der Untertasse und ihrer Insassen, die … hochgewachsene Wesen mit einem sehr blassen Gesicht, tiefblauen (skandinavischen, wie Mario Rojas sagt) Augen … gewesen seien …«.

Der Versuch, diese Fragmente im Zusammenhang zu lesen, führt zu einem erstaunlichen Ergebnis, das keines weiteren Kommentars bedarf: Eine gegenüber jeder anderen Regierung auf dieser Erde unabhängige Gruppe deutscher Wissenschaftler arbeitete seit 1946 in einem unterirdischen Zentrum in der Andenregion. Diese Beschreibung paßt, sieht man von der Jahreszahl ab, auf das *Centro Atomico* bei Bariloche in Argentinien. Im Jahr 1946 brachte Perons Fluchthelferorganisation die ersten Wissenschaftler ins Land. Die Gruppe verfügte über einen großen finanziellen Rückhalt dank der zum Kriegsende transferierten Mittel. Im Jahr 1951 konnten die beteiligten Wissenschaftler ein nahezu geräuschlos arbeitendes, bemanntes Antigravitationsflugzeug in Untertassenform fertigstellen (siehe auch 2. Kapitel). Dessen Besatzung war von nordischem Aussehen. Den Mond als Zwischenstation ansteuernd, wurde schon in den 50er Jahren (Erscheinungsdatum des Buches 1958) eine Reise zum Mars unternommen mit dem Ziel, dort eine ständige Basis aufzubauen.

Wenn diese Kolonisierung des Mars durch die Dritte Macht tatsächlich schon vor dem Jahr 1960 stattgefunden hat, so müßten in der Folge bei den russischen und amerikanischen Flügen zum Mars Anomalien aufgetreten sein, die direkt auf die Anwesenheit einer fremden Macht hindeuten. Zu erwarten wären diese wohl zuerst hinsichtlich der Behinderung unerwünschter Aktivitäten dieser beiden Mächte, wie auch der Beobachtung unerklärlicher Oberflächenstrukturen auf dem Mars.

Beide Anomalien existieren. Auf die erste wurde schon bei der Schilderung der frühen russischen Versuche, Sonden zum Mars zu schicken, hingewiesen. Der Verlust der Sonde *Mars 1* blieb kein Einzelfall.

Im Zeitraum von 1960 bis 2004 wurden 37 Marsexpeditionen gestartet. Davon scheiterten neun schon beim Start bzw. während des Hinfluges, 16 konnten als Erfolg verbucht werden, 13 fanden ein teilweise mysteriöses Ende in der letzten Phase ihres Fluges oder bei der Landung.

Was auffällt, ist die Häufung der »Verluste« gerade in den Jahren zwischen 1989 und 2003. Dabei existiert eine entwickelte Technologie zur Erkundung der Planeten unseres Sonnensystems schon seit Anfang der 70er Jahre des letzten Jahrhunderts. Bei den weitaus schwierigeren Flügen der Missionen *Pioneer*, *Voyager* und *Cassini* zu den erdfernen Planeten hat diese Technologie ihre Zuverlässigkeit ausnahmslos unter Beweis gestellt.

Hier eine Übersicht der in der letzten Phase gescheiterten Mars-Erkundungen:

Start	Raumsonde	Land	Grund des Versagens
01.11.1962	*Mars 1*	UdSSR	Verlust der Funkverbindung
30.11.1964	*Sond 2*	UdSSR	Verlust des Funkkontaktes
28.05.1971	*Mars 3*	UdSSR	20 Sekunden nach Landung Abbruch des Funkkontaktes
21.07.1973	*Mars 4*	UdSSR	Mars-Orbit verfehlt, Bremstriebwerk versagt
25.07.1973	*Mars 5*	UdSSR	Orbiter arbeitete nur wenige Tage
05.08.1973	*Mars 6*	UdSSR	Absetzen einer Landekapsel, Funkkontakt bricht vor Landung ab
09.08.1973	*Mars 7*	UdSSR	Orbiter und Lander verfehlen ihr Ziel
12.07.1988	*Phobos 2*	UdSSR	vor der Landung auf dem Marsmond Phobos Verlust des Funkkontaktes zur Sonde
25.09.1992	*Mars Observer*	USA	Abbruch des Funkkontaktes bei Zündung des Bremstriebwerkes für den Einschuß in eine Marsumlaufbahn
04.07.1998	*Nozomi*	Japan	kommt vom Kurs ab und verfehlt den Mars
11.12.1998	*Mars Climate*	USA	Verlust der Sonde bei Eintritt in die Marsumlaufbahn

| 03.01.1999 | *Mars Polar* | USA | Landung fehlgeschlagen |
| 02.06.2003 | *Mars Express* | ESA | Verlust des Landers *Beagle 2* |

Sind diese Fehlschläge wenigstens zum Teil auf Eingriffe der Dritten Macht zurückzuführen, bleibt zu fragen, welche Kriterien für den planvollen Abbruch von Missionen ausschlaggebend sind.

Während z. B. die mobilen Rover *Pathfinder*, *Rover 1* und *Rover 2* ungestört arbeiten konnten, war das bei dem *Mars-Polar*-Lander und *Beagle 2* nicht der Fall. Ist die Ursache für das Scheitern der letzten beiden ganz einfach auf den gewählten, von der Dritten Macht nicht akzeptierten Landeplatz zurückzuführen?

Einer ungestörten Kartierung der Mars-Oberfläche scheint zumindest seit 1997 nichts mehr im Wege zu stehen, was allein auf bis dahin entwickelte Möglichkeiten der optischen Tarnung (siehe weiter unten) zurückgeführt werden könnte.

Interessant ist auch, daß nach den so überaus erfolgreichen *Viking*-Missionen der Amerikaner zwischen 1976 und 1997 keine weitere erfolgreiche Mars-Annäherung durchgeführt werden konnte. Ein möglicher Grund dafür wird später noch genannt werden.

Weniger bekannt wurden Unregelmäßigkeiten auch bei der Landung der *Viking*-Roboter.

Johannes von Buttlar schreibt hierzu in seinem Buch *Sie kommen von fremden Sternen*: »Nahaufnahmen des *Viking-II*-Roboters ließen die ursprünglich vorgesehene Landestelle ... denkbar ungeeignet erscheinen. Aufgrund der aus dem Orbit übermittelten Aufnahmen wurde ... ein Gebiet riesiger welliger Sanddünen ausgewählt. Während des Abstiegs zur Mars-Oberfläche funktionierte die Datenübertragung des Landeroboters einwandfrei. Doch mit dem Aufsetzen fielen Bild- und Meßdatenübertragung zur Erde ganz unerwartet aus. Für die nächsten neun Stunden schwieg der Landeroboter, nahm dann aber plötzlich, ohne von der NASA-Kontrollstation einen Befehl erhalten zu haben, die Datenübermittlung zur Erde wieder auf. Die Verwirrung war komplett, als er statt der erwarteten Aufnahmen welliger Sanddünen die einer endlosen, steinigen Wüste zur Erde sandte ... Bis heute konnte das Rätsel, warum die aus der Umlaufbahn übermittelten fotografischen Daten des Landegebiets mit der wirklichen Landschaft nicht die geringste Ähnlichkeit hatten, nicht gelöst werden.« (129)

Ähnlich verhielt es sich mit den »Startschwierigkeiten« des amerikanischen Mars-Rovers *Spirit* (*Rover 1*), von dem nach seiner erfolgreichen Landung am 4. Januar 2004 zwischen dem 22. Januar und dem 2. Februar keine oder nur noch wirre Daten auf der Erde ankamen. So, als hätte jemand ein vorübergehendes Interesse an dieser irdischen Technologie gezeigt und während seiner Untersuchungen den »Schalter« einfach auf »Aus« umgelegt.

Bis heute ungeklärt ist auch das Scheitern der bisher einzigen postkommunistischen russischen Marssonde geblieben. *Mars-96* hob am 16. November 1996 vom Startplatz ab.

An Bord befand sich eine Ansammlung hochwertiger Meßinstrumente, welche die Ausstattung des beinahe gleichzeitig gestarteten amerikanischen *Mars Global Surveyor* bei weitem übertraf. Selbst das Auflösungsvermögen der Kameras war mehr als doppelt so hoch. In der Endphase des Starts kam es plötzlich zur Abtrennung der Ladung vom Raketenmotor.

Das wertvolle Equipment stürzte auf die Erde, die verbliebene Antriebseinheit steuerte weiter in Richtung Mars. Sabotage schien noch der plausibelste Grund für das Versagen der entsprechenden Software zu sein. (130)

An Bord installiert war auch ein Gerät zur Messung des Elementes Xenon 129, das als Folge radioaktiver Zerfallsprozesse bei Kernspaltungen entsteht. Schon vor dem Start von *Mars-96* war bekannt, daß dieses Element in einer unerwarteten Größenordnung Bestandteil der Mars-Atmosphäre ist. Eine akzeptierte wissenschaftliche Theorie nennt als mögliche Ursache für die Existenz von Xenon 129 eine Supernova in der Nähe des damals entstehenden Sonnensystems. Das dabei produzierte Iodine 129 transformierte später in Xenon 129. Diese Theorie kann jedoch nicht erklären, warum der Xenon-Gehalt des Mars dreimal so hoch wie der auf der Erde ist. (130)

Ist die Dritte Macht vielleicht für den hohen Xenon-Gehalt auf dem Mars verantwortlich und hat auf diesem Atomversuche durchgeführt?

Wenn das alles auch ein wenig nach Verschwörungstheorie klingt, so sind zumindest bei zwei Mars-Sonden nicht identifizierte Flugobjekte für die Havarie verantwortlich gemacht worden.

Am 7. Juli 1988 hatten die Russen die Sonde *Phobos I* gestartet, fünf Tage später folgte *Phobos II*.

Phobos I ging schon zwei Monate nach dem Start, angeblich infolge eines falschen Funkkommandos, verloren. *Phobos II* dagegen konnte planmäßig in eine Umlaufbahn um den Mars gelenkt werden. Im nächsten Schritt war beabsichtigt, in eine Kreisbahn um den Marsmond Phobos einzuschwenken. Am 28. März ging der Funkkontakt zur Sonde plötzlich verloren. Wenige Sekunden vor dem Verlust der Verbindung konnte *Phobos II* ein sonderbar geformtes Objekt zwischen der Sonde und dem Mars fotografieren. Diese Bilder, mit Ausnahme des allerletzten, gaben die Russen später frei. Zu erkennen ist ein Schatten, der als dünne Ellipse bezeichnet werden kann (Abbildung 32). In einem 1989 veröffentlichten Bericht stand, die Sonde sei ins Trudeln geraten, entweder infolge einer Computerpanne oder infolge eines Zusammenstoßes mit einem unbekannten Objekt. (131)

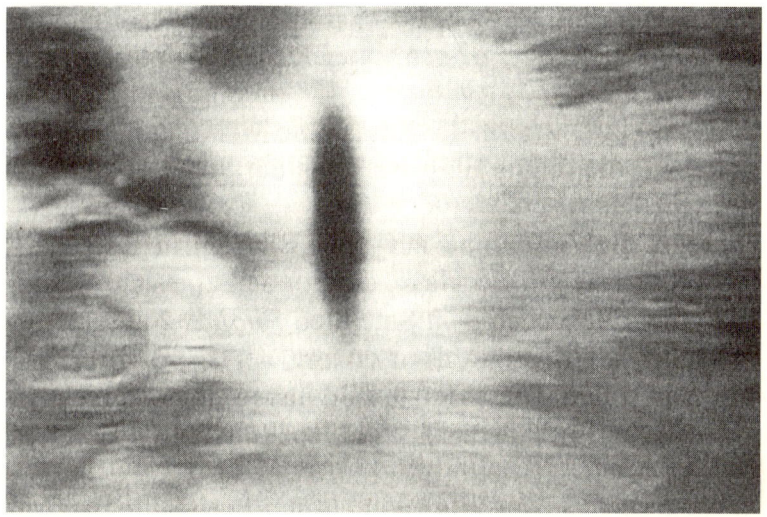

Abb. 32

Welcher Art war das Objekt, das, zwischen Sonde und Mars fliegend, auf diesem einen ellipsoiden Schatten warf und die Sonde letztlich zum Absturz brachte? Die bis heute geheimgehaltene allerletzte Aufnahme hätte womöglich des Rätsels Lösung gebracht. Die Form des Schattens läßt einen unwillkürlich an eine fliegende Scheibe denken.

Am 25. Dezember 2003 sollte *Beagle 2* auf der Mars-Oberfläche landen. Bis zu diesem Tag war die ESA-Mission erfolgreich verlaufen.

Während des Landeversuchs brach der Kontakt zum Mars-Roboter jedoch ab. Am 8. März 2003 veröffentlichten die Nachrichtenagenturen Details aus dem Untersuchungsbericht der europäischen Raumfahrtbehörde ESA. Darin hieß es: *Beagle 2* sei wahrscheinlich bei der Landung zerschellt. Ein nicht identifizierbares Objekt sei möglicherweise für den Verlust verantwortlich. Auf einem Foto, entstanden kurz nach der Abkopplung des Landers vom Orbiter *Mars Express*, befindet sich ein Fleck, bei dem es sich um dieses Objekt handeln könnte.

Wie sich die beiden Vorfälle doch gleichen!

Neben der Behinderung von Mars-Expeditionen anderer raumfahrttreibender Mächte sollte als weitere Anomalie die Beobachtung ungewöhnlicher Oberflächenstrukturen auf dem Mars Rückschlüsse auf die Aktivitäten der Dritten Macht zulassen.

Eine Vielzahl hochauflösender Bilder vom Mars wurde ab 1976 von den Mars-Orbitern *Viking I* und *II* aufgenommen. Auf einigen waren seltsame Strukturen zu erkennen, und die Diskussionen darüber sind bis heute nicht verstummt.

Von den zu diesem Themenkomplex erschienenen Büchern genügen nur wenige wissenschaftlichen Ansprüchen. Die beiden wichtigsten sind *The Martian Enigmas* (132) und *The Case For The Face* (130).

Von den fraglichen Objekten auf der Oberfläche des Mars, für die eine nicht natürliche Entstehung bzw. künstliche Überformung vermutet werden kann, sollen beispielhaft hier nur diejenigen aus der sogenannten Cydonia-Region näher untersucht werden.

Einen guten Überblick vermitteln die *Viking*-Aufnahmen 35A72, 35A73 und 35A74 (zusammengefaßt in Abbildung 33). Interessant sind auf diesen Fotos vor allem die Formationen »Face«, »City«, »D&M Pyramid« und »Tholus«.

Über die auffälligste Erscheinung, das Mars-Gesicht, ist ausreichend an anderer Stelle berichtet worden. Da mehrere qualitativ gute Aufnahmen der *Viking*-Missionen eine solide Basis für ein breites Spektrum technischer Analysen abgaben, war die Überraschung umso größer, als die Bilder des *Mars Global Surveyor* aus dem Jahr 1997 von der Gesichtsstruktur kaum noch etwas erahnen ließen (Abbildung 34). Was war zwischen 1976 und 1997 geschehen?

Die »City« bestand 1976 aus mehreren pyramidalen Komplexen sowie einem merkwürdigen Objekt, dem sogenannten »Fortress«, mit bis zu zwei Kilometer langen, geraden »Mauern«.

The Cliff

The Tholus (Partial)

The Face

The D&M Pyramid

The City (Partial)

Abb. 33

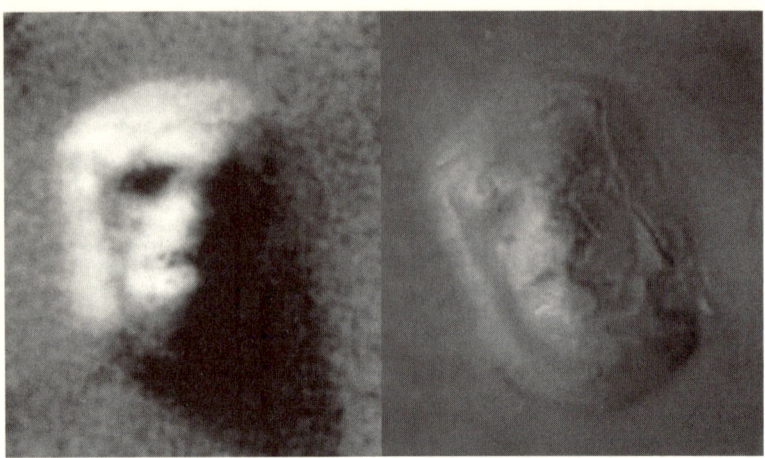

Abb. 34: Die Veränderung des Mars-Gesichts zwischen 1976 und 1997

Über das schwarze Loch an der rechten Seite der »D&M Pyramid« (70A113) wurde anfänglich spekuliert, es könnte sich dabei um einen Einschlagkrater handeln, der die Ostseite der Pyramide beschädigt hätte (Abbildung 35). Dieser Umstand diente auch als Argument für das von einigen behauptete hohe Alter der »künstlichen« Mars-Formationen. Die durchgeführte 3-D-Analyse ergab jedoch ein anderes Ergebnis. Bei der als Krater gedeuteten Öffnung könnte es sich demnach um den Eingang zu einem Tunnel handeln, der direkt ins Innere der Pyramide führt (Abbildung 36).

Ein möglicher Tunneleingang konnte mit Hilfe der 3-D-Analyse auch am »Tholus« (35A74) beobachtet werden. Hier befindet sich der Eingang scheinbar auf halber Höhe direkt an einer Rinne, die den ganzen Berg umläuft (Abbildung 37).

Eine weitere interessante Formation, die als »Bowl« bezeichnet wird, liegt ca. 100 Kilometer vom eigentlichen Cydonia-Komplex entfernt. Sie erinnert stark an die Form einer Maya-Pyramide. Eine »Rampe« scheint direkt ins Zentrum zu führen (Abbildung 38).

Sind die Aufnahmen des *Mars Global Surveyor* von 1997 der Beweis dafür, daß mit sämtlichen mit der Analyse der *Viking*-Aufnahmen befaßten Bildauswertern die Phantasie durchgegangen ist, daß sie etwas sahen, was nicht real war? Wohl kaum. Ein Zeitraum von 20 Jahren hätte der Dritten Macht sicher ausgereicht, um das Aussehen jener monumenta-

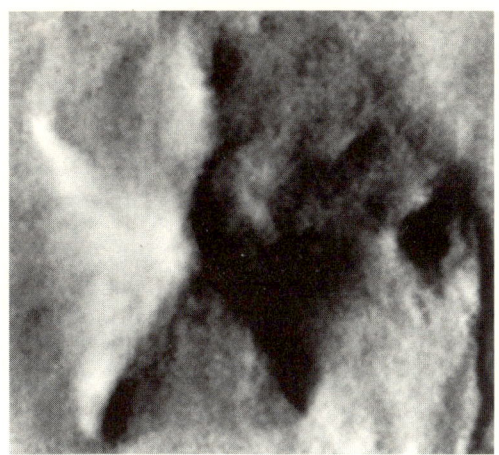

Abb. 35

len Formationen so zu verändern, daß zumindest rein optisch ein künstlicher Ursprung nicht mehr zwingend angenommen werden mußte.

Und trotzdem existieren über die optische Anschauung hinaus beweiskräftige Belege für die nicht natürliche Entstehung dieser Oberflächenstrukturen auf dem Mars!

Die Indizien hierfür werden von der sogenannten Fraktal-Analyse geliefert.

Diese ermöglicht eine klare Aussage hinsichtlich der natürlichen oder künstlichen Entstehung eines Objekts und findet aus diesem Grund auch Verwendung im Rahmen der militärischen Aufklärung bei der Analyse z. B. von Satellitenfotos. Sie basiert auf der Tatsache, daß natürliche Objekte dahin tendieren, gleiche Substrukturen über verschiedene Größenskalen auszubilden. So entstehen z. B. bei kleinen Steinen die gleichen Muster von Abbrüchen und Auszackungen wie bei großen Felsen oder sind die Ausbuchtungen der Ränder kleiner Wasserlöcher gleich denen langer Küstenlinien usw. Die Fraktal-Analyse versagt nur dort, wo es gelingt, natürliche Formen künstlich zu imitieren. Die Untersuchung der optisch auffälligen Strukturen in der Cydonia-Region mit Hilfe der Fraktal-Analyse ergab zumindest für das Mars-Gesicht, die »City«, hier besonders für das »Fortress«, sowie für das als »Bowl« bezeichnete Objekt eindeutige Hinweise auf eine künstliche Entstehung oder Überformung. (132)

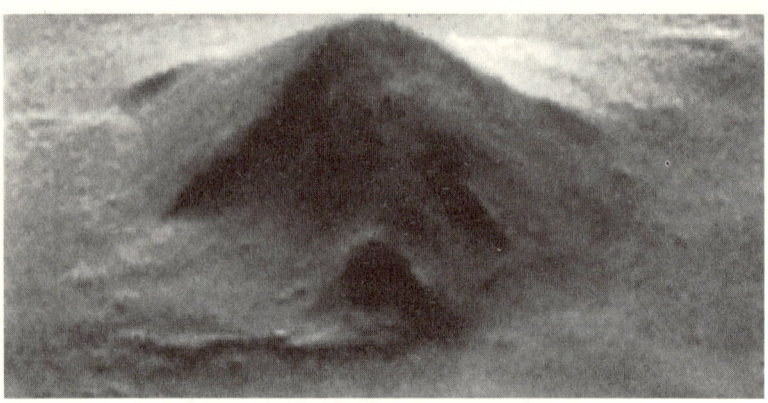

Abb. 36

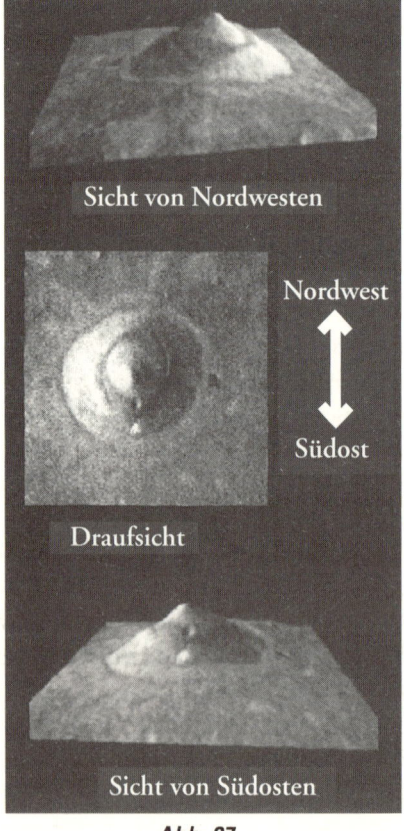

Sicht von Nordwesten

Nordwest

Südost

Draufsicht

Sicht von Südosten

Abb. 37

Abb. 38

Es ist Zeit für eine Zwischenbilanz. Welche bis jetzt zusammengetragenen Fakten stützen die Theorie, nach der die Dritte Macht schon seit längerem das technische Problem, mit bemannten Raumschiffen den Planeten Mars zu erreichen, gelöst hat und dort eine dauerhaft besetzte Station unterhält?

1. Es gibt eine recht eindeutige »Überlieferung« aus den 50er Jahren.
2. Die aufgeführten technischen Pannen gehen nach Art und Anzahl über ein bloßes Verdachtsmoment schon bei weitem hinaus, gerade auch wenn das problemlose Funktionieren der technisch anspruchsvolleren Missionen zu den entfernten Planeten unseres Sonnensystems ins Kalkül gezogen wird.
3. Die zu erwartenden künstlichen Oberflächenstrukturen auf dem Mars konnten tatsächlich eruiert werden, und sie sind jüngeren Datums als verschiedentlich angenommen. Zwischen 1976 und 1997 blieb genügend Zeit, um die perfekte Tarnung dieser Objekte sicherzustellen.

Was fehlt noch? Überaus wünschenswert und im Grunde genommen auch logisch wäre es, in den mündlichen Überlieferungen der von UFOs Abduzierten auf Aussagen zu stoßen, die in Beziehung zum Mars gesetzt werden könnten. Und diese Aussagen existieren tatsächlich, obgleich sie in der einschlägigen Literatur eher am Rande behandelt werden. Wahrscheinlich sind sie in ihrer Brisanz den Autoren noch gar nicht deutlich geworden, was daher kommt, daß diese immer nur Außerirdische als Urheber des Entführungsphänomens vermuten und sich damit in einem völlig falschen Gesamtkontext bewegen.

Nun wird niemand annehmen wollen, die Abduzierten seien in der Realität auf dem Mars gewesen, aber Hinweise auf das wirkliche Geschehen auch in bezug auf den Mars sind im Hinblick auf die Konditionierungsstrategie (siehe Kapitel 3) der Dritten Macht durchaus zu erwarten. Über Hypnose induzierte Bilder sollten dann ihren Niederschlag in den Gesprächsprotokollen der Entführungsforscher finden.

So schreibt David Jacobs: »Viele (!!!; Betonung durch den Autor) Berichte schildern auch Aufenthalte in einer wüstenähnlichen Gegend. Obwohl die genaue Bedeutung dieses Szenarios unklar ist, gibt es Hinweise darauf, daß diese Landschaft ein Teil der Heimat der Aliens ist.«

So erinnerte sich unter anderem die abduzierte Susan Steiner an einen »Aufenthalt« in dieser Umgebung und bemerkt zusätzlich: »Der Himmel ist rötlich.« (69)

Niemand, der schon 1976 die Panoramabilder der *Viking*-Lander gesehen hat, wird jemals den ausgesprochen wüstenartigen Charakter der Mars-Landschaft und den rötlichen Mars-Himmel vergessen können. Diese Rotfärbung wird verursacht durch die Streuung des Sonnenlichtes an dem feinen Staub in der Mars-Atmosphäre.

Wenn diese Landschaft auch kein Teil der Heimat von Aliens ist, so doch vielleicht eine zweite Erde für Angehörige der Dritten Macht. Diese verrichten auf dem Mars anscheinend Tätigkeiten, die in direktem Zusammenhang mit der Produktion ihrer Hilfskräfte, der Grauen, stehen. Im dritten Kapitel wurde geschildert, wie die entführte Betty Andreasson über die Auswechslung der Augen eines dieser Grauen durch die hellhaarigen Wesen berichtete.

Wie gelangte Betty an den Ort dieses Geschehens?

Eine ihrer außerweltlichen Reisen (eine induzierte Bilderfolge) endete unterirdisch. »Wir gehen durch einen Tunnel. … Ihre Anzüge waren die einzige Beleuchtung. … daß sie an Öffnungen vorbeikamen, die zu anderen sich überschneidenden Tunneln gehörten. Es war offensichtlich, daß er … aus Felsen herausgehauen war. … Als sie aus dem Tunnel heraustraten …, einen Blick auf einen Ort, wo die Atmosphäre aus einer vibrierenden roten Farbe bestand. ... und da sind Gebäude – viereckige Gebäude mit Öffnungen .... Sie schienen wie aus Stuck oder Zement zu sein. ... Es gab kein pflanzliches Leben. ... Nur Land und Gebäude.«

Obwohl die genaue Abfolge der Ereignisse während einer Handlung, gerade durch wiederholte Befragungen über mehrere Hypnosesitzungen, manchmal unklar bleibt, scheint Betty in einem jener Gebäude die berichtete Augenoperation »erlebt« zu haben. Auf die Frage: »Wo leben sie?«, antwortet Betty: »Ich weiß – ich denke da, an diesem Ort, wo ich mich gerade aufhalte. ... Wir verlassen den Raum und gehen den Gang wieder hinunter, zurück, und die Tür verschloß sich wieder, so daß man die rote Umgebung nicht mehr sehen kann. Es war alles rot dort – diese Atmosphäre.« (79, 133)

Was in diesem Bericht für die Kolonisierung des Mars durch die Dritte Macht spricht, ist die Existenz eines Tunnelsystems auf einem Planeten mit roter Atmosphäre und ohne Vegetation (wüstenhaft), der – obwohl sie sich außerhalb der Gebäude nur in Raumanzügen bewegen konnten – trotzdem der Lebensraum der Wesen nordischen Typs wie auch der Grauen zu sein scheint.

Wenn dem so ist, wie gelingt es der Dritten Macht dann, ihre Aktivitäten auf dem Mars vor den neugierigen Kameraaugen der erfolgreichen amerikanischen und europäischen Marssonden zu verbergen? Die Orbiter *Mars Global Surveyor* (1997), *Mars Odyssey* (2001) und *Mars Express* (2003) konnten ungestört die Mars-Oberfläche kartographieren und Bilder zur Erde senden.

Zum einen ist die räumliche Ausdehnung einer potentiellen Mars-Kolonie sicherlich sehr beschränkt, zum anderen dürfte ein nicht unbeträchtlicher Teil unterirdisch angelegt sein.

Darauf deutet auch der Bericht der Betty Andreasson über das Tunnelsystem hin. Auf den zwischen 1976 und 1997 möglicherweise erfolgten Rückbau bzw. die durch Veränderung der Oberfläche herbeigeführte Tarnung der von den *Viking*-Sonden registrierten monumentalen Strukturen wurde schon hingewiesen. Darüber hinaus sind andere Maßnahmen zum Schutz vor optischer Aufklärung denkbar.

So hat zum Beispiel das *NASA Jet Propulsion Laboratory* ein System der adaptiven Camouflage entwickelt, das ähnliche Effekte zeigt wie die in der Natur, z. B. beim Chamäleon, praktizierte Tarnung. Das System erzeugt in Abhängigkeit sich verändernder Licht- und Farbverhältnisse die Illusion vollkommener Transparenz um das zu tarnende Objekt.

Diese Technologie funktioniert auf optoelektrischer Basis, d. h. unter Zuhilfenahme eines flexiblen Netzwerkes elektronischer Flachbildschirme, und projiziert die vom Beobachter entfernt liegende Seite eines Objektes auf die ihm nächstliegende. Flugzeuge, Panzer und Gebäude werden damit absolut unsichtbar. (73)

Eine Kernfrage bleibt: Warum gehen Amerikaner, Russen und Europäer überhaupt das Wagnis ein, bei Flügen zum Mars ihre überaus kostenintensive Technologie zu verlieren oder aber zumindest teilweise außer Funktion gesetzt zu sehen? Jede Mission kommt schließlich einem Hasardspiel gleich.

Es kann dafür nur einen Grund geben: Auf der einen Seite ist die Geheimhaltung eine fast absolute, nur wenige Verantwortliche kennen die wahren Hintergründe des Scheiterns. Auf der anderen Seite ist das öffentliche Bedürfnis, den Mars zu erforschen jedoch so groß, daß Katastrophen bewußt in Kauf genommen werden müssen, will man nicht das größte Geheimnis der letzten 60 Jahre offenbaren.

Zu klären bleibt noch, ob für Menschen generell die Möglichkeit besteht, über längere Zeit auf dem Mars zu überleben. Folgende Einflußfaktoren sind dabei zu berücksichtigen:

Sonnenlicht

Wie aus der Betrachtung der Aufnahmen von der Mars-Oberfläche deutlich wird, bietet unser Nachbarplanet ausreichend gute Sicht- und damit auch Lichtverhältnisse.

Temperatur

Die Temperatur auf dem Mars schwankt durchschnittlich zwischen +30 und -70 Grad Celsius und ist damit für den Menschen erträglich und beherrschbar.

Atemluft

Das Mischungsverhältnis der Gase unserer Atemluft kann künstlich hergestellt werden.

Für die Produktion des besonders wichtigen Elements Sauerstoff durch Elektrolyse steht mit einem 95%igen Anteil an Kohlendioxid innerhalb der Mars-Atmosphäre eine nahezu unerschöpfliche und vor allem leicht zugängliche Rohstoffquelle zur Verfügung.

Luftdruck

Die Simulation des irdischen Luftdrucks innerhalb von Raumanzügen und Gebäuden ist auf einfache Art und Weise möglich. Solches geschieht zum Beispiel täglich innerhalb der Passagierkabinen unserer Flugzeuge.

Schwerkraft

Die geringere Schwerkraft auf dem Mars bedingt, daß ein Schritt nur etwa halb soviel Energie kostet wie auf der Erde, die Schrittgeschwindigkeit vermindert sich um 40 Prozent. Die negativen Auswirkungen dauerhaft reduzierter Schwerkraft, besonders auf das Muskelsystem, sind von den Langzeitflügen russischer Kosmonauten hinreichend bekannt.

Die Erzeugung und Aufrechterhaltung eines lokal begrenzten, dem irdischen entsprechenden Gravitationsfeldes im Inneren der künstlichen Habitate dürfte damit ein nicht geringes Problem darstellen. Wird jedoch berücksichtigt, welche Fortschritte die Dritte Macht bei der Beherrschung der Schwerkraft seit den ersten Versuchen zu deren Aufhebung in den Jahren 1944/45 (siehe 2. Kapitel) ohne Zweifel erzielt haben wird, so ist es nicht undenkbar, daß sie in der Lage war, auch diese Herausforderung zu meistern.

Strahlenschutz

Die dauerhafte Abschirmung lebensfeindlicher Strahlung kann erreicht werden durch Schutzschilde aus Aluminium mit der Dicke mehrerer Zentimeter gegen hochenergetische Ionen sowie durch einen ca. zehn Zentimeter dicken, schalenartigen Wassertank zum Schutz vor solaren Protonenschauern. (134)

Wasservorkommen

Wasser gibt es auf dem Mars im Überfluß. Anfang Februar 2004 lieferte die europäische Mars-Sonde *Mars Express* nahezu unglaubliche Daten. Große Teile des Südpols bestehen aus Eis. Hinter schroffen Steilhängen befinden sich Eisflächen von 400 Kilometern Länge und mit einer Eisdicke von bis zu drei Kilometern. Auch der Rover *Spirit* entdeckte im Mars-Boden Mineralien, die nur nach dem Verdampfen von Wasser entstehen.

Energieressourcen

Unbedingt anzunehmen ist die Nutzung von Sonnen- und Atomenergie. Auf die Verwendung der letzteren könnte schon der erhöhte Gehalt von Xenon 129 in der Mars-Atmosphäre hindeuten. Über eine geradezu unerschöpfliche Energiequelle verfügt die Dritte Macht, wenn es ihr tatsächlich gelungen ist, das fluktuierende Nullpunkt-Energiefeld anzuzapfen.

Bodenschätze

Da der geologische Aufbau des Mars ähnlich dem der Erde ist, steht zu vermuten, daß er auch über entsprechende Vorkommen an Metallerzen verfügt. Zumindest Eisen ist in großen Mengen vorhanden, wie das Vorhandensein von rotem Staub auf der Mars-Oberfläche beweist.

Damit sind alle Bedingungen als gegeben vorauszusetzen, die es dem Menschen ermöglichen, den Mars zu kolonisieren und langlebige Habitate zu unterhalten.

Und existiert nicht Leben auf dem Mars schon seit Jahrmillionen oder gar seit Milliarden von Jahren und wird nicht allein dadurch der Beweis für ein biologisch keineswegs steriles Umfeld auf diesem Planeten erbracht?

Im Sommer 1984 fanden amerikanische Wissenschaftler in der Antarktis mehrere Steine. Deren Analyse ergab, daß mindestens einer davon vom Mars stammen mußte. Dieser Gesteinsbrocken mit der Bezeichnung ALH 84001 soll vor etwa 3,6 Milliarden Jahren in der Zeit des schweren Meteoriten-Bombardements aus der Mars-Oberfläche herausgerissen und ins All geschleudert worden sein. Auf einer am 8. August 1996 vom Nachrichtensender CNN ausgestrahlten Pressekonferenz verkündete der NASA-Direktor Daniel Golden, daß in dem Mars-Meteoriten organisches Material nachgewiesen werden konnte, das definitiv nicht von der Erde stamme. Fossile Reste von Mikroben seien deutlich erkennbar. Damit schien erstmals der Beweis für die Existenz außerirdischen Lebens erbracht.

Jedoch, der Optimismus von damals ist sichtlicher Ernüchterung gewichen. Untersuchungen in der Zwischenzeit zeigten, daß es sich bei den »Mars-Bakterien« schlichtweg um die verwitterten Relikte unbelebter Proteine handeln könnte. Gegen die These von den Nanobakterien im Mars-Gestein spricht auch die geringe Größe der im Elektronen-mikroskop beobachteten Strukturen. Auch andere Untersuchungs-ergebnisse, auf die hier nicht im einzelnen eingegangen werden kann, bestätigen die negativen Befunde der schon in den 1980er Jahren von den *Viking*-Landern durchgeführten biologischen Experimente und ma-chen die Hoffnung auf einen belebten Nachbarplaneten zunichte. (134)

Wie kommt es dann, daß die Mars-Atmosphäre Mengen von Methan enthält, die es in dieser Größenordnung eigentlich nicht geben dürfte? Methan ist ein Gas, das sich aufgrund der intensiven UV-Strahlung auf dem Mars ständig abbaut. Die »Lebenszeit« von Methan dürfte auf diesem Planeten bei höchstens 300 Jahren liegen. Damit ist die Vorstel-lung hinfällig, das Gas könne von früheren geologischen Aktivitäten stammen, die scheinbar schon vor vier Millionen Jahren zum Erliegen gekommen sind. Von daher sollte es heute auf dem Nachbarplaneten gar kein Methan mehr geben. Allein eine biologische Entstehungsursache bleibt dann noch denkbar. Die Zeitung *Die Welt* vom 30. März 2004 zitiert dazu Dr. Lutz Richter vom Institut für Raumsimulation des DLR in Köln: »Methan in der Mars-Atmosphäre ist ein Hinweis auf *heutiges* Leben auf dem Roten Planeten.« (135) Man müßte hinzufügen: Auf ein Leben, das erst kürzlich und in sehr beschränktem Umfang vom Mars Besitz ergriffen hat!

Was zu beweisen war ...

Im September 2005 berichteten die Medien (so u. a. am 21. September 2005 *Spiegel Online*) wiederum Erstaunliches über den Planeten Mars. Bei der Auswertung der durch die Sonde *Global Surveyor* aufgenomme-nen Daten entdeckten die Forscher Hinweise auf dramatische klimati-sche Veränderungen auf dem Mars. An einer der Polkappen wurde ein langsamer Rückgang von gefrorenem Kohlendioxid verzeichnet, was auf einen allmählichen Klimawechsel hindeutet. »Das Tempo, mit dem sich diese polaren Bereiche zurückziehen, ist absolut erstaunlich«, erklärte einer der beteiligten Wissenschaftler. Weshalb der Mars aber heute wärmer ist als noch vor kurzem, ist völlig unklar. »Wir haben absolut keine Ahnung.«

Vielleicht sollte einfach die Fragestellung geändert werden: Nicht was, sondern wer sorgt seit einigen Jahren für die systematische Erwär-mung des Mars? Der die Situation wohl am besten beschreibende Fach-begriff hierfür lautet: TERRAFORMING.

KAPITEL 7

RÜCK- UND AUSBLICK

Vor dem Ausblick steht der Rückblick, steht die Zusammenfassung der bisher in diesem Buch gewonnenen Erkenntnisse.

Das wichtigste Faktum, die nicht mehr nur hypothetische, sondern tatsächliche Existenz einer Dritten Macht, scheint mit an Sicherheit grenzender Wahrscheinlichkeit bewiesen. Der Faden der von verschiedenen Autoren, besonders von Wilhelm Landig, gelegten Spur konnte nicht nur aufgenommen, sondern auch erheblich weiterverfolgt werden. Wesentliche Aspekte dieses die Absetzbewegung der Dritten Macht zum Ende des Zweiten Weltkrieges beschreibenden Handlungsrahmens fanden ihre Bestätigung.

Neu kam hinzu, daß das sogenannte UFO-Phänomen ausschließlich als irdisches Phänomen verstanden werden kann, das seit seinen Anfängen spätestens Ende 1944 bis heute eine kontinuierliche technische Evolution durchlaufen hat. Diese Entwicklung vollzog sich auf der Grundlage von Entwürfen, die sämtlich noch vor Ende des Krieges von deutschen Wissenschaftlern im Dienste des Dritten Reiches konzipiert worden sind. Im Ergebnis gelangte die Dritte Macht in den Besitz von Flugapparaten, die sich der Antigravitation als Antriebsquelle bedienen.

Parallel dazu wurde ein großangelegtes genetisches Zuchtprogramm initiiert, dessen Vorstudien anscheinend in den 60er Jahren des vergangenen Jahrhunderts mit den ersten Entführungsfällen anliefen. Ab Mitte der 70er, verstärkt dann in den 80er und 90er Jahren, ging die Dritte Macht dazu über, mittels Genmanipulation Wesen zu schaffen, die über die Charakteristika der bevorzugten nordischen Rasse verfügten. Die Maßnahmen zur Sicherung dieses Genpools standen in Kontinuität zu denen des Nationalsozialismus, der in der Förderung dieses Menschentyps sein ureigenstes Anliegen erblickt hatte.

Als zeitweilige irdische Operationsbasis der Dritten Macht konnte die Colonia Dignidad identifiziert werden, ergänzt um jenes Refugium auf unserem Nachbarplaneten Mars.

Wie geht es weiter? Welchen Fortgang wird diese Entwicklung nehmen?

Eines kann mit Sicherheit wohl kaum in Zweifel gezogen werden:

Die Übernahme der Welt und damit die Revision der geschichtlichen Ereignisse vom Mai 1945 steht als das eigentliche Ziel auf der Agenda der Dritten Macht. Unter welchen Bedingungen, zu welchem Zeitpunkt und unter Anwendung welcher Mittel man versuchen wird, diese Zielvorgabe zu realisieren, darüber kann heute nur spekuliert werden. Allein Tatsache ist, es wird etwas passieren, und mit Recht darf bezweifelt werden, ob die anderen Weltmächte allein oder gemeinsam in der Lage sein werden, dieser Herausforderung erfolgreich zu begegnen. Grund zu dieser pessimistischen Einschätzung gibt nicht nur deren anscheinend technologische Unterlegenheit, sondern vor allem ihre überaus bedenkliche, zunehmend instabile gesellschaftspolitische Situation.

Im 3. Kapitel wurde das Interesse beider Seiten beschrieben, über die wahren Vorgänge hinter den Kulissen der Weltpolitik nichts verlauten zu lassen. Aus der Sicht der Dritten Macht soll die vollkommene Tarnung ihrer Absichten gewahrt bleiben, bis der konkrete Zeitpunkt für deren Umsetzung herangereift ist. Die anderen Weltmächte haben kein Interesse daran, die Öffentlichkeit in ihren Ländern über den von der offiziellen Geschichtsschreibung abweichenden Ausgang des letzten Weltkrieges aufzuklären. Wann also findet diese Interessenidentität ihr Ende?

Gerade vor dem Hintergrund zu beobachtender gesellschaftspolitischer Veränderungen kann sich möglicherweise das Wetterleuchten der kommenden großen Auseinandersetzung abzeichnen. Womit nicht gesagt werden soll, daß diese unbedingt eine kriegerische sein muß. Für ein friedliches Übernahmeszenario könnte die zunehmende Erosion der bestehenden Gesellschaft, forciert z. B. durch eine globale Wirtschaftskrise, den Ausschlag geben.

Daß die weitere Entwicklung tatsächlich einen solchen Verlauf nehmen könnte, dafür existieren ernstzunehmende Hinweise, auf die im folgenden eingegangen werden soll.

Im Jahr 2003 verbrachte ich während eines Urlaubs mehrere Tage in Boliviens Hauptstadt La Paz. Beinahe jeden Nachmittag besuchte ich das *Cafe La Paz*, das als Treffpunkt der Bolivianer deutscher Abstammung bekannt ist. So verkehrte hier jahrelang auch der ehemalige Leiter der Gestapo-Stelle Lyon, Klaus Barbie, der in Bolivien unter dem Namen Klaus Altmann lebte.

Ziel meiner Besuche war es, mit Angehörigen der deutschen »Kolonie« ins Gespräch zu kommen, um mehr über die Verbindungen jener »alten Kameraden« in Südamerika in Erfahrung zu bringen. Zugegeben, auf den ersten Blick schien das ein etwas naives Unterfangen zu sein. Wie es der Zufall wollte, ergab sich dann aber tatsächlich die Gelegenheit, mit einem der anwesenden Herren näher bekannt zu werden, der allerdings seinem Alter nach (ca. Mitte 50) nicht der gewünschten Zielgruppe angehören konnte. Nach einer halben Stunde zwangloser Plauderei kam ich auf mein Interessengebiet und auf meinen Wunsch zu sprechen, hier vor Ort mehr darüber zu erfahren. Mein Gesprächspartner verwies darauf, daß er mir Details dazu nicht nennen könne, er mich jedoch gern an einen in diesen Dingen sicherlich kompetenteren Herren weiterempfehlen wolle.

So traf ich dann am nächsten Tag mit einem deutlich älteren Mann zusammen, der, obwohl schon über 80 Jahre alt, über eine robuste Gesundheit und nebenbei auch über eine gehörige Portion Humor verfügte. Leser, die sich jetzt der Hoffnung hingeben, im anschließenden Gespräch hätte ich eine Bestätigung für alle meine Aussagen zum Wirken der Dritten Macht bekommen, muß ich schon an dieser Stelle enttäuschen.

Die Unterhaltung, hier in Auszügen in der Form eines Gedächtnisprotokolls wiedergegeben, befaßte sich eher mit Fragen der Gegenwart (A steht für Autor, G für Gesprächspartner).

A: Sie sprechen perfekt deutsch, sind Sie in Deutschland geboren?

G: Nicht nur dort geboren, ich habe auch meine Haut dafür zu Markte getragen.

A: Sie waren demnach Soldat? Darf ich fragen, in welcher Einheit?

G: Als Offizier in einer – wie man heute sagen würde – multinationalen Einheit der Waffen-SS.

A: Was haben Sie vor dem Krieg getan?

G: Da habe ich Jura studiert.

A: Seit wann leben Sie in Südamerika?

G: 1947 kam ich nach Argentinien, 1957 hat es mich dann hierher verschlagen.

A: Was haben Sie nach 1945 beruflich unternommen?

G: Die meiste Zeit war ich als Inhaber und Geschäftsführer einer Import-Export-Firma tätig.

A: Ist Ihnen bekannt, ob es zum Kriegsende eine Absetzbewegung führender Angehöriger der SS nach Südamerika oder in andere

Gebiete dieser Welt, gemunkelt wird hier auch von der Antarktis, gegeben hat, verbunden mit einem Transfer von geheimer Hochtechnologie?

G: Nun, es dürfte allgemein bekannt sein, daß einige tausend Deutsche, auch SS, auch Wissenschaftler, nach dem Krieg emigriert sind, besonders natürlich nach Argentinien, wo es unter Peron auf viele Jahre eine gedeihliche Zusammenarbeit gegeben hat. Antarktis? Dürfte etwas kalt sein dort, oder?

A: Kann man davon sprechen, daß Teile dieser ins Exil gegangenen Kräfte unter einer gemeinsamen Führung zusammengefaßt worden sind? Manche bezeichnen diese Kräftegruppe gar als Dritte Macht auf diesem Planeten, deren Ziel eine Revision der Ergebnisse des letzten Weltkrieges darstellt.

G: Nennen Sie es, wie sie wollen. Ohne Zweifel gab es Bemühungen in dieser Richtung.

A: Gab oder gibt?

G: Natürlich gibt es diese auch noch, einige der Personen sind noch am Leben, viele haben Nachkommen.

A: Eine Verbindung dieser Dritten Macht mit dem Phänomen der UFOs wird immer wieder behauptet. Wissen Sie etwas darüber?

G: Selbst wenn, ich würde darüber nicht sprechen. Wer sagt mir denn, daß Sie nicht irgendwo so ein kleines Mikrofon versteckt haben oder gar ein ultralinker Journalist sind?

A: Genau das bin ich. Aber im Ernst, wenn so eine Bewegung oder Organisation noch heute existiert, was hätte sie dann in den vergangenen Jahrzehnten erreicht, erreicht in dem Sinne, daß ein Anreiz vorhanden ist, den Kampf fortzuführen?

G: Der Untergang des Kommunismus und die Einheit Deutschlands! Ist das etwa nichts? Jetzt bleiben nur noch die Amerikaner. Nicht »Viel Feind, viel Ehr« konnte die Devise sein, sondern »Alle schön der Reihe nach«.

A: Viel mußte Ihrerseits für diese Ihre Erfolge, wie sie sagen, ja nicht getan werden. Das waren alles Selbstläufer, die Sie passiv aussitzen konnten!

G: Na, das ist doch hervorragend, Schlachten ohne den Einsatz eigener Ressourcen zu gewinnen. Und daß es einmal so kommen mußte, war doch abzusehen. Nur das Tempo hat schon überrascht. Ja, und was glauben Sie, hätten wir denn aktiv unternehmen können?

Unser deutsches Volk befand sich über Jahrzehnte durch die alliierte Truppenpräsenz quasi in Geiselhaft.

A: Und jetzt? Die Amerikaner scheinen doch beinahe übermächtig.

G: Ich sehe das positiv: Es bleibt nur noch ein Feind übrig. Man könnte die Entwicklung sicher auch in diesem Fall abwarten. Das Konfliktpotential, das irgendwann zum Kollaps führen muß, ist riesig. Trotzdem, es gibt andere Entwicklungen, die nach einer Beschleunigung dieses Prozesses verlangen. Die Substanz unseres deutschen Volkes geht verloren. Man könnte auch sagen, durch die immense Zuwanderung kippt das ökologische System.

A: Was verstehen Sie unter riesigem Konfliktpotential, und wie könnte eine Beschleunigung erfolgen?

G: Ökonomisch gesehen ist diese globalisierte Welt eigentlich am Ende. Das Wachstum stockt. Die Schuldenberge der öffentlichen wie auch die der privaten Haushalte in den Industrieländern haben schwindelerregende Höhen erreicht. Die Zinssätze sind für die Zeit nach 1945 auf einen historischen Tiefststand abgesenkt worden. Was kann noch getan werden? Weiter Zinsen senken, weiter Schulden aufnehmen, um damit für eine gewisse Zeit nochmals Wachstum zu produzieren? Die verfügbaren wirtschaftspolitischen Instrumente sind einfach verschlissen. Die Weltwirtschaft treibt einer Katastrophe entgegen. Gezielter Terror, wie am 11. September, könnte dann in auswegloser Situation der Katalysator sein, um einen Beschleunigungseffekt zu erzielen.

A: Was ist aus Ihrer Sicht noch von Bedeutung?

G: Die politischen Alleingänge der Amerikaner werden alte Koalitionen aufbrechen lassen. Die politischen Karten werden neu gemischt, und das in einer Zeit wirtschaftlicher Instabilität! Das provoziert neue Verteilungskämpfe um Bodenschätze, Energie usw. Massive Konflikte entstehen auch in den multikulturell gemischten Staaten, dort, wo die alteingesessene Bevölkerung durch ihre geringe Geburtenrate ihre historische Majorität verliert. Die Schmerzgrenze scheint hier allerdings noch nicht erreicht. Und vergessen Sie den Geschichtsrevisionismus nicht! Was dieser schon alles bewirkt hat. Allein die Tatsache, daß Deutschland gegen die Russen 1941 einen Präventivkrieg geführt hat, stürzt fast schon ein Weltbild. Und ich denke, ein Ende der Enthüllungen, die Deutschland rehabilitieren werden, ist noch nicht abzusehen.

A: Den Autoren, die über diese angebliche Dritte Macht geschrieben haben, wurde immer vorgeworfen, daß sie die Aktivitäten der politischen Rechten sabotieren würden, indem sie so etwas wie eine Endzeithoffnung erwecken, die jede konkrete politische Aktion verhindert. Wie stehen Sie zu dieser Aussage?

G: Ich glaube das nicht. Ziel muß es doch sein, den politischen Wandel über einen Bewußtseinswandel vorbereiten zu helfen. Dort hat die politische Rechte ihre Aufgabe. Es ist zudem kaum anzunehmen, daß in Westeuropa eine Rechtspartei über Wahlen zu einer respektablen, will sagen, regierungsfähigen absoluten Mehrheit gelangen kann. Das wird die politische Repression schon zu verhindern wissen. Schon gar nicht denkbar ist bei den herrschenden Machtverhältnissen ein Durchbruch in den Medien. Würde die politische Rechte nur über einen Fernsehsender verfügen können, schon wäre das öffentliche Meinungsmonopol gebrochen, und ein Sturm würde über das Land hinwegfegen. Der Weg zur Macht wird demnach ein konspirativer sein müssen.

A: Wie sollte das möglich sein?

G: Durch eine Kombination von allmählichem Bewußtseinswandel durch die in der Öffentlichkeit agierenden Parteien und Organisationen mit einer nahezu lautlosen Inbesitznahme der wichtigen Schaltstellen der Macht auf konspirativem Wege, sagen wir, durch eine Art internationaler Gegenloge, um einen gängigen Begriff zu gebrauchen. Und diese Entwicklung eben nicht allein auf Deutschland bezogen, sondern auf alle Länder, die Menschen unserer Abstammung hervorgebracht haben. Wobei diese gemeinsame Abstammung über alles Nationalgefühl hinweg das verbindende Moment sein wird. Genauso wie damals in meiner Einheit im Krieg. Eine politische Mehrheit wird zudem aus einem anderen Grund überhaupt nicht notwendig sein. Schauen Sie sich einfach die Entwicklung der Wahlbeteiligung in vielen Ländern an. Diese sagt alles über die Akzeptanz des politischen Systems in der Bevölkerung aus. US-Präsident Bush ist im Jahr 2000, wenn ich mich recht erinnere, gerade einmal mit einem Viertel der Stimmen aller Amerikaner gewählt worden. 50 Prozent der Wähler haben am Wahltag der Stimmabgabe ihre privaten Vergnügungen vorgezogen. Die sogenannte Demokratie implodiert gleichsam. Und ich schätze, dann hat Ihre Dritte Macht ziemlich leichtes Spiel.

Soweit die Zusammenfassung der das Thema dieses Buches betreffenden Gesprächsinhalte.

Was ist von den Aussagen meines Gesprächspartners zu halten? Inwieweit beschreiben sie tatsächlich die Realität der aktuellen Entwicklung und sind nicht allein seinem Wunschdenken verhaftet?

Fest steht, die wirtschaftliche Situation heute, da diese Zeilen geschrieben werden, gleicht in vielen Punkten der vor der letzten großen Weltwirtschaftskrise. Wie im Jahr 1929 gibt es auch im Jahr 2005 eine kräftige Geldmengenvermehrung, eine stetig steigende Verschuldung der Industrie und der privaten Haushalte, ein Handelsbilanzdefizit der USA, eine Fusionswelle der Konzerne sowie eine sogenannte Blasenbildung an den Kapitalmärkten. (136) Damals fiel die Weltwirtschaft in eine tiefe Rezession, aus der sie bis 1942 nicht mehr herausfinden sollte. Der Kapitalismus schien am Ende zu sein. Nur in Deutschland, wo seit 1933 eine völlig neuartige Wirtschaftspolitik betrieben wurde, war die Krise in kurzer Zeit überwunden. Nicht – wie vielfach behauptet – durch ein gigantisches Rüstungsprogramm oder gar den Bau der Autobahnen, sondern durch ein Wirtschaftssystem, das geschickt die Vorzüge von Markt- und Staatswirtschaft zu vereinen wußte. (137) Erst im Verlauf des Zweiten Weltkrieges ging diese größte aller bisherigen Wirtschaftskrisen zu Ende. Die Kampfhandlungen und der nach dem Krieg einsetzende Wiederaufbau sorgten für den erforderlichen Nachfrageschub. Ohne den Krieg wäre das Wirtschaftssystem, das sich hinter den Begriffen Marktwirtschaft bzw. Freihandel verbirgt, wahrscheinlich nur eine flüchtige historische Episode geblieben.

Mehr als 70 Jahre später könnte diesem Wirtschaftssystem der zweite große Zusammenbruch bevorstehen. Die Zeichen stehen auf Sturm! Über den Zeitpunkt, da diese neue Weltwirtschaftskrise ausbricht, bestimmen andere. Wer, das haben Prof. Dr. Eberhard Hamer und seine Frau Eike Hamer in ihrem Buch *Was passiert, wenn der Crash kommt?* mit erschreckender Deutlichkeit beschrieben:

»Die Finanzmärkte sind aber im Grunde keine wirklich freien Märkte, sondern weithin bis hin zur Währungssouveränität direkt oder indirekt, offen oder über Treuhänder bei zwei weltführenden Finanzgruppen organisiert (Rothschild-Gruppe und Rockefeller-Gruppe), deren Treuhändern auch eine Mehrheit in der privaten (!!!; der Autor) *Federal Reserve Bank* zugesagt wird, so daß die führenden Finanzgruppen der Welt nicht nur die mächtigste Zentralbank der Welt beherrschen, sondern über diese Bank sich selbst auch ihre Zinsen, die Wechselkurse und sogar den Zeitpunkt eines Crash bestimmen können. Das Geschehen an den Finanzmärkten ist also nicht zufällig und nicht von den Anlegern bestimmt, sondern von den strategischen Überlegungen der genannten Hochfinanz.

Bei der letzten großen Wirtschaftskrise Anfang der 30er Jahre hat die Hochfinanz in den USA ihren Vermögensanteil von 20 auf 34 Prozent erhöht, ist also als relativer Gewinner aus dem Crash hervorgegangen. Insofern ist auch für den kommenden Crash damit zu rechnen, daß dieser Crash erst dann zum Zuge kommen darf, wenn die Hochfinanz ihre Vorbereitungen dafür abgeschlossen hat.«

Wenig beruhigt da die Bemerkung der Autoren, daß sich auch die führenden Weltfinanzmächte Rockefeller und Rothschild wohl nicht immer einig seien. Immerhin führten sie regelmäßig Wahlkampf gegeneinander, um den jeweiligen Präsidenten der USA als ihren Vertreter durchzusetzen. So war Clinton Vertreter der Rothschild-Seite, Bush nun Vertreter der Rockefeller-Seite. (136) Es ist davon auszugehen, daß, wenn es ums Ganze geht, diese marginalen Interessenunterschiede keine Rolle mehr spielen.

Was wäre, wenn – wie es mein Gesprächspartner aus La Paz für möglich hält – diese sich anbahnende zweite große Weltwirtschaftskrise durch gezielte Terrorattacken wie am 11. September 2001 nachhaltig beschleunigt würde?

Ohne Zweifel wäre damit der von den herrschenden Gruppen der Hochfinanz entworfene Ablaufplan zunichte gemacht. Über die in einem solchen Fall nicht mehr zu kontrollierenden Bewegungen an den Kapitalmärkten könnte die Hochfinanz selbst in den Strudel des Abgrunds gerissen werden.

Tatsächlich erfolgten die Anschläge auf das World Trade Center und das Pentagon – man könnte sagen, taktisch überaus geschickt – in einer Zeit, als die Börsen sich seit dem Frühjahr 2000 weltweit in einer Abschwungphase befanden. Durch den Beschleunigungseffekt des »11. September« kam es dann zu einem weiteren massiven Einbruch der Kapitalmärkte wie auch zu einer bis heute anhaltenden politischen Destabilisierung (siehe zum Beispiel die Kriege in Afghanistan und Irak sowie das nur schlecht kaschierte Aufbrechen der transatlantischen Koalition).

Weniger bekannt dürfte sein, daß der sich gegen den Willen der

Hochfinanz abzeichnende »große Crash« damals nur abgewendet werden konnte, weil die US-amerikanische Zentralbank sofort 200 Milliarden neue Dollar den Märkten zur Verfügung stellte. (136)

Niemand wird in Zweifel ziehen wollen, daß hinter den konventionellen Sprengstoffanschlägen, wie sie seit dem 11. September 2001 häufig vorgekommen sind, tatsächlich islamische Extremisten als Urheber zu suchen sind. Ganz anders verhält es sich mit der »Mutter aller dieser Ereignisse«, den Anschlägen vom 11. September. Hierzu ist zwischenzeitlich eine Flut von Literatur erschienen, die – im Sinne einer Verschwörungstheorie – als Urheber dieser Anschlagsserie ganz andere Kreise vermutet und damit die offizielle Version bezweifelt. Die Verdächtigungen reichen vom israelischen Geheimdienst Mossad über interessierte Industriemanager, vorzugsweise der Ölindustrie nahestehend, bis hin zur US-amerikanischen Regierung selbst. Letztere Variante ist die am häufigsten genannte. Daß neben den anderen besonders die Schuldzuweisungen an die US-Regierung als unhaltbar anzusehen sind, soll später ausführlicher begründet werden.

Dabei hätten die eigentlichen Drahtzieher der Anschläge sehr schnell ermittelt werden können und wurden es wohl auch, allerdings ohne daß diese Ermittlungsergebnisse den ihnen gebührenden Niederschlag in der veröffentlichten Meinung gefunden hätten.

Die Autoren Rolf Bovier und Pierre Matthias betitelten einen kurz nach den Anschlägen, am 25. September 2001 im ARD-Wirtschaftsmagazin *plusminus* gesendeten Beitrag mit: »Insidergeschäfte vor den Terroranschlägen in den USA?« und wiesen damit die Richtung, in die umgehend zu ermitteln gewesen wäre. Über den Inhalt der Sendung ist im Internet folgendes nachzulesen: »Bei dem Anschlag auf das World Trade Center in New York haben die Terroristen nicht nur ein Gebäude zerstört, sie haben sich der Logistik und vielleicht sogar der Methoden der Finanzwelt bedient und daran offenbar auch noch sehr gut verdient. … Weltweit ermitteln die Finanzaufsichts-Behörden: Es geht um Geschäfte an den Börsen von New York bis Tokio. Der Verdacht: Die Urheber der Terroranschläge könnten Milliarden verdient haben. Eine der effektivsten Methoden dazu sind sogenannte Leerverkäufe. Das ist der Verkauf von Aktien, die im Besitz des Verkäufers sind, ihm aber nicht gehören. Der Spekulant zahlt eine Leihgebühr für das Aktienpaket auf Zeit. Und verkauft die Papiere. Kommt es dann tatsächlich zum Kurseinbruch, kauft er die Titel zu Dumping-Preisen nach und gibt sie zurück. Für den Spekulanten ein sehr gutes Geschäft. Er kassiert die Differenz zwischen hohem Verkaufs- und niedrigem Einkaufspreis. Besonders sicher sind diese Geschäfte, wenn man Insider-Kenntnisse hat oder gar Ereignisse selbst herbeiführen kann, die den Markt nach unten treiben. ... Der Luxemburger Finanz-Experte Ernest Backes beschäftigt sich seit Jahren mit Wirtschaftskriminalität im Bankenbereich. Er sagt, es gibt Hinweise auf ungewöhnliche Transaktionen, mit denen die Gruppe um bin Laden Geld verdient haben könnte: ›Man kann z. B. nachprüfen, ob es in einem bestimmten Zeitabschnitt eine Attacke gegen ein bestimmtes Wertpapier einer bestimmten Fluggesellschaft gegeben hat. Da ja diese Wertpapiere in den Clearingsystemen verwahrt werden, hat man immer wieder den Überblick, wer zu welchem Zeitpunkt der Besitzer war.‹ Die Aufsichtsbehörden haben solche Hinweise, in den USA und in Europa. Auffällig ist vor allem der plötzliche, gigantische Handel mit Optionen auf fallende Kurse bei den Fluggesellschaften *American* und *United*. Explosionsartig nahm bei *United Airlines* am Donnerstag vor dem Unglück der Umsatz mit sogenannten Put-Optionen zu. 200 000 Stück wurden gehandelt, sonst waren es oft noch nicht einmal 1000. Und ähnlich ist es bei *American Airlines* sowie den Versicherungsgesellschaften. Hier könnten Terroristen an den Börsen Milliarden verdient haben. Die Spur führt nach Angaben von Backes in die Schweiz, zu Konten einer Organisation, die vor Jahren von dem inzwischen verstorbenen Rechtsanwalt François Genoud gegründet worden war und offenbar noch immer besteht ... Einer dieser Berührungspunkte ist, daß der Schweizer Anwalt engste Verbindungen mit der Familie von bin Laden hatte, daß er einer der Berater der Familie, einer ihrer Bankiers war. Gewußt wird, daß er den Terrorismus unterstützte und der Vermögensverwalter des Hitler-Vermögens war ...« (138)

Wenn »die Finanzaufsichts-Behörden weltweit ermittelt haben« und die Zuordnung der Besitzer dieser Wertpapiere durch die existierenden Clearingsysteme zudem nicht schwierig gewesen sein dürfte, warum wurden diese Ermittlungen dann scheinbar abgebrochen bzw. die interessierte Öffentlichkeit nicht über deren Ergebnisse informiert?

Hatte bin Laden etwa Hintermänner?

Wer vor allem ist dieser François Genoud?

»François Genoud (1915–1996) galt als einer der letzten Vertreter der ›schwarzen Internationale‹ und zweifellos als einer von denen, die ganz unverhohlen das meiste für die Wiedergeburt des Nationalsozialismus in der Welt getan hatten«, schreibt Karl Laske in seiner Biografie des Schweizers. (139) »Für François Genoud ist der Zweite Weltkrieg nicht zu Ende … Eine Phase ist vorbei, eine andere gerade im Gange. Er glaubt, er habe eine Aufgabe: die Fortsetzung des Krieges mit anderen Mitteln.«

Anläßlich der Gründung seiner eigenen Bank konsultierte Genoud auch Dr. Schacht, ja genau jenen Dr. Hjalmar Schacht, der unter Hitler im Dritten Reich Wirtschaftsminister und Reichsbankpräsident gewesen war. Schacht äußerte bei einer dieser Zusammenkünfte, »Deutschland könne die Welt auch erobern, ohne Krieg zu führen«. (139) Wird zudem berücksichtigt, daß die Nichte Schachts Otto Skorzeny geheiratet hatte, so darf bei Schacht das notwendige Hintergrundwissen vorausgesetzt werden, das dieser Aussage besonderen Wert zukommen läßt.

Die Fortsetzung des Krieges mit anderen Mitteln? Ja, welcher Mittel denn? Auf jeden Fall keine Mittel des Krieges! Die Antwort? – Geduld bitte!

Mit 17 Jahren begegnete Genoud 1932 im Haus von Freunden seiner Eltern erstmals Adolf Hitler – und war hingerissen. Er war in der Schweiz Mitglied der Nationalen Front, die von den Deutschen geheime finanzielle Unterstützung erhielt. Im Jahr 1940 wurde er deutscher Agent. Im Auftrag des deutschen Nachrichtendienstes soll Genoud an Finanzgeschäften beteiligt gewesen sein, unter anderem als Treuhänder der Vermögen gewisser Prominenter des Dritten Reiches. So war er bei Kriegsende auch in der Lage, diverse Fluchtorganisationen finanzieren zu können. Er galt praktisch bis zu seinem Freitod im Jahr 1996 als Verwalter dieser geheimen NS-Vermögen. (139)

Hören wir, welche Bedeutung ihm andere prominente Zeitgenossen beimessen.

Der ehemalige Chef von Himmlers persönlichem Stab, SS-Obergruppenführer Karl Wolff, erklärte: »François Genoud war für uns sehr wichtig. Wir waren in unseren Bewegungen sehr eingeschränkt. Er konnte sich frei bewegen und diente uns als wichtiger Verbindungsmann.«

Der letzte Führer der Hitlerjugend, Arthur Axmann, behauptete, daß »Genoud eine der wenigen Personen war, die ohne vorherige Anmeldung Hitlers Diensträume betreten durften«.

Und Otto Skorzeny bestätigte, daß »Genoud ein wichtiger Mann des Nachrichtendienstes war, der Hitler direkt verstanden«. (139)

Nach dem Krieg veröffentlichte François Genoud in mehreren Sprachen *Hitlers Tischgespräche* sowie dessen bezüglich seiner Echtheit umstrittenes politisches Testament (Bormann-Diktate) und erwarb zudem die urheberrechtlichen Verwertungsrechte am gesamten literarischen Nachlaß von Joseph Goebbels. Er sorgte für die Verteidigung von Adolf Eichmann wie auch für die von Klaus Barbie und bewies in alledem, daß er in erster Linie eben »kein Mann des Geldes, sondern ein Fanatiker« war, der sich mit seiner ganzen Kraft für die Revision der geschichtlichen Ereignisse von 1945 einsetzte. (139)

Neben seiner auf das öffentliche Bewußtsein einwirkenden Verlegertätigkeit suchte er nach Wegen, gegen die Siegermächte von 1945 einen Krieg mit anderen Mitteln führen zu können.

Einer dieser Wege führte ihn direkt in die Arme der arabischen (islamischen) Befreiungsbewegungen. Und hier beginnt das »zweite Leben« des François Genoud, eine Karriere, die parallel zu seiner als nationalsozialistischer Untergrundkämpfer verlief.

Im Jahr 1936 unternahm Genoud in Begleitung eines Freundes eine Entdeckungsreise in den Orient. In Bagdad trafen sie mit allen Palästinenserführern zusammen, die von England zum Tode verurteilt worden waren. In Jerusalem dann die entscheidende Begegnung: der Empfang beim Großmufti Hadsch Amin el-Husseini. Dieser galt als der politische Führer des arabischen Widerstandes in Palästina, sowohl gegen die Engländer als auch gegen die Juden. Darüber hinaus engagierte er sich später entschlossen an der Seite Hitlers und half bei der Rekrutierung moslemischer Freiwilliger für die Waffen-SS. Im Jahr 1941 weilte der Großmufti in Berlin und traf aus diesem Anlaß auch mit Hitler selbst zusammen. Auch Genoud kam zu dieser Zeit nach Berlin, und es wurde vermutet, daß er eine Rolle bei dieser Zusammenkunft gespielt haben könnte. Auch beim Transfer des Kriegsschatzes des Großmuftis in die Reichshauptstadt Berlin scheint Genoud seine Hände im Spiel gehabt zu haben. Danach wurde es vorerst ruhig um Genouds pro-arabisches Engagement, zumindest an der Oberfläche.

Im Jahr 1956 folgte der nächste Paukenschlag: Auf dem Höhepunkt der Suez-Krise, als Israelis, Franzosen und Engländer gemeinsam versuchten, mit militärischen Mitteln die Verstaatlichung des Suez-Kanals rückgängig zu machen, gründete Genoud eine *Vereinigung der Freunde einer freien arabischen Welt*. Zwei Jahre später rief er die *Banque commerciale arabe*, die Arabische Handelsbank, ins Leben. Mit ihrer Hilfe wurden später die verdeckten Waffenlieferungen für den algerischen Unabhängigkeitskrieg finanziert. Nach dessen erfolgreichem Ausgang avancierte Genoud zum Finanzberater der neuen algerischen Führung. Über diese konnte er dann Verbindungen herstellen zur palästinensischen Befreiungsorganisation PFLP. Einer der Anführer dieser *Volksfront für die Befreiung Palästinas*, Abu Scharif, sagte später: »François Genoud ist der Mann, der mehr als wir alle zusammen für die palästinensische Sache getan hat.« Über die Palästinenser fand Genoud den direkten Zugang zum Terrorismus. Die Kampagne der Flugzeugentführungen durch die PFLP begann im Juli 1968 mit der Entführung einer israelischen Maschine und setzte sich über die nächsten Jahre mit zum Teil spektakulären Aktionen fort. Genoud half wiederum bei der Finanzierung und stellte dort, wo es zu juristischen Verfahren kam, Rechtsbeistände zur Verfügung. Zuletzt unterstützte er noch den Top-Terroristen Carlos, einen Venezolaner, der sich mit Leib und Seele dem palästinensischen Kampf verschrieben hatte. (139) Und nicht zu vergessen, weil für das Thema dieses Buches von Bedeutung, sind auch seine »engsten Verbindungen zur Familie bin Laden«.

Was mögen die Beweggründe dafür gewesen sein, daß François Genoud sich derart für die Sache der Araber engagierte? Oberflächlich betrachtet, könnte Antijudaismus eine Rolle gespielt haben, wobei Genoud von sich selbst behauptete, er sei kein Antisemit, sondern höchstens Antizionist. Historisch gesehen scheint es ihm in den 1930er und 1940er Jahren bis zum Ende des Krieges vorrangig darum gegangen sein, den Deutschen in ihrem Kampf gegen England seine Unterstützung zu gewähren. Das konnte er am besten, indem er für den offenen bzw. verdeckten Kriegsschauplatz Naher Osten seine Trumpfkarte, den Großmufti von Jerusalem, ins Spiel brachte. Nach dem Ende des Zweiten Weltkrieges richtete er seine Aktivitäten mit Hilfe der Araber wiederum gegen die Engländer (siehe Suez-Krise), gegen die zweite europäische Großmacht Frankreich (siehe Algerienkrieg) sowie gegen den neugegründeten Staat Israel mit seiner Schutzmacht USA.

Ich glaube, man verkennt die Absichten Genouds, wenn man ihn allein im Interesse der Araber handeln läßt. Fast scheint es so, als hätte er diese lediglich benutzt. Seine eigentlichen Ziele waren bekanntlich andere. Der Zweite Weltkrieg war für ihn noch nicht zu Ende, der Krieg wurde jetzt nur mit anderen Mitteln geführt …

Stand François Genoud in diesem Kampf tatsächlich allein? Ist nicht vielmehr zu vermuten, daß es sich bei ihm um einen Vertreter der Dritten Macht gehandelt hat? Die Strategie der terroristischen Nadelstiche scheint von seinen Nachfolgern mit noch größerer Vehemenz betrieben zu werden. Hauptziel ist jetzt die Vernichtung der Vereinigten Staaten. Der Terror soll und kann Amerika militärisch nicht zu Boden werfen. Er erfüllt jedoch seinen Zweck bei der explosiven Verschärfung wachsender gesellschaftspolitischer Widersprüche. Deshalb jetzt auch die andere Dimension des Terrors. Und der 11. September stellt wahrscheinlich nur den Auftakt dar.

Auch bei diesem medialen Großereignis standen die Araber wieder im Rampenlicht, fiel der Anfangsverdacht doch sofort auf die als *Al-Kaida* bezeichnete Terrororganisation. Jedoch, wie schon der Stellvertreter des US-Verteidigungsministers Rumsfeld, Paul Wolfowitz, kurz nach den Anschlägen erklärte:

»Diese Operation war zu ausgeklügelt und zu kompliziert, als daß sie von einer Terroristengruppe allein hätte durchgeführt werden können.« (140)

Der Autor Christian C. Walther hat sich in seinem Buch *Der zensierte Tag* eingehend mit der offiziellen Version wie auch mit den verschiedenen Verschwörungstheorien zum 11. September beschäftigt. Seiner Meinung nach können beide Ansätze das abgelaufene Geschehen nicht wirklich plausibel erklären, und auch die Version der US-Regierung komme einer Verschwörungstheorie gleich, wenn sie behauptet: »Vier Passagiermaschinen wurden von *Al-Kaida*-Terroristen entführt und in Gebäude gesteuert.« (140) Der entscheidende Nachweis dafür, daß es eben nicht so war, ist in dem Umstand zu sehen, daß keine der entführten Maschinen, die sich später in die Türme des World Trade Center bzw. auf das Pentagon gestürzt haben sollen, wirklich eine Kurskorrektur vorgenommen hatte!

Flug *American Airlines 11* soll am 11. September 2001 um 8.46 Uhr in den Nordturm des World Trade Center eingeschlagen sein. Die Verfolgung des Kurses dieser Maschine durch die Fluglotsen ergab, daß sie sich sechs Minuten vor dem Einschlag noch 150 Meilen von New York entfernt befand und zum Zeitpunkt des Einschlages immer noch auf den Schirmen der Fluglotsen wahrgenommen wurde. Damit scheidet sie als Terrorflugzeug *definitiv aus*.

Flug *United Airlines 175*, die angeblich in den Südturm geflogen sein soll, hat anhand der veröffentlichten Angaben genausowenig ihren geplanten Kurs verlassen. Statt dessen entdeckten die Fluglotsen zur gleichen Zeit einen unbekannten »Eindringling« mit unbekannter Transponder-Kennung. Der Radarkontakt mit Flug 175 ging um 09.00 Uhr zwischen Newark und Philadelphia verloren. Die Maschine befand sich also zu diesem Zeitpunkt etwa 100 Kilometer von den Twin Towers entfernt. Drei Minuten später traf ein Flugzeug den Südturm. Daß es sich dabei um das vermißte Flugzeug gehandelt hat, ist damit eigentlich schon physikalisch ein Ding der Unmöglichkeit.

Die Maschine *American Airlines 77* kann es auch nicht gewesen sein, die ins Pentagon stürzte. AA 77 verschwand einfach von den Radarschirmen. Ein Lotse bestätigte: »Wir haben keinen Radarkontakt und keine Verbindung zu ihm.« Auch in diesem Fall tauchte wieder eine unidentifizierte Maschine auf, die wenig später die Katastrophe auslöste.

Flug *United Airlines 93* wurde anscheinend auf Befehl von Präsident Bush über Pennsylvania abgeschossen, bevor sie »verschwinden« konnte. (140)

Fazit: Von den vier fraglichen Flugzeugen verschwanden drei – ohne ihren Kurs geändert zu haben – einfach von den Bildschirmen der Fluglotsen; drei unbekannte »Eindringlinge« stürzten sich auf die Ziele World Trade Center und Pentagon.

Christian C. Walther formuliert es denkbar einfach, wenn er die Lösungsansätze der amerikanischen Behörden konterkariert: »Flugzeuge waren verschwunden. Flugzeuge waren in Gebäude geflogen. Folglich mußten die verschwundenen Flugzeuge jene gewesen sein, die die Gebäude trafen.«

Hätten die Verschwörungstheoretiker Recht, welche die US-Regierung selbst als Urheber der Ereignisse vom 11. September bezeichnen, so wären in den zuständigen US-amerikanischen Behörden hunderte Mitwisser an der Planung und Durchführung der Anschläge beteiligt gewesen. Eine Geheimhaltung großen Stils mag funktionieren, wenn es das Sicherheitsinteresse eines Volkes oder Staates gegenüber einer auswärtigen Macht erfordert. Wird der Staat jedoch zum Verbrecher am eigenen Volk, besteht diese Gewähr zweifelsohne nicht.

Zusammenfassend schlägt Christian C. Walther folgendes Szenario vor:

a. Die Flüge 11, 175, 77 und 93 wurden entführt.
b. Sie wurden von Dreier-Teams entführt.

Die 19 vom FBI zu Tätern erklärten Männer waren an Bord.

d. Die Maschinen wurden nicht von Arabern entführt.

e. Die Nordturm-Maschine war nachweislich nicht Flug 11.

f. Die Südturm-Maschine war augenscheinlich nicht Flug 175.

g. Die Pentagon-Maschine war offenbar nicht Flug 77. Die Crash-Maschinen waren ferngesteuert.

h. Die Pennsylvania-Maschine war möglicherweise Flug 93.

i. ... die Identität von drei Maschinen im Luftraum war nicht geklärt.

j. Kein Fluglotse war inkompetent oder »eingeweiht«.

k. Die Abfangjäger starteten rechtzeitig.

l. Sie flogen dorthin, wo die entführten Maschinen sich befanden.

m. Die US-Regierung wußte nichts von dem geplanten Verbrechen.

n. Die Geheimdienste wußten nichts von dem Plan.

o. Die 19 Araber an Bord wußten nichts über den Ablauf des Verbrechens.

p. Das FBI leistete im Rahmen seiner Möglichkeiten gute Arbeit.

Der Autor vermutet seinerseits als Hintermänner der Anschläge den pakistanischen Geheimdienst sowie einflußreiche Drogen-, Rüstungs- und Ölförderungsprofiteure aus den USA. Was er damit nicht erklärt, ist der entscheidende Aspekt des Dramas vom 11. September, der ohne Zweifel ein technischer ist. Wie ist es möglich, drei große Verkehrsmaschinen abrupt von den Bildschirmen der Radaroperateure verschwinden zu lassen? Wer oder was war für diese »Unsichtbarkeit« verantwortlich? Und die Maschinen mitsamt ihren Insassen? Bis heute sind sie nicht wieder aufgetaucht. Eine Lösung drängt sich hier förmlich auf: Es muß eine technisch überlegene Macht gewesen sein, welche die Flugzeuge so einfach vereinnahmen konnte, ohne selbst nach außen in Erscheinung zu treten.

Eine letzte Frage zum 11. September sei erlaubt: Warum gerade dieser Tag? Auch diese Frage ist denkbar einfach zu beantworten. Weil an diesem Tag eine großangelegte Militärübung stattfand. Codename: *Vigilant Guardian*. In deren Rahmen sollte ein Luftangriff auf die Vereinigten Staaten simuliert werden. (140) Erst unter diesem Deckmantel wurde die komplizierte Aktion überhaupt möglich. Die Verwirrung im Luftraum war damit vorprogrammiert.

Der Informant, der dieses Wissen an die »Terroristen« weitergegeben hat, muß den amerikanischen Regierungskreisen zugerechnet werden. Er, wie auch die zwölf Entführer der Flugzeuge, sind die eigentlichen Mittelsmänner der »Operation 11. September«. Handelt es sich bei ihnen vielleicht um Angehörige jener Art von internationaler »Gegenloge«, von der mein Gesprächspartner in La Paz überzeugt war, daß es sie geben müsse?

Womit endlich auch der Autor dieses Buches als Verschwörungstheoretiker überführt worden wäre.

Die Spur zu den Hintermännern verliert sich dagegen allem Anschein nach bei der Organisation, die François Genoud einst gegründet hatte. Der Krieg mit anderen Mitteln dürfte mit dem 11. September in seine nächste Phase getreten sein, und eine weitere Eskalation steht zu erwarten. Mit hoher Wahrscheinlichkeit wird die Aktion »Übernahme der Welt« durch die Dritte Macht zu dem Zeitpunkt gestartet werden, da die Weltwirtschaft – ob mit oder ohne terroristischen Anlaß – in der sich abzeichnenden gewaltigen Finanzkrise kollabiert. Mit dem damit einhergehenden vollständigen Vertrauensverlust der Bevölkerung in die das alte Wirtschaftssystem stützenden politischen Systeme ist dann der Boden bereitet für ein Übernahmeszenario, das mangels politischer Alternativen und der absoluten technologischen Überlegenheit der Dritten Macht ohne kriegerische Auseinandersetzung ablaufen dürfte. Daß dieser Zeitpunkt noch innerhalb der Lebensspanne dieser Generation erwartet wird, darüber lassen die Aussagen der Abduzierten wenig Zweifel (siehe 3. Kapitel). Um diesen Plan nicht zu gefährden, wird das Interesse der Dritten Macht dahin gehen, ihre Aktivitäten bis zuletzt unter dem Mantel größtmöglicher Tarnung durchzuführen. Mit einer vorzeitigen Entdeckung, zum Beispiel ihrer Operationen auf dem Nachbarplaneten Mars, ist demnach nicht zu rechnen.

Abschließend noch die Frage: Macht es Sinn, gegen diese Entwicklung aufzubegehren? Ich glaube nicht. Das Schicksal nimmt seinen Lauf. Mit anderen Worten: Die Zukunft hat längst begonnen!

AUFRUF

Das Thema der Dritten Macht bringt eine Vielzahl von Tatsachen und Phänomenen, die in moderner Zeit als »unerklärbar« galten bzw. »außerirdischen Eingriffen« zugeordnet werden, auf den kleinsten gemeinsamen (irdischen) Nenner.

Sollten Sie, sehr geehrte Leserin und Sie, sehr geehrter Leser, über weitergehende Informationen und Indizien verfügen, die das in diesem Buch entworfene Bild stützen, so bitte ich um Kontaktaufnahme über die Verlagsadresse:

Gilbert Sternhoff
c/o Kopp Verlag
Pfeiferstraße 52
D-72108 Rottenburg

QUELLEN- UND LITERATURVERZEICHNIS

1. Landig, Wilhelm: *Wolfszeit um Thule*, Wien 1980
2. Landig, Wilhelm: *Götzen gegen Thule*, Wien 1971
3. Heller, Friedrich Paul und Maegerle, Anton: *Thule – Vom völkischen Okkultismus bis zur Neuen Rechten*, Stuttgart 1998 (u. a. Wiedergabe der Inhalte eines Interviews mit Wilhelm Landig)
4. Landig, Wilhelm: *Rebellen für Thule*, Wien 1991
5. *Geheimgesellschaften*, Video, 1998
6. Internet: www.unglaublichkeiten.com
7. Trimondi, Victor und Victoria: *Hitler Buddha Krishna*, Wien 2002
8. Szabo, Ladislao: *Hitler esta vivo*, Barcelona 1947
9. Vesco, Renato und Childress, David Hatcher: *Man-Made UFOs 1944–1994*, 1994
10. Lusar, Rudolf: *Die deutschen Geheimwaffen des 2. Weltkrieges und ihre Weiterentwicklung*, München 1958
11. Mattern, W.: *UFOs Nazi Secret Weapon?*, Toronto 1974
12. Friedrich, Christof: *Secret Nazi Polar Expeditions*, Toronto 1979
13. van Helsing, Jan: *Unternehmen Aldebaran*, Fichtenau 2000
14. Stoll, Axel: *Hochtechnologie im Dritten Reich*, Schleusingen 2001
15. Zunneck, Karl-Heinz: *Die totale Manipulation*, Rottenburg 2002
16. Vesco, Renato: *Operazione Plenilunio*, Mursia 1972
17. Rothkugel, Klaus-Peter: *Das Geheimnis der deutschen Flugscheiben*, Zweibrücken 2002
18. Cook, Nick: *The Hunt for Zero Point*, London 2001
19. Schön, Heinz: *Mythos Neu-Schwabenland*, Selent 2004
20. Brennecke, Jochen: *Die deutschen Hilfskreuzer im Zweiten Weltkrieg*, Hamburg 2001
21. Reitsch, Hanna: *Fliegen – Mein Leben*, Stuttgart 1951
22. Irving, David: *Führer und Reichskanzler*, München 1989
23. Fraschka, Günter: *Mit Schwertern und Brillanten*, München 1989
24. Speer, Albert: *Erinnerungen*, Ullstein TBV
25. Stahl, P. W.: *Geheimgeschwader KG 200*, Stuttgart 1980
26. Georg, Friedrich und Mehner, Thomas: *Atomziel New York*, Rottenburg 2004

27. Witkowski, Igor: *Truth about the Wunderwaffe*, Farnborough 2003
28. Bar-Zohar, Michael: *The Avengers*, New York 1967
29. Schröm, Oliver und Röpke, Andrea: *Stille Hilfe für braune Kameraden*, Berlin 2002
30. *Hamburger Morgenpost*, zwölfteilige Serie, 1953
31. Gehring, Heiner und Rothkugel, Klaus P.: *Der Flugscheiben-Mythos*, Schleusingen 2001
32. *Welt am Sonntag*, Hamburg, 26. April 1953
33. *Deutsche Illustrierte*, Nr. 45/ 1952
34. Mayer, Edgar und Mehner, Thomas: *Das Geheimnis der deutschen Atombombe*, Rottenburg 2001
35. Mayer, Edgar und Mehner, Thomas: *Hitler und die Bombe*, Rottenburg 2002
36. Karlsch, Rainer: *Hitlers Bombe*, München 2005
37. Trimondi, Victor und Victoria: *Hitler Buddha Krishna*, Wien 2002
38. Internet: www.Sonnenwacht.de
39. *Bild der Wissenschaften*, Dezember 1971
40. Blumrich, J. F.: *Kasskara und die sieben Welten*, Knaur TBV
41. Brugger, Karl: *Die Chronik von Akakor*, Knaur TBV
42. Bergschicker, Heinz: *Deutsche Chronik*, Berlin 1982
43. Lang, Jochen von: *Der Sekretär*, Stuttgart 1977
44. Internet: www.geschi.de
45. Speer, Albert: *Der Sklavenstaat*, Ullstein TBV
46. Lauterbacher, Hartmann: *Erlebt und mitgestaltet*, Preußisch Oldendorf 1984
47. Irving, David: *Goebbels*, Kiel 1997
48. Smelser, Roland und Syring, Enrico (Hrsg.): *Die SS – Elite unter dem Totenkopf*, Paderborn 2000
49. Agoston, Tom: *Teufel oder Technokrat*, Berlin 1993
50. Witkowski, Igor: *Supertajne Bronie Hitlera*, Warschau 2000
51. Goni, Uki: *The Real ODESSA*, London 2003
52. Internet: www.physicstoday.com
53. Georg, Friedrich: *Hitlers Siegeswaffen*, Band 1, Schleusingen 2000
54. Sünner, Rüdiger: *Schwarze Sonne*, Freiburg im Breisgau 1999
55. Fahr, Hans Jörg: *Der Urknall kommt zu Fall*, Stuttgart 1992
56. Fraenkel, Heinrich und Manvell, Roger: *Goebbels*, Heyne TBV, 1989

57. *Deutsche Geschichte*, Nr. 5/2004
58. Irving, David: *Göring*, Hamburg 1989
59. Charroux, Robert: *Das Rätsel der Anden*, Düsseldorf 1997
60. Internet: www.idgr.de
61. Herbert, Ulrich: *Best*, Bonn 2001
62. Ludwiger, Illobrand von: *Der Stand der UFO-Forschung*, Frankfurt am Main 1992
63. Good, Timothy: *Jenseits von Top Secret*, Frankfurt am Main 1991
64. Friedman, Stanton T.: *Top Secret*, München 1997
65. Hynek, Dr. J. Allen; Imbrogno, Philip und Pratt, Bob: *Night Siege*, New York 1987
66. Brand, Illobrand von: *Unidentifizierte Flugobjekte über Europa*, München 1999
67. Randle, Kevin D.; Estes, Russ und Cone, William P.: *Abduction Enigma*, New York 1999
68. Jacobs, David M.: *Geheimes Leben*, Rottenburg 1995
69. Jacobs, David M.: *Bedrohung*, Rottenburg 1998
70. Hopkins, Budd: *Fehlende Zeit*, Rottenburg 1993
71. Hopkins, Budd: *Eindringlinge*, Hamburg 1991
72. Hopkins, Budd: *Entführt ins All*, Berlin 1997
73. Hopkins, Budd: *Sight Unseen*, New York 2003
74. Fowler, Raymond E.: *Die Wächter*, Bergisch-Gladbach 1991
75. Walton, Travis: *Feuer am Himmel*, Rottenburg 1996
76. Lammer, Helmut und Marion: *Verdeckte Operationen*, München 1997
77. Tepperwein, Kurt: *Die hohe Schule der Hypnose*, Wien 1996
78. Strieber, Whitley: *Die Besucher*, München 1991
79. Fowler, Raymond E.: *Die Wächter II*, Reifenberg 1996
80. *Alien Discussions*, Cambridge 1994
81. *MUFON UFO Journal*, April 1993
82. *Rassenpolitik*, SS-Hauptamt Berlin, ohne Jahr
83. Wüst, Walther: *Indogermanisches Bekenntnis*, Berlin 1942
84. Hitler, Adolf: *Mein Kampf*, München 1934
85. Deschner, Günther: *Reinhard Heydrich*, Berlin 1987
86. Günther, Hans F. K.: *Rassenkunde des deutschen Volkes*, München 1935
87. Reche, Otto: *Rasse und Heimat der Indogermanen*, München 1936

88. Heinemann, Isabel: *Rasse, Siedlung, deutsches Blut*, Göttingen 2003

89. Deichmann, Ute: *Biologen unter Hitler*, Frankfurt am Main 1995

90. *Der Spiegel*, Nr. 12/2005

91. Völklein, Ulrich: *Josef Mengele*, Göttingen 2000

92. Posner, Gerald und Ware, John: *Mengele*, Berlin 1993

93. Internet: www.nd-online.de

94. Vallee, Jacques: *Dimensionen*, Frankfurt am Main 1994

95. Film *Erinnerungen an die Zukunft*, 1970

96. Däniken, Erich von: *Zurück zu den Sternen*, Knaur TBV

97. Hoerner, Sebastian von: *Sind wir allein?*, München 2003

98. Däniken, Erich von: *Die Spuren der Außerirdischen*, München 1990

99. Halpern, Paul: *Wurmlöcher im Kosmos*, München 1994

100. Mania, Dietrich: *Auf den Spuren des Urmenschen*, Berlin 1990

101. Däniken, Erich von: *Beweise*, Düsseldorf 1984

102. Hoyle, Fred: *Das intelligente Universum*, Frankfurt am Main 1984

103. de Duve, Christian: *Aus Staub geboren*, Reinbek 1997

104. Bauval, Robert G. in: *Sind wir allein?*, Düsseldorf 1996

105. Haase, Michael: *Das Feld der Tränen*, München 2000

106. Haase, Michael: *Im Zeichen des Re*, München 1999

107. Däniken, Erich von: *Meine Welt in Bildern*, Knaur TBV

108. Hertel, Gisa und Peter: *Ungelöste Rätsel alter Erdkarten*, Gotha 1984

109. Meier, Gert und Zschweigert, Hermann: *Die Hochkultur der Megalithzeit*, Tübingen 1997

110. Meier, Gert: *Die deutsche Frühzeit war ganz anders*, Tübingen 1999

111. Däniken, Erich von: *Aussaat und Kosmos*, Knaur TBV

112. Ernsting, Walter: *Der Tag, an dem die Götter starben*, Düsseldorf 1997

113. *Der Spiegel*, Nr. 12/1973

114. Kanjilal, Dileep Kumar in: *Ancient Skies*, Nr. 3/1982

115. Internet: www.Tatjana.Ingold.ch

116. Stingl, Miloslav: *Inka*, Berlin 1989

117. Kanjilal, Dileep Kumar in: *Aus den Tiefen des Alls*, Tübingen 1985

118. Fiebag, Peter; Eenboom, Algund und Belting, Peter: *Flugzeuge der Pharaonen*, Rottenburg 2004

119. Krassa, Peter: *Und kamen auf feurigen Drachen*, München 1990

120. Däniken, Erich von: *Habe ich mich geirrt?*, München 1988

121. Spanuth, Jürgen: *Die Atlanter*, Tübingen 1998

122. Gemballa, Gero: *Colonia Dignidad*, Frankfurt am Main 1998

123. Heller, Friedrich Paul: *Colonia Dignidad*, Stuttgart 1993

124. Internet: www.agpf.de

125. Heller, Friedrich Paul: *Die Sprache des Hasses*, Stuttgart 2001

126. Giesler, Hermann: *Ein anderer Hitler*, Leoni 1977

127. *Magazin 2000*, Nr. 1/1998

128. *Magazin 2000*, Nr. 4/1998

129. Buttlar, Johannes von: *Sie kommen von fremden Sternen*, Knaur TBV

130. McDaniel, Stanley V. und Rix Pacson, Monica (Hrsg.): *The Case for the Face*, Kempton 1998

131. Sitchin, Zecharia: *Am Anfang war der Fortschritt*, Knaur TBV

132. Carlotto, Mark J.: *The Martian Enigmas*, Berkeley 1991

133. Fowler, Raymond E.: *Der Fall Andreasson*, Reifenberg 1995

134. *Spektrum der Wissenschaft*, Dossier 3/2004: *Der Mars*

135. *Sagenhafte Zeiten*, Nr. 3/2004

136. Hamer, Eberhard und Eike: *Was passiert, wenn der Crash kommt?*, 2002

137. Eitner, Hans-Jürgen: *Hitlers Deutsche*, Gernsbach 1991

138. Internet: www.br-online.de

139. Laske, Karl: *Ein Leben zwischen Hitler und Carlos: Francois Genoud*, Zürich 1996

140. Walther, Christian C.: *Der zensierte Tag*, München 2004

141. Basti, Abel: Hitler en Argentina, Argentinien 2006

142. Heller, Friedrich-Paul: Lederhosen, Dutt und Giftgas, Stuttgart 2006

143. Internet: www.spiegel.de, Beitrag vom 19. Dezember 2006

BILDQUELLENVERZEICHNIS

Abb. 1, 2, 3, 4, 7, 8, 9, 10, 11, 14, 15, 16, 17, 18, 19, 20, 21, 22, 29, 30, 31, 32, 36, 37 – Archiv Gilbert Sternhoff

Abb. 5, 6 – Georg, Friedrich und Mehner, Thomas: *Atomziel New York*, Rottenburg 2004

Abb. 12 – Mayer, Edgar und Mehner, Thomas: *Das Geheimnis der deutschen Atombombe*, Rottenburg 2001

Abb. 13 – *Sunday Telegraph,* 1. September 1996

Abb. 23 – Hopkins, Budd: *Fehlende Zeit*, Rottenburg 1993

Abb. 24, 25, 26, 27, 28 – Archiv Mathias Kappel

Abb. 33, 35, 38 – NASA

Abb. 34 – Internet

Bücher, die Ihnen
die Augen öffnen

**In unserem kostenlosen Gesamtverzeichnis
finden Sie Klassiker, Standardwerke,
preisgünstige Taschenbücher, Sonderausgaben
und aktuelle Neuerscheinungen rund um
die Themengebiete, auf die sich der
KOPP VERLAG spezialisiert hat:**

- Verbotene Archäologie
- Fernwahrnehmung
- Kirche auf dem Prüfstand
- Verschwörungstheorien
- Geheimbünde
- Neue Wissenschaften
- Medizin und Selbsthilfe
- Persönliches Wachstum
- Phänomene
- Remote Viewing
- Prophezeiungen
- Zeitgeschichte
- Finanzwelt
- Freie Energie
- Geomantie
- Esoterik
- Ausgewählte Videofilme und anderes mehr

**Ihr kostenloses Gesamtverzeichnis aller
lieferbaren Titel liegt schon für Sie
bereit. Einfach anfordern bei:**

KOPP VERLAG
Pfeiferstraße 52
D-72108 Rottenburg
Tel. (0 74 72) 98 06-0
Fax (0 74 72) 98 06-11
info@kopp-verlag.de
www.kopp-verlag.de

Skull & Bones – die machtvollste Geheimgesellschaft, die unsere Welt jemals bedroht hat

Es sind genau 15 junge Männer, die Jahr für Jahr für den elitärsten Geheimbund der Welt, *Skull & Bones*, auserwählt werden. Seit über 170 Jahren treffen sich seine Mitglieder im Verborgenen. Der geheimnisvolle Orden wird von den Blutlinien der prominentesten Familiendynastien der USA beherrscht.

Neben Bush finden sich hier so illustre Namen wie Rockefeller, Taft und Harriman. Aus den Reihen ihrer Eingeweihten gehen Präsidenten, Senatoren, Richter, Finanz-Tycoone und Medienzaren hervor. Sie sind die Titanen der Finanzwelt und der Industrie.

Ihren Sitz haben die *Skull & Bones* in einem seltsam anmutenden Gebäude auf dem Gelände der Elite-Universität Yale, das sie »die Gruft« nennen. Hier werden nicht nur magische Rituale für die Neophyten-Einweihung durchgeführt und wichtige Artefakte des Ordens aufbewahrt. In dieser »Gruft« entwerfen die »Bonesmen«, die ihre Organisation »die Bruderschaft des Todes« nennen, ihre weitreichenden Pläne für eine Untergrundverschwörung zur Übernahme der Weltmacht. In ihrem Bestreben, eine neue Weltordnung zu etablieren, die die ultimative Macht in die Hände ihrer Familien legt, hat *Skull & Bones* bis zum heutigen Tag nahezu jeden gesellschaftlich wichtigen Bereich erfolgreich unterwandert – sei es Forschung, Politik, Finanzen, Industrie, Militär oder die Medien. Tatsächlich lenkt *Skull & Bones* – für viele unerkannt – die Geschicke der USA und damit der Welt.

gebunden
256 Seiten
zahlreiche Abbildungen
ISBN 3-930219-70-0
19,90 EUR

KOPP VERLAG
Pfeiferstraße 52
D - 72108 Rottenburg
Telefon (0 74 72) 98 06-0
Telefax (0 74 72) 98 06-11
Info@kopp-verlag.de
www.kopp-verlag.de